HANS WINDSHEIMER

Die „Information“ als Interpretationsgrundlage für die subjektiven öffentlichen Rechte des Art. 5 Abs. 1 GG

Schriften zum Öffentlichen Recht

Band 69

Die „Information" als Interpretationsgrundlage für die subjektiven öffentlichen Rechte des Art. 5 Abs. 1 GG

Von

Dr. Hans Windsheimer

DUNCKER & HUMBLOT / BERLIN

Gedruckt 1968 bei Buchdruckerei Bruno Luck, Berlin 65
Printed in Germany

Vorwort

> „Was nützt es, eine freie Meinung zu haben, wenn man nicht weiß, was geschieht! Laßt uns erst Informationen haben, dann kommt die Meinung ganz von selbst."
>
> *Friedrich Sieburg*[1]

Die Information ist „Anfang und Grundlage der Gesellschaft"[2], der „Motor des Lebens und die Essenz des spezifisch Menschlichen"[3] — ein Phänomen, das in Gestalt der Informationstheorie, der Kybernetik, des Computer, der „künstlichen Intelligenz" die Wissenschaft bewegt.

Die Bedeutung der Information für das Denken und geistige Wirken des Individuums in der Demokratie strahlt auf das Verfassungsrecht über. Die vorliegende Arbeit unternimmt daher den Versuch, die Information als verfassungsrechtliche Leitidee zu erklären und daraus allgemeine Grundsätze für das Informationsverhalten des Staates und für die Interpretation des Art. 5 Abs. 1 GG abzuleiten. Diese „Gesamtschau" bestätigt die individualrechtliche Konzeption des in Art. 5 Abs. 1 normierten Grundrechts und liefert, so glaubt der Verfasser, brauchbare Kriterien für die Systematik des Art. 5 Abs. 1, für den Umfang und schließlich auch für die Beschränkbarkeit seiner subjektiven öffentlichen Rechte.

Die *Axel Springer Stiftung* vormals *Stiftung Die Welt* hat die Herausgabe dieses Buches durch Gewährung eines Druckkostenzuschusses gefördert. Auch die *Stiftung Wissenschaft und Presse* (Hamburg) hat die Veröffentlichung der Arbeit unterstützt.

---

[1] Schwarzweiße Magie, S. 121 f.
[2] *Steinbuch*, Gesellschaft, S. 15.
[3] *v. Randow*, Zeit, 1965, Nr. 46, S. 47.

Inhaltsverzeichnis

Erstes Kapitel

Das Wesen und die Bedeutung der Information 17

A. Das Wesen der Information 17

B. Der Wert der Information 18

I. Der negative Wert 18

1. Die Unterdrückung der Information 18
2. Die gezielte Information: die Propaganda 19

II. Der positive Wert 21

C. Die Bedeutung der Information in der Gegenwart 21

I. Information und Staat 22

1. Die Gleichheit 22
2. Die Sicherheit 24
3. Die Wissenschaftlichkeit 25

II. Information und intermediäre Gewalten 26

1. Die Parteien 26
2. Die Interessenverbände 27

III. Information und Presse 27

1. Mittel und Mittlerin 27
2. Die Komplizierung 28
3. Die Popularisierung 29
4. Die privatwirtschaftliche Struktur 30

IV. Ergebnis 31

Zweites Kapitel

Die Verfassungsentscheidung für die Information und ihre Wirkungen auf die Interpretation des Art. 5 Abs. 1 GG 32

A. Die Verfassungsentscheidung für die Information 32

I. Ausgangspunkt 32

II. Positive Grundlagen in der geschriebenen Verfassung 33

1. Die Bindung des Staates aus dem Wortlaut des Art. 5 Abs. 1 GG 33

2. Bindungen, die sich aus dem Wortlaut anderer Verfassungsnormen ergeben ... 34

a) Die Parlamentsöffentlichkeit ... 34

b) Die Öffentlichkeit der Parteien ... 35

3. Zusammenfassung ... 35

III. Die Ausformung der geschriebenen Verfassungssätze zum verfassungsmäßigen Gesamtbild der Information ... 36

1. Die allgemeine Zulässigkeit einer derartigen „Gesamtschau"... 36

2. Gründe gegen eine isolierte Betrachtungsweise ... 37

a) aus Art. 42 Abs. 1 ... 37

b) aus Art. 5 Abs. 1 ... 38

c) Ergebnis ... 38

3. Die Begründung der „Gesamtschau" ... 39

a) aus dem Demokratieprinzip ... 39

b) aus dem Menschenwürdegehalt ... 41

4. Ergebnis ... 42

B. Grundsätze für das Informationsverhalten des Staates ... 43

I. Die staatsfreie Kommunikation ... 43

1. Die Form des Informationsaustausches ... 43

a) Die Formen der privaten Kommunikation ... 43

b) Die Formen der öffentlichen Kommunikation ... 44

2. Der Inhalt der Kommunikation ... 44

a) Informationen aus dem Individualbereich ... 45

b) Informationen aus dem intermediären Bereich ... 45

c) Informationen aus dem staatlichen Bereich ... 47

aa) Das Staatsgeheimnis ... 48

bb) Das Amtsgeheimnis ... 51

II. Die Kommunikation des Staates ... 52

1. Der Inhalt der Informationen ... 52

2. Die Form der Publizität ... 53

a) Die unmittelbare Öffentlichkeit ... 53

b) Die mittelbare Öffentlichkeit ... 54

3. Beispiel: Die mittelbare Justizöffentlichkeit ... 55

a) Die Publizität öffentlicher Verhandlungen ... 55

aa) Verfassung und Gerichtsverfassung ... 55

bb) Die Rechtsprechung ... 57

cc) Der Regierungsentwurf zu § 169 GVG ... 59
dd) Der neue § 169 GVG ... 59
b) Die Publizität nichtöffentlicher Verhandlungen ... 62

C. Grundsätze für die Interpretation des Art. 5 Abs. 1 GG ... 64

I. Ausgangspunkt ... 64

II. Der dogmatische Hintergrund des Art. 5 Abs. 1 ... 64

III. Folgerungen für den Inhalt der Freiheitsverbürgung ... 67
1. Das Grundrecht umfaßt das Geben *und* das Nehmen ... 67
2. Das Grundrecht umfaßt *alles*, was „gegeben" und „genommen" werden kann ... 69
3. Das Grundrecht umfaßt das Geben und Nehmen mit *allen Mitteln* ... 69
4. Die Natur des Freiheitsrechts schließt ein subjektives öffentliches Recht *auf* Information nicht aus ... 70

IV. Folgerungen für die Schranken der Freiheitsausübung ... 70
1. Ausgangspunkt ... 70
2. Die individualrechtliche Zielsetzung des Art. 5 Abs. 1 ... 71
3. Die individuelle geistige Selbstbestimmung als Kriterium der Güterabwägung ... 72
4. Die „Stufentheorie" im Bereich des Art. 5 Abs. 1 ... 74
a) Folgen für die Äußerungsfreiheit ... 74
b) Folgen für die Informationsfreiheit ... 75

Drittes Kapitel

Das Recht des freien Gebens: die Äußerungsfreiheit 77

A. Ausgangspunkt ... 77

I. Der Wortlaut ... 77

II. Die Entstehungsgeschichte ... 78

III. Die Literatur ... 78

IV. Der eigene Lösungsweg ... 79

B. Die formelle und die materielle Pressefreiheit ... 80

I. Die Begründung des Begriffspaares ... 80
1. Ungereimtheiten in der Literatur ... 80
2. Beispiel: der Zensurbegriff ... 81

3. Folgerungen für den Begriff „Pressefreiheit“ ... 83

a) Präventive Maßnahmen sind regelmäßig unzulässig ... 84

b) Repressive Maßnahmen sind regelmäßig unzulässig, soweit sie gleichzeitig präventiv wirken ... 84

4. Die Begriffsverwirrung in der Literatur ... 86

II. Freie Meinungsäußerung und materielle Pressefreiheit ... 89

1. Die Abgrenzung der Meinung von der Tatsache ... 89

a) Die grammatische Auslegung ... 91

b) Die systematische Auslegung ... 91

c) Die historische Auslegung ... 94

d) Die teleologische Auslegung ... 95

2. Die Abgrenzung „fremder“ und „unwahrhaftiger“ Meinungen 96

3. Ergebnis ... 97

III. Freie Meinungsäußerung und formelle Pressefreiheit ... 98

1. Das erhöhte Schutzbedürfnis der Presse ... 98

2. Ungleiche Tatbestände sind ungleich zu behandeln ... 99

3. Zulässige und unzulässige Kriterien für den Pressebegriff ... 100

4. Ergebnis ... 101

C. Pressefreiheit und institutionelle Garantie ... 101

I. Die „institutionellen“ Auffassungen ... 101

1. Die institutionelle Methode: das Auslegungsergebnis ... 102

2. Die Lehre von den institutionellen Garantien: der Auslegungsgegenstand ... 104

a) Institutionelle Garantien und Freiheitsrechte ... 104

b) Institutionelle und Institutsgarantien ... 104

c) Grundrechtsbezogene Garantien ... 105

3. Die Lehre von den „Quasi-Instituten“: die Gleichstellung des Ergebnisses mit dem Gegenstand der Auslegung ... 105

4. Die Verselbständigung der grundrechtsbezogenen „Quasi-Institute“ ... 106

II. Die „Institutionalisierung“ der Pressefreiheit ... 107

1. bei Carl Schmitt ... 107

2. in der neueren Literatur ... 108

3. Die Interpretation der institutionellen Auffassungen ... 110

a) Die institutionelle Methode ... 110

b) „Institutionelle“ und „formelle“ Pressefreiheit ... 111

c) Die institutionelle Garantie ... 111

III. Ridders „öffentliche Meinungsfreiheit“ ... 112
IV. Die Lehre der „Parallelgeltung“ ... 114
1. Der Einfluß der Lehre Carl Schmitts ... 114
2. Die neue Lehre ... 114
3. Die Unmöglichkeit der Parallelgeltung ... 115
V. Ergebnis ... 116
D. Zusammenfassung ... 117

Viertes Kapitel

Das Recht des freien Nehmens: die Informationsfreiheit 119

A. Informationsfreiheit und Äußerungsfreiheit ... 119
I. Der Informationsempfang als Schutzobjekt ... 119
II. Die Parallelität von Äußerungsfreiheit und Informationsfreiheit . 119
1. Die Außenwirkung der Äußerungsfreiheit ... 121
2. Die Innenwirkung der Informationsfreiheit ... 121
III. Unterschiede im Schutzbereich von Informationsfreiheit und Äußerungsfreiheit ... 122
B. Die formelle Schutzwirkung der Informationsfreiheit ... 123
I. Die Intensitätsstufen staatlicher Eingriffe ... 123
1. Maßnahmen gegen Wahrnehmbarkeit und Zugänglichkeit ... 125
2. Maßnahmen gegen Wahrnehmung und Zugang ... 125
II. Die unmittelbare im Gegensatz zur mittelbaren Betroffenheit des Empfängers ... 125
1. Beispiel: Die Beschlagnahme beleidigender oder unzüchtiger Schriften ... 126
2. Beispiel: Die Beschlagnahme verfassungsfeindlicher Schriften 126
a) Die Schutzwirkung der Äußerungsfreiheit ... 128
b) Die Schutzwirkung der Informationsfreiheit ... 128
3. Beispiel: Die Beschlagnahme auf dem Postweg vom Absender zum Empfänger ... 129
a) Die Schutzwirkung der Äußerungsfreiheit ... 129
b) Die Schutzwirkung der Informationsfreiheit ... 130
C. Die Informationsquellen des Art. 5 Abs. 1 ... 131
I. Die restriktive Interpretation in der Literatur ... 131
II. Die Kriterien der „Informationsquelle“ ... 132

III. Die nichtöffentlichen — „individuellen“ — Informationsquellen . 134
IV. Die staatsfreien öffentlichen Informationsquellen 135
1. Presse, Film, Schallplatte 135
2. Der Rundfunk 136
3. Die Sonderstellung des Rundfunks 138
V. Die staatlichen öffentlichen Informationsquellen 138
1. Die dispositiven Informationsquellen 139
2. Die notwendigen Informationsquellen 140
VI. Ergebnis 141

Fünftes Kapitel

Das subjektive öffentliche Recht auf Information als Bestandteil der Äußerungsfreiheit 143

A. Bestandsaufnahme 143
I. Das Wesen des Informationsrechts 143
1. Das Informationsrecht im Allgemeinen 143
2. Der Auskunftsanspruch im Besonderen 144
a) Auskunft und Zusage 144
b) Auskunft und „Meinung“ 144
II. Die Diskussion um das Informationsrecht 145
1. Zwei verschiedene Fallgruppen 145
2. Die Rechtsprechung 145
a) Die drei Leitsätze der Rechtsprechung 146
b) Differenzierungen innerhalb des dritten Leitsatzes 147
c) Ergebnis 149
3. Die Literatur 150
a) Differenzierungen innerhalb des dritten Leitsatzes 150
aa) Informationspflicht bei berechtigtem Interesse 150
bb) Informationsrecht bei berechtigtem Interesse 151
cc) Informationspflicht und Informationsrecht 152
dd) Ermessen und unbestimmter Rechtsbegriff 153
b) Zweifel am zweiten Leitsatz 154
c) Zweifel am ersten Leitsatz 155
4. Vom besonderen zum allgemeinen Informationsrecht 155
B. Der Rechtsgrund des Informationsrechts 156
I. Die Informationspflicht 156

1. Das Ob der Informationspflicht 157

2. Das Wie der Pflichterfüllung 157

a) Mit den Formen unmittelbarer Publizität 157

b) Mit den Formen mittelbarer Publizität 159

c) Das Nebeneinander von unmittelbarer und mittelbarer Publizität 160

II. Das Informationsrecht 160

1. Das Informationsrecht als Bestandteil der Äußerungsfreiheit 161

a) Die begünstigten Interessen 161

b) Die Art der individuellen Begünstigung 162

c) Der Kreis der berechtigten Personen 164

2. Das Informationsrecht als Bestandteil der Pressefreiheit 165

a) Der Stand der Meinungen 165

b) Kritische Anmerkungen 169

C. Das Informationsrecht in der Gesetzgebung 171

I. Der Beurteilungsspielraum des Gesetzgebers 172

1. Die Aktivlegitimation 172

2. Die Passivlegitimation 172

3. Der Inhalt 173

4. Die Form der Informationserteilung 173

5. Die Art und Weise der Informationserteilung 174

a) Der Gleichheitsgrundsatz 174

b) Sachgemäß und wahrheitsgemäß 175

II. Empfehlungen für den Bundesgesetzgeber 175

1. Der „Heidelberger“ Vorschlag 176

2. Der SPD-Entwurf 176

3. Der FDP-Entwurf 177

4. Kritische Anmerkungen 177

a) Zum „Heidelberger“ Vorschlag 177

b) Zum SPD-Entwurf 177

c) Zum FDP-Entwurf 178

d) Die Gesetzgebungskompetenz des Bundes 178

III. Die Landesgesetzgebung 179

1. Die erste Phase der Gesetzgebung 179

a) Baden-Württemberg 179

b) Bayern 179

c) Bremen 179

d) Hessen ... 180
e) Anmerkungen ... 180

2. Die Modellentwürfe ... 180
a) Der Modellentwurf 1960 ... 181
b) Der Modellentwurf 1963 ... 181
c) Anmerkungen ... 181

3. Die zweite Phase der Gesetzgebung ... 182

Die Ergebnisse der Untersuchung ... 184

Literaturverzeichnis ... 186

Abkürzungsverzeichnis

ALR	=	Allgemeines Landrecht (Preußen)
AS	=	Amtliche Sammlung
Anm.	=	Anmerkung
AöR	=	Archiv des öffentlichen Rechts, Neue Folge
ArchPR	=	Archiv für Presserecht
AVAVG	=	Gesetz über Arbeitsvermittlung und Arbeitslosenversicherung
BayBezO	=	Bezirksordnung für den Freistaat Bayern
BayBS	=	Bereinigte Sammlung des bayerischen Landesrechts
BayGO	=	Gemeindeordnung für den Freistaat Bayern
BayLkrO	=	Landkreisordnung für den Freistaat Bayern
BayObLG	=	Bayerisches Oberstes Landesgericht
BayPG	=	Pressegesetz für den Freistaat Bayern
BayVfGH	=	Bayerischer Verfassungsgerichtshof
BayVGH	=	Bayerischer Verwaltungsgerichtshof
BayVBl.	=	Bayerische Verwaltungsblätter
BBauG	=	Bundesbaugesetz
BGB	=	Bürgerliches Gesetzbuch
BGH	=	Bundesgerichtshof
BGBl.	=	Bundesgesetzblatt
BK	=	Bonner Kommentar
BSHG	=	Bundessozialhilfegesetz
BV	=	Bayerische Verfassung
BVerwG	=	Bundesverwaltungsgericht
BVerfG	=	Bundesverfassungsgericht
DVBl.	=	Deutsches Verwaltungsblatt
DÖV	=	Die öffentliche Verwaltung
DRZ	=	Deutsche Rechts-Zeitschrift
E	=	Amtliche Entscheidungssammlung
E 1962	=	Entwurf eines Strafgesetzbuches
FGG	=	Gesetz über die Freiwillige Gerichtsbarkeit
FN	=	Fußnote
GBO	=	Grundbuchordnung
GVG	=	Gerichtsverfassungsgesetz

GeschOBR	=	Geschäftsordnung des Bundesrates
GeschOBT	=	Geschäftsordnung des Bundestages
HGB	=	Handelsgesetzbuch
JGG	=	Jugendgerichtsgesetz
JöR	=	Jahrbuch des öffentlichen Rechts der Gegenwart, Neue Folge
JR	=	Juristische Rundschau
JuS	=	Juristische Schulung
JZ	=	Juristenzeitung
LK	=	Leipziger Kommentar
LVG	=	Landesverwaltungsgericht
MD	=	Maunz-Dürig
MDR	=	Monatsschrift für Deutsches Recht
NJW	=	Neue Juristische Wochenschrift
OVG	=	Oberverwaltungsgericht
RGBl.	=	Reichsgesetzblatt
RG St	=	Reichsgericht, amtliche Sammlung in Strafsachen
RiJGG	=	Richtlinien zum Jugendgerichtsgesetz
RiStV	=	Richtlinien für das Strafverfahren
RRG	=	Reichs-Rundfunk-Gesellschaft
RN	=	Randnummer
RPG	=	Reichspressegesetz
StGB	=	Strafgesetzbuch
StPO	=	Strafprozeßordnung
VVDStRL	=	Veröffentlichungen der Vereinigung der Deutschen Staatsrechtslehrer
VG	=	Verwaltungsgericht
VGH	=	Verwaltungsgerichtshof
VRspr.	=	Verwaltungsrechtsprechung in Deutschland
WV	=	Weimarer Verfassung
ZBR	=	Zeitschrift für Beamtenrecht und Beamtenpolitik
ZPO	=	Zivilprozeßordnung
ZStW	=	Zeitschrift für die gesamte Strafrechtswissenschaft
ZV + ZV	=	Zeitungs-Verlag und Zeitschriften-Verlag

Erstes Kapitel

Das Wesen und die Bedeutung der Information

A. Das Wesen der Information

Die Frage nach dem Wesen der Information ist oft gestellt worden. Information, so heißt es, ist „alles, was uns bewegt", Information ist „das Kunstwerk, ein Angstschrei, ein Plakat, Geruch, Gestik, das Glückwunschtelegramm, Schmerz, das Licht eines Sternes, die Halluzination eines Schizophrenen, die Meldung in einer Zeitung, das Augenzwinkern ..."[4]. Robert *Havemann* sieht die Information als „eine besondere Form, in der Wirkungen übertragen werden"[5]; Norbert *Wiener*, der Begründer der mathematischen Informationstheorie, kommt zu dem Schluß: „Information is information, no matter and no energy[6]."

Das Verbum „informieren" ist zusammen mit dem Substantiv „Information" im 15. und 16. Jahrhundert aus dem lateinischen Wort „informare" bzw. aus „informatio" entlehnt worden[7]. Informieren heißt — wie informare in seiner übertragenen Bedeutung[8] — benachrichtigen, Auskunft geben, belehren[7]; Information bedeutet daher: Nachricht, Auskunft, Belehrung[9].

Das Wort Information bezeichnet dreierlei: den Vorgang des Informierens, das Objekt der Wahrnehmung (Erscheinung) und dessen Reflex im Subjektiven, den Begriff, die Vorstellung, das Bild, das dem menschlichen Bewußtsein vermittelt wird.

Das subjektive Resultat ist nichts als eine pathologische Reaktion, wenn ihm das Gegenstück in der realen Welt, wenn ihm das Objekt fehlt. Und die Objekte, das Kunstwerk, das Augenzwinkern, die „bewegenden" Dinge sind nichts ohne die Bewegung, ohne den Vorgang der

---

[4] *v. Randow,* Zeit, 1965, Nr. 46, S. 47.

[5] *Havemann,* S. 47.

[6] Vgl. *Havemann,* S. 48; *Steinbuch,* Gesellschaft, S. 37.

[7] Der Große Duden, Bd. 7, S. 287.

[8] Vgl. *Heinichen,* Bd. 1, S. 407. „Informare" in der Bedeutung „mente formare" oder „in animo informare".

[9] Informator hieß im 17./18. Jahrhundert der Hauslehrer, vgl. der Große Brockhaus, Bd. 5, S. 675.

Übermittlung. Information ist daher ein komplexes Geschehen, in dessen Verlauf objektive Erscheinungen als geistige Wirkungen in den Bereich des subjektiven Geistes projiziert werden: es ist die menschliche Kommunikationskette, die das wahrzunehmende Objekt, das wahrnehmende Subjekt und das Mittel der Übertragung verbindet. Der Mangel eines Gliedes dieser Kette — des Objekts (Geheimhaltung), des Subjekts (der psychische Block), des Mediums (der Druckfehler) — ist ein Mangel der Information.

B. Der Wert der Information

I. Der negative Wert

Alle Epochen in der Geschichte sind gekennzeichnet durch das Verhältnis der Herrschenden zur Information des Untertanen. Reaktionäre Regime sind immer bestrebt, „das Volk in Dummheit zu halten“[10]. Denn der „beschränkte Untertanenverstand“[11] ist willig; Belehrung und Aufklärung aber pflanzen die Dinge des Staates und der Kirche in den Geist des Volkes, nivellieren die Ebenen und rufen schließlich Auflehnung hervor.

1. Die Unterdrückung der Information

Informationen waren nicht gefährlich für den Staat, solange sie nur von Mund zu Mund verbreitet wurden. Ihre Wirksamkeit beschränkte sich auf die Person des Empfängers und erschöpfte sich in der Person des Absenders. Nachdem aber Johannes *Gutenberg* den ersten Satz gegossen und damit die „teuflische“[12] schwarze Kunst als das „plus grand évenement de l’histoire“[13] in die Welt gesetzt hatte, begann mit der Geschichte des abendländischen Pressewesens der Kampf um die freie Information.

Das gedruckte Wort, das schwarz auf weiß geschrieben stand, das unabhängig von Zeit und Ort, losgelöst von der Person seines Verfassers in Erscheinung trat, war von vornherein eine mächtige Instanz. Kirche und Staat mußten prohibieren und zensieren, wollten sie erreichen, „daß

---

[10] *Havemann*, S. 52; Vorlesung vom 1. 11. 1963 an der Humboldt-Universität in Ostberlin, vgl. auch Der Spiegel, 1964, Nr. 13, S. 51.

[11] Nach einem Schreiben des preußischen Innenministers von Rochow vom 15. 1. 1838 an den Kaufmann J. van Riesen in Elbing; vgl. Richard *Zoozmann*, Zitatenschatz.

[12] *Löffler*, Kommentar, S. 16 (RN 12).

[13] Viktor *Hugo*, Notre Dame de Paris, S. 210.

nichts Neues in Sachen des Glaubens ... gedruckt, feilgehalten noch verkauft werde"[14].

Nicht die Meinung als solche, nicht die Tatsache als solche erschien den Fürsten gefährlich, sondern die Entäußerung, die Veröffentlichung, der Empfang und das „Geräusch im Publikum"[15]. Weil sie den Empfang verhindern wollten, verfolgten sie die Absender: Verfasser, Drucker, Händler. Sie verboten den Druck und die „Presse", weil sie sich den „beschränkten Untertanenverstand" erhalten wollten. Sie schlugen den Sack, sie meinten aber den Esel.

2. Die gezielte Information: die Propaganda

Zunächst konnte man sich damit begnügen, das gedruckte Wort zu verbieten. Als sich aber Reformation und Aufklärung der neuen Erfindung bemächtigten, war es mit Verboten allein nicht mehr getan. Die Obrigkeit erkannte die Bedeutung der Information und bediente sich ihres negativen Wertes: statt Information gab sie Instruktion und Propaganda, aus ergebenen Untertanen machte sie eifernde Gefolgschaft, Menschen, die gegebenenfalls auch „zum Sterben zu berauschen"[16] waren. „Lügen wie gedruckt" wurde zum geflügelten Wort[17].

Schon *Napoleon* beherrschte die Methode bis zur Meisterschaft. Er schuf mit den bureaux de l'esprit public das erste Propagandaministerium, einen Apparat, der in der Hand des Polizeiministers *Fouché* der freien Presse bald den Atem nahm. Zur Tarnung seiner politischen Ziele ließ Napoleon wahre „Pressefeldzüge" veranstalten; selbst auf den Kriegsschauplätzen ließ er Zeitungen drucken, um durch ihre Lektüre die Truppen in Stimmung zu halten[18]. „Die Freiheit der Presse", hat Napoleon auf St. Helena gesagt, „muß in der Hand der Regierung ein mächtiges Hilfsmittel werden, um in alle Enden des Reiches die gesunden Meinungen und die guten Grundsätze gelangen zu lassen. Die Presse sich selbst überlassen, heißt an der Seite einer Gefahr einschlafen. Heute ist es unmöglich, wie vor dreihundert Jahren bei der Umwandlung der Ge-

---

[14] Der Augsburgische Reichsabschied von 1530; *Löffler*, Kommentar, S. 17 (RN 15).

[15] ALR Teil II, Tit. 20 § 156: „Jeder gute Untertan zeige Mängel des öffentlichen Wesens der Obrigkeit an, mache aber davon kein Geräusch im Publikum."

[16] Adolf *Hitler*, Mein Kampf, S. 202.

[17] Wilhelm *Borchardt*-Gustav *Wustmann*, S. 305.

[18] *Löffler*, Kommentar, S. 22 (RN 27). Nur *eine* freie Zeitung gab es, die ein erfahrener Publizist mit kaiserlicher Genehmigung herstellte; Napoleon war der einzige Leser (d'*Ester*, S. 58, *Löffler*, Kommentar a.a.O.).

sellschaft müßiger Zuschauer zu sein. Man muß, wenn man nicht untergehen will, alles leiten und alles verhindern[19]."

Johann Gottlieb *Fichte* beschreibt die Propagandatechnik seiner Zeit aus der Sicht des Untertanen: „Den Körper der Menschen unterjochen ist euch ein leichtes; ihr könnt seine Füße in den Stock, seine Hände in Fesseln legen, ihr könnt auch allenfalls durch Furcht des Hungers oder des Todes ihn verhindern zu reden, was er nicht reden soll... Aber ihr könnt doch nicht immer mit dem Stock... Ihr müßt also auf ein Mittel denken, ihn sicherer und zuverlässiger zu unterjochen, damit er auch außer dem Stocke und der Fessel nicht anders atme, als ihr ihm winktet. Lähmt das erste Prinzip der Selbsttätigkeit in ihm, seinen Gedanken; untersteht er sich nicht mehr anders, als ihr es ihm, mittelbar oder unmittelbar, durch seinen Beichtvater oder durch eure Religions-Edikte befehlt zu denken: so ist er ganz die Maschine, die ihr haben wollt...[20]."

Der Wink, der Befehl, das ist die wohl bemessene Dosis Information, deren das menschliche Gehirn bedarf, um Vorgedachtes nachzudenken. Der totale Staat wußte die Methode zur äußersten Perfektion zu steigern, die schwarze zur wahrhaft teuflischen Kunst auszubilden. *Goebbels* fand den Idealzustand darin, „daß die Presse so fein organisiert ist, daß sie in der Hand der Regierung sozusagen ein Klavier ist"[21]. Die Zeitung wurde „zu einem Mittel der Paroleausgabe"[22] umgestaltet, aus dem Kreis der Journalisten wurden „alle Schlacke und alles Unechte durch den harten Hammerschlag der Pflicht herausgehämmert"[23]. Für den Dienstgebrauch verkündete Goebbels vor Rundfunkintendanten und bei Betriebsappellen in den Funkhäusern als das Geheimnis der Propaganda, den Menschen „mit den Ideen der Propaganda zu durchtränken": „Selbstverständlich hat die Propaganda eine Absicht. Aber die Propaganda muß so klug, so virtuos kaschiert sein, daß der, der von ihren Absichten erfüllt werden soll, es überhaupt nicht bemerkt...[24]." Und in einem Gespräch mit seinen engsten Mitarbeitern gestand Goebbels: „Ich will das deutsche Volk im Denken, Fühlen und im Unterbewußten gleichschalten und eine Masse ohne Individualismus schaffen, weil dadurch die Regierenden immer sichtbarer in die Rolle des Schicksals hineinwachsen"[25].

---

[19] Friedrich *Sieburg*, Schwarzweiße Magie, S. 83.

[20] Johann Gottlieb *Fichte*, Zurückforderung der Denkfreiheit, S. 52; Ausgabe Strecker, S. 21.

[21] *Goebbels*, Zeitungsverlag, 18. 3. 1933.

[22] Theodor *Lüddecke*, Die Tageszeitung als Mittel der Staatsführung, S. 173.

[23] Max *Amann*, Zeitungsverlag, 16. 2. 1933, S. 815.

[24] Vgl. Dieter *Fuß*, Ein Volk, ein Reich, ein Rundfunk, Manuskript S. 7. Vgl. auch „Mitteilungen der RRG", Sonderbeilage zu Nr. 354 vom 30. 3. 1933.

[25] Dieter *Fuß*, a.a.O., S. 6.

Der totale Staat gebraucht die menschliche Vernunft als kybernetische Maschine, deren Reaktionen den Gesetzen der Informationstheorie folgen und sich dem jeweils programmierten Informationsbestand minuziös verbinden. Diese Art Staat erkennen wir als das Schemengebilde einer unbewältigten deutschen Vergangenheit und als ein Stück der deutschen Gegenwart. Robert *Havemann*, DDR-Nationalpreisträger, ehemals Mitglied der Volkskammer und Korrespondierendes Mitglied der Deutschen Akademie der Wissenschaften, hatte Anlaß, als er am 1. 11. 1963 im überfüllten Auditorium der Ostberliner Humboldt-Universität bekannte: „Der Lebensquell unserer kulturellen Entwicklung, das Blut in den Adern der menschlichen Kultur, ist die vielseitige, immer umfassendere Information aller Mitglieder der Gesellschaft über alles Wissen, alle Probleme und Fragen der Zeit. Jede Behinderung und Einschränkung der Information und des Informationsaustausches hemmt die Aktivität der Gesellschaftsmitglieder und damit die Entwicklung der gesellschaftlichen Verhältnisse ... Wer sich vor den Folgen einer allgemein uneingeschränkten Information fürchtet und sie darum behindert, schafft dadurch gerade die Bedingungen für eine unheilvolle Entwicklung. Womit sich eine alte These der griechischen Tragödie bewahrheitet, daß der Mensch sein Schicksal dadurch herbeiführt, daß er es abzuwenden trachtet[26]."

II. Der positive Wert

Ein Staat, dessen Gewalt vom Volke ausgeht, ist so gut und so schlecht wie seine Bürger. Die Demokratie beruht darauf, daß der Bürger weiß und nach seinem Wissen handelt. Dieser Grundsatz rechtfertigt sich nicht aus der sokratischen Überzeugung, daß aus der Kenntnis des Guten notwendig die gute Handlung erwachse, nicht aus dem Vernunftglauben der Aufklärung, wonach der Wissende notwendig vernunftgemäß entscheide: aus der Information folgt nicht notwendig staatstragendes Verhalten, doch sie ist die erste Voraussetzung für die Bewährung des Bürgers im demokratischen Leben.

C. Die Bedeutung der Information in der Gegenwart

Es sind Zweifel laut geworden, ob nicht auch in der Bundesrepublik die Information als staatsbürgerliches „Grundnahrungsmittel" dosiert, rationiert und manipuliert werde. Ob nicht auch bei uns die Verwirrung sorgfältiger als die Aufklärung betrieben werde[27]. Viele Zeichen weisen in diese Richtung.

---

[26] *Havemann*, S. 51 f.

[27] Vgl. Paul *Hübner*, „Information oder herrschen die Souffleure?"; Gunthar *Lehner*, „Werden wir richtig informiert?".

I. Information und Staat

Es liegt in der Natur des Hoheitsträgers, unter dem Mantel des Geheimnisses Schutz zu suchen. Wie der Tintenfisch im Dunst seiner Sepia untertaucht, so „versteckt sich die Macht“[28], so verbreitet alle Staatlichkeit das Dunkel der Geheimsphäre, wo sie sich verletzlich glaubt. Je weiter sich der Staat aber in der gesellschaftlichen Struktur verzweigt und je tiefer er darin wurzelt, desto widerspenstiger erweist er sich der Publizität.

1. Die Gleichheit

Der Staat wächst mit seinen Aufgaben. Und je mehr diese wachsen, „desto häufiger stößt die Freiheit auf die Staatsgewalt“[29]. Seitdem das Gebot materieller Gleichheit gilt[30], vollziehende Gewalt, Rechtsprechung *und* Gesetzgebung (Art. 1 Abs. 3 GG)[31] daran gebunden sind, kann sich der Staat nicht mehr darauf beschränken, den Bürgern nur die gleichen Möglichkeiten zur Entfaltung ihrer Kräfte zu gewährleisten. Der soziale Staat ist gehalten, die tatsächlichen Ungleichheiten unter den Bürgern so weit wie möglich zu kompensieren. Der soziale Staat egalisiert, er verteilt und versorgt; er befiehlt nicht, er stellt bereit; und er tut es in der Überzeugung, „daß dorthin, wo die Unschuld weint, auch Hilfe komme“[32]: er wird „zum Versicherungsträger gegen alle Wechselfälle des Lebens“[32].

Auf diesem Weg erreicht der moderne Staat die Ebene, auf der Aldous *Huxley*[33] und George *Orwell*[34] ihre Utopien austragen, auf der sich Wohlfahrt und Totalität treffen[35]. Der soziale Staat dient nach seiner Bestimmung und durch Dienen allein gelangt er endlich zum Herrschen. Leviathan ersteht in neuer Gestalt.

So hat schon *Tocqueville* um 1835 die Prognose ausgesprochen, Gleichheit heiße in ihrer konkreten Verwirklichung, daß „der Staat so allmählich jedes Individuum in seine machtvolle Hand“ nehme, es nach seiner Art forme und schließlich „die Gesellschaft als Ganzes mit seinen Armen zu umfassen“ beginne: „Er bedeckt ihre Oberfläche mit einem Netz klei-

---

[28] Carl J. *Friedrich*, Verfassungsstaat, S. 61.

[29] Erbe, S. 11.

[30] *Koellreutter*, S. 54; *Leibholz*, Strukturprobleme, S. 80, 136 f.

[31] *Maunz*, Staatsrecht, S. 114; *Leibholz*, Gleichheit, S. 241 f.

[32] *Erbe*, S. 13.

[33] „Brave new World“, 1932.

[34] „Nineteen eighty-four“, 1949.

[35] Carl J. *Friedrich*, Freiheit und Verantwortung, S. 124 f., derselbe, Demokratie, S. 565.

ner und verwickelter, kleinlicher und gleichförmiger Normen, durch die selbst die geistvollsten Köpfe und die kraftvollsten Herzen nicht mehr ans Tageslicht durchdringen können, um der Masse zu entrinnen. Er bricht nicht den Willen, aber er schwächt ihn, beugt ihn und lenkt ihn. Er zwingt nur selten zum Handeln, doch er widersetzt sich ständig jedem selbständigen Handeln. Er zerstört nicht, doch er verhindert, daß Neues entsteht; er tyrannisiert nicht, aber er stört, behindert, engt ein, entkräftet, dämpft und stumpft ab und läßt schließlich jedwedes Volk zu einer Herde furchtsamer und fleißiger Lebewesen verkümmern, deren Hirte die Regierung ist[36]."

Um dem Gleichheitsgrundsatz und den sozialen Aufgaben gerecht zu werden, läuft die Gesetzgebungsmaschine auf Hochtouren. Sie arbeitet „so fieberhaft, daß das Dickicht der Gesetze und Verordnungen mit jedem Jahr dichter wird"[37]. Damit verlagert sich der Schwerpunkt staatlichen Lebens mehr und mehr auf die Verwaltung: auf jene Gewalt, die dem Bürger am nächsten steht, weil sie ihn immer und überall in irgendeiner Hinsicht betrifft; es ist aber auch jene Gewalt, die sich gegenüber dem Einfluß demokratischer Strukturelemente „als einigermaßen resistent erwiesen hat"[38], die sich weniger leicht als Gesetzgebung und Rechtsprechung überschauen und durchschauen läßt. „Unblutig und glanzlos ersteigt die Bürokratie den Thron und rückt dem Individuum zu Leibe[39]."

Man muß nicht auf *Parkinson* und sein „Gesetz der autokatalytischen Vermehrung des Beamtenkörpers"[40] zurückgreifen, um festzustellen, daß der Staat der Bundesrepublik seit seiner Gründung kräftig gewachsen ist und sich insbesondere die Zahl der Beamten und Angestellten im öffentlichen Dienst beträchtlich vermehrt hat[41].

Es ist bezeichnend für die Bundesrepublik, daß sie sich nicht aus ihrer Verfassung zum Versorgungsstaat entwickelt hat. Das Problem des Bereitstellens, des Versorgens und Verteilens ist diesem Staat gleichsam mit in die Wiege gegeben worden. Es war an ihm, Millionen Flüchtlinge und Vertriebene einzugliedern und „gleich" zu machen. Die Flüchtlingsverwaltung, die Bund, Länder und Kommunen errichteten, erforderte einen gewaltigen Apparat. Die komplexen Begriffe Lastenausgleich und

---

[36] *de Tocqueville*, S. 234.

[37] *Freyer*, S. 67.

[38] *Forsthoff*, Strukturwandlungen, S. 19 f.; derselbe, Lehrbuch, S. 17; *Koellreutter*, S. 35.

[39] *Sieburg*, S. 54.

[40] *Gehlen*, Merkur, 1959, Heft 142, S. 1202; vgl. auch *Ule*, S. 3.

[41] *Ule*, S. 8. Bezogen auf die Bevölkerungsdichte hat sich die Zahl der Beamten und Angestellten in Deutschland zwischen 1913 und 1955 um 92 Prozent erhöht.

Wohnraumbewirtschaftung haben nach beinahe zwei Jahrzehnten noch immer Aktualität. Wiedergutmachung, Kriegsopferversorgung, die Gesetzgebung zu Art. 131 GG sind andere Beispiele, die sich in den großen Rahmen der Kriegsfolgelasten einfügen. Der Weg zum Wohlfahrtsstaat war vorgezeichnet.

Ging es anfangs nur darum, Lasten und Schaden auszugleichen, so war der Staat bald veranlaßt, auch den Gewinn gerecht zu verteilen. Und da er die Rolle des Dienens schon erlernt hatte — schneller als sich das Volk seiner Verfassung bewußt werden konnte — tat er dies bereitwillig und bedenkenlos[42]. Der wirtschaftliche Aufstieg, der technische Fortschritt, die sanitäre Revolution, die Bedürfnisse der neuen Massengesellschaft haben dem Staat schließlich einen Funktionsbereich erschlossen, wie ihn die Demokratie bisher nicht gekannt hat.

Es kann nur schlagwortartig dargetan werden, welchen Umfang diese Aufgaben angenommen haben, in welchem Maße die Leistungskraft des Staates nach Quantität („Ereignismassen")[43] und Qualität gesteigert worden ist: Der Ausbau der Sozialversicherung, der soziale Wohnungsbau, die Umverteilung des Einkommens und die Eigentumsbildung; der Komplex der Daseinsvorsorge, die Bewältigung des Straßenverkehrs, des Nachrichtenwesens, der Lärmbekämpfung, die Probleme der Luft- und Wasserversorgung, Lebensmittelkontrolle, Warentest. Hinzukommen Bodenreform und Grüner Plan, die volkswirtschaftliche Integration und der daraus folgende Umschichtungsprozeß, die Großraumplanung, die Planung der Flächennutzung und der Bebauung — ein Reigen, der sich beliebig fortsetzen läßt, der vertikal und horizontal das gesamte Staatswesen durchwuchert und darüber hinaus auch die Instanzen der europäischen und interkontinentalen Integration ergreift.

2. Die Sicherheit

Nicht nur das Postulat der Gleichheit und der Sozialstaatlichkeit bedroht die individuelle Freiheit. Die Freiheit ist sich selbst gefährlich; sie ist schutzbedürftig und verlangt nach Gewährleistung. Und Gewähr bietet nur die Macht des Staates. „Was notwendig ist, um die äußere Freiheit zu wahren, kann ständig zur Bedrohung der inneren Freiheit werden", schreibt Adolf *Arndt*[44].

Dieser Grundsatz gilt in besonderem Maße für die Situation des geteilten Deutschlands in einer geteilten Welt, „in der Friktionszone von

---

[42] Die New Deal-Politik Roosevelts war in den dreißiger Jahren noch auf den Widerstand des Obersten Bundesgerichts der USA gestoßen, vgl. *Koellreutter*, Staatsrecht, S. 54.

[43] *Ule*, S. 19.

[44] Adolf *Arndt*, NJW 61, 897.

Freiheit und Knechtschaft"[45]. Zur Sicherung der Freiheit und zur Abwehr der Knechtschaft ist ein diffiziler polizeilicher und militärischer Apparat entstanden. In dem Maße, in dem seine Gegner im Geheimen wirken, bevorzugt auch er das Dunkel. Darin aber vermag er auch der demokratischen Kontrolle zu entgleiten. Die Gefahren sind bekannt. Der Begriff des Staatsgeheimnisses wird ausgeweitet, bis „seine Konturen zu verschwimmen drohen"[46]. Geheimnisse der Regierung werden zu solchen des Staates, die militärische oder sicherheitspolitische Diskussion wird zum privaten Risiko. Und schließlich: die Macht entfaltet sich so weit nach innen, daß sie die Positionen verkehrt, „die Menschen veröffentlicht, sich selber aber im Geheimnis verhüllt"[47].

3. Die Wissenschaftlichkeit

Die Information des Bürgers wird schließlich dadurch gestört, daß der Staat die Aufgaben in der modernen Massengesellschaft nicht mehr mit den herkömmlichen Mitteln der politischen Willensbildung bewältigen kann. Er mobilisiert den Sachverstand und beteiligt ihn immer stärker an den Staatsgeschäften. An die Stelle der politischen Entscheidung tritt in zunehmendem Maße die Sachentscheidung. Sie ist „vielfach keine echte Entscheidung mehr, sondern nur noch die zu ermittelnde Resultante einer komplexen Tatsachensituation"[48].

Mit den Versicherungs-Neuregelungsgesetzen vom 23. 2. 1957[49] hat der Gesetzgeber zum erstenmal ein Sachverständigen-Gremium berufen; nach den Gutachten, die es von Jahr zu Jahr erstattet, wird die Rente „dynamisch" der jeweiligen Steigerung des Sozialproduktes angepaßt. Heute gibt es wissenschaftliche Beiräte in den Bundesministerien für Wirtschaft, für Finanzen, für Verkehr, für wirtschaftliche Zusammenarbeit, für Ernährung, für Familien- und Jugendfragen, für Verteidigung, beim Wohnungsbauministerium, beim Gesamtdeutschen Ministerium und beim Auswärtigen Amt[50]. Hinzu kommen die sachverständige Ressortberatung und die Auftragsforschung[51].

---

[45] Walter *Erbe*, S. 11.

[46] Adolf *Arndt*, NJW 61, 897.

[47] Adolf *Arndt*, Geheimnis, NJW 60, 2040. Vgl. auch Zeit, 1965, Nr. 18, S. 5, „Hessische Heckenschützen": Verfassungsbeamte fertigten von den Teilnehmern des Ostermarsches heimlich Archivbilder an. Vgl. ferner Norddeutscher Rundfunk, Fernsehen, Panorama, Sendung Nr. 117 vom 4. 1. 1965, Werner *Maihofer*: „Als wir bei den Vorbereitungen zu diesem Seminar feststellten, daß seit 1959 die Zahlen für die polizeilichen Ermittlungsverfahren in politischen Strafsachen aus den Statistiken verschwunden sind, richtete einer meiner Mitarbeiter ... eine Anfrage an das Bundeskriminalamt; statt einer Antwort ... kam die politische Polizei ins Haus"; Sendemanuskript S. 24; *Lehmann*, S. 108.

[48] *Forsthoff*, Strukturwandlungen, S. 16.

[49] BGBl. I S. 54, 88.

[50] Hellmut *Becker*, Zeit, 1965, Nr. 15, S. 5.

Das Schlagwort von der „Expertokratie“ ist plastisch[52]. Freilich haben die beratenden Wissenschaftler keine exekutiven Befugnisse. Sie können nur „wehrlos Rat geben“[53]. Doch genügt die Autorität des Faches und des wissenschaftlichen Ranges, um die Regierung in Abhängigkeit zu drängen. Je inniger sich Regierung und Wissenschaft verbinden, desto größer ist die Gefahr, daß sie sich gegenseitig manipulieren, die demokratische Kontrolle aber paralysieren. Das Parlament hat keinen Beraterstab, es ist darauf angewiesen, daß es am Fachwissen der Regierung beteiligt und daß es redlich bedient wird[54].

Diese strukturellen Veränderungen innerhalb der staatlichen Hierarchie, die Entwicklung des Versorgungsstaates, das Wachstum und die Komplizierung der Verwaltung, die Sicherung nach innen und nach außen — sie begünstigen die Ausbreitung einer mehr oder weniger „geheimen“ Sphäre, die zu durchdringen nur noch wenigen Berufenen gelingen kann. Die Frage nach der Information des Bürgers ist aktueller denn je.

II. Information und intermediäre Gewalten

Nicht nur Volumen und Struktur der Staatsgewalt trüben die Klarsicht, nicht nur die Hoheitsträger gefährden die Information des Bürgers. Diesen Weg gehen auch diejenigen Institutionen außerhalb der Staatsorganisation, die zu ihrer Machtentfaltung der Stimme des Volkes bedürfen, die *„intermediären Gewalten“*[55], voran die Parteien und die Interessenverbände.

1. Die Parteien

Zum politischen Alltag gehört der Meinungskampf, gehören Überspitzungen und Verzerrungen. Die Parteien kämpfen hart, sie kämpfen um die Macht. Der Bürger weiß es, er stellt sich darauf ein und begegnet den politischen Manipulationen mit natürlichem Mißtrauen. Sobald sich

---

[51] Zehn Prozent der Forschungsmittel der öffentlichen Hand und 34 Prozent des Bundesforschungshaushaltes werden für die Auftragsforschung des Verteidigungsministeriums aufgewendet (Hellmut *Becker*, a.a.O.).

[52] Welche Bedeutung heute dem Renommee des Sachverstandes beigelegt wird, beweist das Zahlenspiel von Regierung und Opposition im November 1964: Als die Opposition mit 36 Professoren zu renommieren suchte, berief sich die Regierung auf 471 Wissenschaftler (vgl. Hellmut *Becker*, a.a.O.; vgl. Peter *Koch*, Süddeutsche Zeitung, 1965, 10./11. April, S. 4.

[53] Hellmut *Becker*, a.a.O.

[54] Eugen *Gerstenmaier* vor dem Deutschen Bundestag, 166. Sitzung, 19. 2. 1965, Stenographischer Bericht, S. 8299.

[55] *Koellreutter*, S. 70 ff.

aber der wahre Geschehensablauf nicht mehr an seinem Horizont abzeichnet, sobald die Sinnfälligkeit der Argumente sein Fassungsvermögen übersteigt, tappt er im Dunkeln, er folgt nicht mehr dem Verstande, sondern seinem Herzen. Die gezielte Publizität der Parteien appelliert daher nicht mehr an den Verstand der Wähler, sondern läßt ihre Herzen klopfen. Die Parteien kennen die Emotionen der Mehrheiten und der noch unerschlossenen Minderheiten, die Reflexionen aller sozialen Schichten auf jeder Stufe und zu jedem Zeitpunkt der politischen Kommunikation. Sie folgen den Ratschlägen der Demoskopen und der Sozialpsychologen. Sie dienen der allgemeinen Aufklärung häufig nur dort, wo sie selbst nichts verlieren.

2. Die Interessenverbände

Die Parteien stehen im Sperrfeuer der „kollektiven Massivitäten"[56], der Verbände und Organisationen. Es sind die „außerparlamentarischen Kräfte", die in kompakten Fronten aufmarschieren, mit Macht und Lautstärke danach verlangen, Recht zu haben. Sie sind es, die der modernen Massendemokratie oligarchistische Züge verleihen und dem freien Individuum mehr und mehr den Atem nehmen. Von ihnen kann der Staatsbürger wenig Aufklärung erwarten; weiß er doch heute noch nicht, ob die Lohn-Preis-Spirale oder die Preis-Lohn-Spirale schuld daran ist, daß die Mark nicht mehr hundert Pfennige wert ist.

III. Information und Presse

1. Mittel und Mittlerin

Die Presse ist zunächst nur Medium des Meinungskampfes, ein *Mittel*, dessen sich die meinungsbildenden Kräfte beliebig bedienen; sie ist die Substanz, in der sich die kommunikativen Wirkungen ausbreiten. In dieser Rolle ist sie nicht eigenständig: es spiegeln sich in ihr die Verwirrungen und Verworrenheiten, die Verbrämungen und Verzerrungen des täglichen Meinungskampfes getreulich wieder. Diese Presse trägt genausoviel und genausowenig zur öffentlichen Information bei wie die Parteien und Verbände, die Politiker und Funktionäre, denn sie ist nicht besser und nicht schlechter als die Kräfte, die in ihr wirken.

Aber die Presse ist auch *Mittlerin*, sobald sie sich aus der Interessenverknüpfung herauslöst, sobald sie dem unbefangenen Individuum publizistische Wirkung verleiht. Dann ist sie imstande, als Gegenkraft überall dorthin zu wirken, wo Tatsachen manipuliert und Informationen dosiert werden.

---

[56] *Erbe*, S. 12.

Das Problem der Presse liegt darin, daß sie mehr Mittel als Mittlerin ist. Sie leistet der galoppierenden Inflation des Wortes Vorschub, indem sie fast willenlos allen Erscheinungen ihre Spalten öffnet. „Wenn schon eine Textilgruppe oder eine Bäderstadt sich mit einem sogenannten Pressechef ausrüsten", klagt Friedrich *Sieburg*[57], „wenn jeder Theatermann sich das Recht nimmt, eine Pressekonferenz einzuberufen, so spricht daraus die Neigung, das Wissenswerte nicht mehr der Erjagung auf freier Wildbahn auszusetzen und die Neuigkeiten nur in eigenmächtiger Dosierung auszugeben."

Das Stichwort „Pressekonferenz" bezeichnet die Situation. Die Presse wird gerufen — vom Staat, von den Verbänden, von den Parteien, von den Vertretern beliebiger Interessen. Und die Presse kommt, empfängt und gibt weiter. Die Presse informiert sich nicht mehr; sie wird informiert. Wie es in § 4 des Modellentwurfes 1963 heißt: Die Vertreter der Presse *erhalten* von den Behörden alle Auskünfte ...[58]. „Je weniger Autorität die Presse hat", schreibt Sieburg, „um so größer werden die Pressestellen der Behörden[59]."

So ist es verständlich, daß in der Diskussion um die Informationspflicht der Behörden der Ruf ertönt: „Wo erhebt sich der Journalist, der erklärt: ‚Ich bedarf keiner Auskunftspflicht, da ich gelernt habe, dem Staat auf die Finger zu sehen und da ich mir durch meine Arbeit genug Autorität erworben habe, um die Auskunft an der Quelle auch ohne Zugang zu erlangen'[60]!"

2. Die Komplizierung

Auch der Journalist leidet unter der Komplizierung der Staatsfunktionen. Häufig ist er nicht mehr in der Lage, die Zusammenhänge und den Informationswert eines Ereignisses aus eigener Anschauung zu beurteilen. Ohne es im einzelnen zu registrieren, übernimmt er die Urteile anderer. Er gerät in Abhängigkeit und macht sich selbst zum Werkzeug anderer.

Theodor *Eschenburg*[61] spricht von der „getarnten Zensur" und nennt insbesondere die „Kompliziertheitszensur" und die „interdependente Gefälligkeitszensur"[62]. Diesen Bedrohungen entgehen gute Zeitungen,

---

[57] *Sieburg*, S. 64.
[58] Vgl. 5. Kapitel C III. 2 c.
[59] *Sieburg*, S. 68.
[60] *Sieburg*, S. 70; vgl. *Willms*, ArchPR, 1965, 512; vgl. *Knappstein*, S. 31.
[61] Hannoversche Presse, 4. 3. 1964, Nr. 54, S. 3.
[62] z. B. Journalisten begleiten reisende Regierungsmitglieder auf Staatskosten; das zur Abhängigkeit führende „gute Einvernehmen" zwischen kleineren Provinzzeitungen und „ihren" Kommunalverwaltungen.

indem sie dem Redaktionsarchiv ein großzügiges Budget gewähren[63], indem sie der Drucklegung ein diffiziles mehrstufiges Prüfungsverfahren voranstellen („Verifikation")[64], indem sie gute Leute gut bezahlen[65].

3. Die Popularisierung

Es war von jeher die Aufgabe des Journalisten, Unverständliches verständlich darzustellen. Das Maß der Popularisierung richtete sich stets nach dem Fassungvermögen des Durchschnittslesers. Die Entwicklung der egalitären Massengesellschaft hat es mit sich gebracht, daß eine Spezies zum Leserideal vieler Zeitungen aufgerückt ist, die des Lesens nicht mehr mächtig ist. Nicht weil sie es nicht gelernt hat, sondern weil sie die psychische Reizschwelle so weit angehoben hat, daß das „nur" gedruckte Wort sie nicht mehr erreicht[66]. Es ist das Verdienst der Massenpresse, daß sie auch von Leuten gelesen wird, die nicht oder nur diagonal oder nur in Bildern zu lesen imstande sind.

Der Wert der Information leidet unter diesem Verfahren um so mehr, als die Urheber dieser Zeitungen dazu neigen, das ohnehin niedrige Niveau ihrer Leser zu unterbieten und weit über das Ziel der Popularisierung hinauszuschießen. Die Massenpresse wird so gestaltet, daß sie ihrem Leser nicht nur intellektuell zugänglich ist, sondern daß sie ihm unentbehrlich wird wie die Zigarette nach dem Frühstück.

Es zeigt sich, daß die Zuverlässigkeit der Information zurücktritt vor der Verkäuflichkeit des in ihr verpackten *„human interest"*. Selbst honorige Zeitungen mit einem großen Abonnentenstamm veranschlagen das Niveau ihres Lesermodells eher zu niedrig als zu hoch. Dafür mag symptomatisch sein das Schattendasein, das die Wirtschaftsredaktionen vieler mittlerer Tageszeitungen führen, obwohl sie mit einer Reihe gelernter Redakteure besetzt sind.

Die Wirtschaftsredaktion ist das einzige Ressort, in dem seit langem der akademisch gebildete Fachmann beheimatet ist. Er kann unbehelligt

---

[63] Das Archiv Der Spiegel, das größte Redaktionsarchiv Deutschlands, umfaßt rund 5,5 Millionen Presseausschnitte, zu denen täglich 1800 hinzukommen (Der Spiegel, 1965, Nr. 19, S. 3). Den 75 Redakteuren stehen 55 Fachkräfte für Dokumentation und Archiv gegenüber (*Löffler*, Modellfall, S. 28).

[64] *Löffler*, Modellfall, S. 29: Rund 40 Prozent der fertiggestellten Manuskripte des Spiegel wandern in den Papierkorb.

[65] Gehaltstarife für Redakteure an Tageszeitungen vom 1. 4. 1964, in der Fassung vom 25. 11. 1964: Volontär im 1. Ausbildungsjahr, vor vollendetem 25. Lebensjahr, Ortsklasse A: DM 305; Redakteur im 1. Berufsjahr bei über 30 000 Auflage, Ortsklasse A: 644 DM; nach vollendetem 15. Berufsjahr: 1225 DM.

[66] Eine „moderne Spielart des Analphabetismus" (vgl. Josef *Maurer*, Der Staatsbürger, April 1966, Nr. 4, S. 1). Friedrich *Sieburg* (S. 59 f.) spricht vom „notorischen Schwachsinn unserer Bilderpresse".

schreiben, solange er sich in der Abgeschiedenheit des Fachressorts bewegt. Sobald aber seine Börsenmeldung ob ihrer Dringlichkeit auf die erste Seite paßt, sobald Embargo, Dollarlücke oder DM-Abwertung in die aktuelle Dimension des Leitartikels hineinwächst, muß er — wenn ihm nicht schon der Philologe von der Innenpolitik das Thema aus der Hand nimmt — mit dem Chefredakteur um Terminologien feilschen. Einstweilen wären Investment und Volksaktie Anlaß genug gewesen, den Durchschnittsleser in den Wirtschaftsteil hineinzuführen und nicht mit ihm auf der Unterhaltungsseite einen faulen Kompromiß zu schließen.

Der Erfolg der guten Zeitung besteht nicht zuletzt darin, daß in ihr der Fachmann und nicht der Laie popularisiert. Das Risiko ist geringer, der Informationseffekt ist sicherer[67].

4. Die privatwirtschaftliche Struktur

Die Verflachung und Verwässerung der Information, wie sie beim mäßigen und auch beim gehobenen Durchschnitt der politischen und politisierenden Presse zu beobachten ist, folgt aus der Komplizierung der Umweltsbedingungen und aus dem Zwang zur Popularisierung. Der letzte Grund aber findet sich in der privatwirtschaftlichen Struktur der Presse.

Die Presse ist heute einem harten oligopolistischen Wettkampf ausgesetzt, der — je nach den Merkmalen der Kontrahenten — durch den Ort der Verbreitung, die Art des Erscheinens und den sozialen Wirkungsbereich bedingt ist. Es geht in diesem Kampf nur noch mittelbar um die geistige Wirksamkeit des gedruckten Wortes, kaum noch um die Qualität der Information; es geht vorwiegend um die Zahl der ausgestoßenen und im Volk verbreiteten Exemplare. Danach wird der Anzeigenpreis bestimmt, danach bemißt sich der verlegerische Erfolg[68].

Die Größe des Unternehmens entscheidet auch im Bereich der Publizistik über seine Wettbewerbsfähigkeit. Die Konzentrationsbewegung in der deutschen Presse hat daher längst die polypolistische Struktur — wenn es sie jemals gegeben hat — und damit die Individualität der Meinungsbildung aufgelöst. Während im Dezember 1954 noch 225 selb-

---

[67] In der Redaktion von *The Economist*, der „einflußreichsten englischen Wochenzeitung", haben alle 36 Redakteure ein abgeschlossenes Studium (vgl. Der Spiegel, 1965, Nr. 20, S. 112); nun freilich ist das „abgeschlossene Studium" nur eines von vielen möglichen Kriterien für die Qualifikation des Publizisten.

[68] Die „Informationsgemeinschaft zur Feststellung der Verbreitung von Werbeträgern e. V." (IVW) ermittelt neben der quantitativen auch die qualitative Verbreitung einer Publikation. Die Leseranalyse gibt in Prozentzahlen Auskunft über alle werbetechnischen Merkmale des Lesers: Alter, Geschlecht, Bildung, Einkommen, Konsumgewohnheiten usw.

ständige politische Hauptredaktionen den täglichen Markt versorgten, standen dem Bürger Ende 1964 nur noch 185 deutsche Tageszeitungen zur Verfügung[69]. Rund ein Drittel der täglichen Produktion beherrscht *ein* Mann[70]. Die Marktanteile seines Konzerns werden heute berechnet im Bereich der überregionalen Tageszeitungen auf 89, der regionalen Zeitungen in Hamburg und Berlin auf 69 und 67, im Bereich der Sonntagsblätter auf 85, der Programmzeitschriften auf 49, der Wochenendpresse auf 30 Prozent[71].

Die Konzentration im Illustriertengeschäft wird am besten gekennzeichnet durch die schrittweise Vereinigung der Bunten Illustrierten mit der Deutschen Illustrierten (1959), mit der Münchner Illustrierten (1960) und schließlich mit der Frankfurter Illustrierten (1963) zur „Bunten Münchner Frankfurter Illustrierten"[72]. Nachdem nun die Revue (Kindler) in das Verlagshaus Martens übergegangen (1965), dieses aber mittlerweile (Juni 1966) vom Verlagshaus Bauer (Neue Illustrierte) übernommen worden ist, überschwemmen drei Verlage den Wochenmarkt mit über sieben Millionen Exemplaren[73].

Als Fazit ergibt sich aus der Konzentrationsbewegung, daß heute nicht mehr als ein Dutzend Verlagsgruppen die gesamte periodische Presse kontrolliert[74].

IV. Ergebnis

Die Information wird manipuliert: vom Staat, von den Parteien, von den Verbänden, von der Presse selbst. Es gereicht dem Bürger zum Nutzen, daß sie alle manipulieren und in diesem freien Spiel der Kräfte die Wahrheit stückweise zu Tage gefördert wird. Es ist am Bürger, diese Stücke zusammenzusetzen. Politik und Publizistik sind ihm dabei behilflich. Der Jurist ist darauf beschränkt, die Verpflichtung des Staates zum Schutz der Information (2. Kapitel) aufzuzeigen und die subjektiven öffentlichen Rechte des Bürgers darzustellen (3. und folgende Kapitel) in ihrer Wirkung gegen den Staat und gegen Dritte, in ihrer Beschränkung durch den Staat und durch die Rechte Dritter. Ob und wie der Bürger seine Rechte nutzt, das ist das Risiko der Demokratie.

---

[69] *Kötterheinrich*, S. 78.

[70] Von den rund 19 Millionen täglichen Zeitungsexemplaren kommen 5,8 Millionen, 31 Prozent, aus den Häusern des Springer-Konzerns (*Kötterheinrich*, S. 82).

[71] Der Spiegel, 1965, Nr. 6, S. 40.

[72] Die Deutsche Presse, 1961, S. 361.

[73] Der Spiegel, 1966, Nr. 26, S. 18, Druckauflage, in Millionen: Burda: Bunte (1,4); Bauer: Neue (1,6), Revue (1,2), Quick (1,7); Gruner, Jahr, Bucerius: Stern (1,8).

[74] Vgl. *Kötterheinrich*, S. 85 f.

Zweites Kapitel

Die Verfassungsentscheidung für die Information und ihre Wirkungen auf die Interpretation des Art. 5 Abs. 1 GG

A. Die Verfassungsentscheidung für die Information

I. Ausgangspunkt

Die Ergebnisse des ersten Kapitels sind juristisch unverbindlich, doch lassen sie deutlich erkennen, was in einem Staat geschehen muß, damit die vielseitige und umfassende Information „aller Glieder der Gesellschaft über alles Wissen, alle Probleme und Fragen der Zeit“[1] gewährleistet ist. Die Anforderungen, die dabei an die öffentliche Gewalt zu stellen sind, lassen sich in zwei Programmsätzen zusammenfassen.

(1) Der Staat muß den freien Austausch von Informationen gewährleisten, d. h. er darf und muß in den Prozeß der freien geistigen Kommunikation nur unter besonderen Voraussetzungen eingreifen: *hindernd* etwa, wenn die Rechte Dritter (Intimsphäre), der Bestand des Staates (Staatsgeheimnis) oder die Funktionsfähigkeit seiner Organe (Amtsgeheimnis) bedroht sind; *fördernd* immer dann, wenn wirtschaftliche, soziale oder politische Mächte außerhalb des Staates das freie Spiel der Kräfte, den freien Informationsaustausch, manipulieren.

(2) Darüber hinaus ist der Staat selbst zur Informationsleistung verpflichtet. Er muß grundsätzlich alle Erscheinungen, die sich innerhalb seines Organisationsbereiches vollziehen, der allgemeinen Wahrnehmbarkeit zugänglich machen. Diese Verpflichtung erfüllt er, indem er die Öffentlichkeit entweder unmittelbar oder mittelbar — über die allgemeinen Kommunikationsmittel — teilhaben läßt.

Mit dieser Hypothese ist der Zielpunkt des folgenden Abschnitts fixiert: die Beantwortung der Frage, inwieweit das GG dieses „Informationsprogramm“ verwirklicht. Der Weg der Untersuchung führt dabei von den Pflichten, die der Staat der Allgemeinheit gegenüber zu erfüllen hat, zu denen, die dem einzelnen gegenüber bestehen: von den

---

[1] *Havemann*, S. 51.

Sätzen des objektiven Verfassungsrechts zu den verfassungsmäßigen subjektiven öffentlichen Rechten.

II. Positive Grundlagen in der geschriebenen Verfassung

Das Wort „Information" suchen wir vergeblich in der geschriebenen Verfassung. Doch finden sich verschiedene Formulierungen, die das Verhalten des Staates in Bezug auf die Information des Individuums wenigstens in einzelnen Phasen verbindlich normieren.

1. Die Bindung des Staates aus dem Wortlaut des Art. 5 Abs. 1 GG

Die drei Sätze des Art. 5 Abs. 1 GG lauten: (1) Jeder hat das Recht, seine Meinung in Wort, Schrift und Bild frei zu äußern und zu verbreiten und sich aus allgemein zugänglichen Quellen ungehindert zu unterrichten. (2) Die Pressefreiheit und die Freiheit der Berichterstattung durch Rundfunk und Film werden gewährleistet. (3) Eine Zensur findet nicht statt.

Mit den Worten „äußern" und „verbreiten", „Meinung" und „Berichterstattung" verpflichtet das GG die staatliche Gewalt, allen ihrem Hoheitsbereich unterliegenden Individuen die Freiheit zu gewährleisten, geistige Wirkungen in der Form von „Meinungen" und „Berichten" nach außen abzugeben, und zwar ohne Rücksicht darauf, ob sie in Wort, Schrift oder Bild, ob sie in Privatbriefen, in Mitteilungen von Mund zu Mund, in der Rede, durch die Presse, durch Funk und Film vermittelt werden.

Mit der Wendung „sich aus allgemein zugänglichen Quellen ungehindert zu unterrichten" stellt das GG der Verbürgung des freien Gebens die Position des freien Nehmens gegenüber. Es kann hier noch dahinstehen, was im einzelnen mit dem Terminus „allgemein zugängliche Quellen" gemeint ist; so viel jedenfalls ergibt sich unzweideutig aus dem Wortlaut, daß jedermann die Freiheit bewahrt sein soll, sich über „Meinungen" und „Berichte", die „allgemein zugänglich" abgegeben werden, ungehindert zu unterrichten.

Unabhängig von allen Bemühungen um die Interpretation des Art. 5 Abs. 1 und seiner subjektiven öffentlichen Rechte steht allein aufgrund des Wortlauts fest, daß die Verfassung die Staatsgewalt zumindest dazu verpflichtet, den freien Austausch von Informationen — „Meinungen" und „Berichte" — zu achten und zu schützen, d. h. sich selbst grundsätzlich aller Einwirkungen auf die freie geistige Kommunikation der Individuen zu enthalten (Achtungspflicht) und Einwirkungen Dritter so gut wie möglich abzuwehren (Schutzpflicht). Der erste Punkt unseres „Informationsprogramms" aktualisiert sich also im positiven Verfassungsrecht. Dagegen findet sich *im Wortlaut* des Art. 5 Abs. 1 unmittelbar kein Anhaltspunkt für den zweiten Programmsatz, dafür also, daß die Staatsgewalt über die Achtung und den Schutz des freien Informationsaustausches hinaus zu *Informationsleistungen* verpflichtet ist.

2. Bindungen, die sich aus dem Wortlaut anderer Verfassungsnormen ergeben

a) Die Parlamentsöffentlichkeit

Nach Art. 42 Abs. 1 muß der Bundestag öffentlich verhandeln, wenn nicht mit Zweidrittelmehrheit die Öffentlichkeit ausgeschlossen wird. Art. 44 Abs. 1 bestimmt, daß ein Untersuchungsausschuß des Bundestages „in öffentlicher Verhandlung die erforderlichen Beweise erhebt". Art. 52 Abs. 3 Satz 3 normiert die Öffentlichkeit der Bundesratsverhandlungen[2]. Art. 42 Abs. 3 stellt „wahrheitsgetreue Berichte über die öffentlichen Sitzungen des Bundestages und seiner Ausschüsse" von „jeder Verantwortlichkeit" frei.

„Öffentlichkeit im Sinne dieser Verfassungssätze bedeutet zunächst nur, daß jedermann „die rechtliche Möglichkeit freien Zutritts"[3] hat. In der Literatur wird hervorgehoben, daß Art. 42 Abs. 1 dem Bundestag nicht vorschreibe, „welche tatsächlichen Anstalten im einzelnen getroffen werden müssen, damit die Öffentlichkeit im ausreichenden Maße auch faktisch Zutrittsmöglichkeiten hat"[3]. Ebensowenig normiere Art. 42 die Verpflichtung, die Presse durch Bereitstellen einer Pressetribüne zu bevorzugen oder den Massennachrichtenmitteln wie Rundfunk, Fernsehen, Wochenschau Zutritt zu gewähren[4]. Auch sage Art. 42 Abs. 1 nichts darüber aus, wann und wie oft über einen Gegenstand in öffentlicher Sitzung beraten werden müsse[5], ja er verbiete von sich aus weder, daß über einen Gegenstand stets nur in nichtöffentlicher Sitzung beraten werde, noch, daß Beschlüsse, die nicht ausdrücklich vom Grundgesetz dem Plenum vorbehalten sind, überhaupt den nichtöffentlichen Ausschüssen überlassen würden[5].

Soweit es aber um die unmittelbare Raumöffentlichkeit der Sitzungen geht, handelt es sich nicht etwa um ein verzichtbares Privileg des Parlaments oder anderer Staatsorgane, sondern um einen zwingenden Satz

---

[2] Wobei nach Art. 44 Abs. 1 und nach Art. 52 Abs. 3 zum Ausschluß der Öffentlichkeit die einfache Mehrheit genügt.

[3] *Maunz*, MD, Art. 42, RN 3.

[4] *Maunz*, MD, Art. 42, RN 4; *v. Mangoldt-Klein*, S. 927.

[5] BVerfGE 1, 252; *Maunz*, MD, Art. 42, RN 5.

des objektiven Verfassungsrechts[6]. Er ist, heißt es[6], „eine wertvolle Ergänzung des demokratischen Prinzips“, da er eine gewisse Publizität der Parlamentsarbeit bewirke und damit gleichzeitig einmal eine gewisse Kontrolle von seiten des Volkes ermögliche, zum anderen aber auch die Anteilnahme (Integration) der Bevölkerung an der Parlamentsarbeit fördere. Auch Art. 42 Abs. 3, dessen „Verwandtschaft mit Art. 5“ das neuere Schrifttum hervorhebt[7], wird heute nicht mehr als ein verfügbares Parlamentsprivileg aufgefaßt: auch seine ratio wird mit der Publizität und Kontrolle der Parlamentsarbeit und mit der öffentlichen Meinungsbildung begründet[8].

b) Die Öffentlichkeit der Parteien

Art. 21 Abs. 1 GG überträgt nicht nur die allgemeinen demokratischen Grundsätze auf die innere Ordnung der Parteien (Satz 3), sondern fordert darüber hinaus, daß die Parteien „über die Herkunft ihrer Mittel öffentlich Rechenschaft geben“. Dieses Gebot ist „dem Wortlaut nach“[9] unmittelbar geltendes Recht, wird aber praktisch so gehandhabt, „als bedürfe es zur Aktualisierung eines Bundesgesetzes nach Abs. 3“[9]. Art. 21 Abs. 1 Satz 4 erlegt demnach in Verbindung mit Abs. 3 dem Bundesgesetzgeber die Verpflichtung auf, den politischen Parteien — im Interesse der Information der Allgemeinheit[10] — ein Mindestmaß Publizität abzuringen[11].

3. Zusammenfassung

Art. 5 Abs. 1, Art. 42 Abs. 1[12] und Abs. 3 sowie Art. 21 Abs. 1 sind die einzigen Normen im GG, die sich ausdrücklich auf die Information, auf die Unterrichtung der Allgemeinheit beziehen. Rechtstechnisch ergeben sich dabei folgende Differenzierungen:

---

[6] *Maunz*, MD, Art. 42, RN 1.

[7] *Maunz*, MD, Art. 42, RN 28; *v. Mangoldt-Klein*, S. 934; *Ridder*, Meinungsfreiheit, S. 278.

[8] *Maunz*, MD, Art. 42, RN 28; vgl. auch *Hatschek*, S. 587; *Nawiasky*, Grundgedanken, S. 88.

[9] *Maunz*, MD, Art. 21, RN 78.

[10] Vgl. *Roesch*, DVBl. 1958, 599: Die Rechnungslegungspflicht besteht nicht gegenüber dem Staat, sondern gegenüber der Öffentlichkeit.

[11] Die Parteien in der Bundesrepublik gaben bisher keine Rechenschaft über ihre Mittel ab, vgl. *Maunz*, MD, Art. 21, RN 78. Vgl. aber jetzt das neugeschaffene Parteiengesetz, dessen Entstehung wir freilich weniger dem Publizitätsbedürfnis der Parteien als ihren Finanzierungsschwierigkeiten verdanken (vgl. BVerfG, 19. 7. 66, NJW 66, 1499).

[12] Dazu Art. 44 Abs. 1 und Art. 52 Abs. 3 S. 3.

(1) Art. 5 Abs. 1 geht — seinem Wortlaut nach eindeutig — davon aus, daß sich die geistige Kommunikation der Individuen grundsätzlich unabhängig vom Staat vollzieht; die Mitwirkung des Staates beschränkt sich darauf, dieses freie Spiel des allseitigen Gebens und Nehmens zu achten und gegebenenfalls zu verteidigen.

(2) Art. 42 Abs. 1 dagegen verpflichtet den Staat, ein Stück seiner selbst der allgemeinen Wahrnehmung preiszugeben: es geht also nicht um den Informationsaustausch außerhalb des staatlichen Dispositionsbereiches, sondern um die Information durch den Staat; nicht primär um die staatsfreie Kommunikation, sondern um die Kommunikation des Staates.

(3) Art. 42 Abs. 3 stellt insofern die Verbindung zwischen Art. 42 Abs. 1 und Art. 5 Abs. 1 her, als er die Kommunikation des Staates durch die Träger der staatsfreien Kommunikation gewährleistet.

(4) Art. 21 Abs. 1 S. 4 hingegen verpflichtet den Staat, seinerseits einen von ihm unabhängigen Dritten, nämlich die im intermediären Bereich zwischen Staat und Individuum beheimateten Parteien[13], zu verpflichten, sich — wenn auch nur im Hinblick auf die Finanzquellen — der Allgemeinheit darzustellen.

Die Fragestellung, die diesem Kapitel zugrundeliegt, muß nunmehr lauten: bilden diese Normen des GG, die dem Staat in Bezug auf die Information der Allgemeinheit ausdrücklich ein bestimmtes Verhalten abverlangen, abschließende Spezialregelungen, stehen sie also unabhängig nebeneinander, oder sind sie nur besondere Ausprägungen eines allgemeinen Grundsatzes, von dem die Verfassungsgeber ausgegangen sind, ohne ihn ausdrücklich formuliert zu haben?

III. Die Ausformung der geschriebenen Verfassungssätze zum verfassungsmäßigen Gesamtbild der Information

1. Die allgemeine Zulässigkeit einer derartigen „Gesamtschau"

Das BVerfG hat wiederholt festgestellt, daß das Verfassungsrecht nicht nur aus den einzelnen Sätzen der geschriebenen Verfassung besteht, sondern auch „aus gewissen sie verbindenden, innerlich zusammenhaltenden allgemeinen Grundsätzen und Leitideen, die der Verfassungsgeber, weil sie das vorverfassungsmäßige Gesamtbild geprägt haben, von dem er ausgegangen ist, nicht in einem besonderen Rechtsakt kon-

---

[13] Auf den Meinungsstreit über die staatsrechtliche Position der politischen Parteien kann hier nicht eingegangen werden (vgl. *Maunz*, MD, Art. 21, RN 2 ff.); jedenfalls repräsentieren die Parteien gegenüber den staatlichen Gewalten selbständige Rechtsträger.

kretisiert hat“[14]. Aus der Existenz solcher Verfassungssätze[15] folgt aber, daß die einzelnen Verfassungsbestimmungen nicht mehr isoliert betrachtet und allein aus sich heraus interpretiert werden können; sie müssen vielmehr „so ausgelegt werden, daß sie mit jenen elementaren Verfassungsgrundsätzen und Grundentscheidungen des Verfassungsgesetzgebers vereinbar“ sind[16].

Wenn es also stimmt, daß sich diejenigen Normen der geschriebenen Verfassung, die das Informationsverhalten des Staates regeln, zu einer Gesamtschau verbinden lassen, dann steht auch fest, daß sich daraus wertvolle Gesichtspunkte für die Interpretation des Art. 5 Abs. 1 ergeben.

2. Gründe gegen eine isolierte Betrachtungsweise

a) aus Art. 42 Abs. 1

Die Kommentierung des Art. 42 Abs. 1 weist eine gewisse Gespaltenheit auf. So heißt es einerseits, Art. 42 Abs. 1 gebiete nur, daß die „*rechtliche* Möglichkeit freien Zutritts“[17] bestehe: er regele nicht, welche tatsächlichen Vorkehrungen im einzelnen getroffen werden müßten, damit die Öffentlichkeit in ausreichendem Maße auch *faktisch* Zutrittsmöglichkeit habe. Diese faktische Dispositionsbefugnis wird auf der anderen Seite aber durch den Hinweis wieder eingeschränkt — wenn nicht aufgehoben —, daß Art. 42 Abs. 1 „jedenfalls eine völlige (faktische) Ausschließung der Öffentlichkeit durch Nichtbereitstellen eines *ausreichenden*[18] Zuhörerraumes usw.“ verbiete[19]. Ähnlich verhält es sich mit der Frage, ob auch die Massenkommunikationsmittel Rundfunk, Fernsehen und Wochenschau Zutritt zu den Parlamentssitzungen haben: *einerseits* heißt es, daß der Öffentlichkeitsbegriff des Art. 42 Abs. 1 nur die unmittelbare Raumöffentlichkeit umfasse, *andererseits* aber wird mit einem Zusatz festgestellt, die „Zweckrichtung des Art. 42 Abs. 1“ zeige, daß die Zulassung der Mikrofone und Kameras „nicht gegen das GG verstößt, sondern umgekehrt durchaus in seinem Sinne liegt“[20]. Die „Zweck-

---

[14] BVerfGE 2, 380, Leitsatz 4.

[15] z. B. Demokratieprinzip (BVerfGE 1, 14), Rechtsstaatsprinzip (BVerfGE 2, 380), „der ungeschriebene Verfassungsgrundsatz von der wechselseitigen Pflicht des Bundes und der Länder zu bundesfreundlichem Verhalten“ (BVerfGE 12, 255).

[16] BVerfGE 1, 14, Leitsatz 4.

[17] Vgl. oben II 2 a bei FN 3.

[18] Hervorhebung durch den Verfasser.

[19] *Maunz*, MD, Art. 42, RN 3.

[20] *Maunz*, MD, Art. 42, RN 4. Diese Zweckrichtung bestätigt sich im übrigen in Art. 42 Abs. 3.

richtung" des Art. 42 gebietet demnach etwas, es liegt etwas im Sinne des GG, was der Wortlaut des Art. 42 Abs. 1 — isoliert betrachtet — nicht verbindlich fordert.

b) aus Art. 5 Abs. 1

Ähnliche Ansätze finden sich auch in der Literatur zur Informationsfreiheit aus den „allgemein zugänglichen Quellen". Die Kommentatoren sind sich darin einig, daß mit der Formulierung des fraglichen Halbsatzes in Art. 5 Abs. 1 das „Wie" der bestehenden allgemeinen Zugänglichlichkeit nicht verändert werden sollte[21], daß daraus der Staat nicht verpflichtet sei, die Konzessionen zum Rundfunkempfang gebührenfrei zu erteilen[22], die Lektüre von Büchern und Zeitschriften kostenlos anzubieten[23], ja daß darin auch nicht „eine allgemeine behördliche Pflicht zur Auskunftserteilung oder gar Einsichtsgewährung" normiert sei[24]. Dieser — dem Wortlaut entsprechenden — Einschränkung der staatlichen Informationspflicht werden aber andererseits enge Grenzen gesetzt: verboten sei jedenfalls, so Ridder, „eine derartige Erhöhung der Gebühr, daß der bisherige Umfang der ‚allgemeinen Zugänglichkeit' wesentlich reduziert würde". Verboten sei es auch, die Erteilung der Konzession vom freien Ermessen der zuständigen Stellen abhängig zu machen[25]. Und schließlich heißt es: wenn auch die Informationsfreiheit des Art. 5 Abs. 1 S. 1 kein Recht auf Information im Sinne eines allgemeinen Auskunftsanspruchs begründe, so sei doch nicht auszuschließen, daß die „allgemein zugänglichen Quellen der Unterrichtung ihrerseits aus anderen Quellen gespeist" werden müßten, daß Presse, Film und Rundfunk der Information „durch Behörden und andere staatliche Stellen" bedürften[26]. „Sub specie des Verfassungsrechts", so Ridder und Klein im Anschluß an ihn, lasse sich jedenfalls sagen, „daß ein generelles Auskunftsverbot für Behörden den Nachrichtenorganisationen gegenüber sicher verfassungswidrig wäre"[27].

c) Ergebnis

Die Literatur interpretiert die fraglichen Wendungen in Art. 5 Abs. 1 S. 1 HS 2 und in Art. 42 Abs. 1 wortgetreu restriktiv; einhellig aber —

---

21 *Ridder*, Meinungsfreiheit, S. 275.
22 *Ridder*, Meinungsfreiheit, S. 275, FN 110.
23 *Maunz*, Staatsrecht, S. 108.
24 *v. Mangoldt-Klein*, S. 242.
25 *Ridder*, Meinungsfreiheit, S. 275, FN 110.
26 *Ridder*, Meinungsfreiheit, S. 276.
27 *Ridder*, a.a.O.; *v. Mangoldt-Klein*, S. 243.

und das zu Recht — erkennt sie gleichzeitig an, daß darüber hinaus Bindungen für die Staatsgewalt bestehen, die sich zwar nicht aus dem Wortlaut, aber aus der „*Zweckrichtung*" der einzelnen Normen und aus dem Sinn der Verfassung rechtfertigen. Diese Zweckrichtung besagt aber in beiden Fällen: es genügt nicht, daß der Staat das freie Geben und Nehmen toleriert; es genügt nicht, daß er einzelnen beliebigen Bürgern als Repräsentanten der Allgemeinheit Zutritt zu den Parlamentssitzungen gewährt: der Staat muß selbst über sich Informationen in die Kanäle der Massenkommunikation hineintragen, er muß selbst etwas tun, daß die von ihm hervorgerufenen Erscheinungen allgemein wahrgenommen werden können.

Überprüfen wir daraufhin die Aussage der einzelnen Informationsnormen, so ergibt sich, daß sie nur insoweit abschließende Regelungen treffen, als sie das Informationsverhalten des Staates *zwingend* auf ein *absolutes Minimum* festlegen; zwingend etwa im Hinblick auf die Form der Publizität in Art. 42 Abs. 1 (mindestens unmittelbare Raumöffentlichkeit); zwingend im Hinblick auf die Art und Weise des individuellen Informationsempfangs in Art. 5 Abs. 1 S. 1 HS 2 (mindestens aus „allgemein zugänglichen Quellen"); zwingend im Hinblick auf den Informationsgehalt in Art. 21 Abs. 1 S. 4 (mindestens Rechnungslegung bezüglich der Finanzquellen).

Was aber darüber hinaus zu geschehen hat, schreibt die Verfassung *nicht zwingend* vor. Das heißt aber nicht, daß die Staatsgewalt im übrigen *willkürlich* entscheiden kann, sondern daß sie sich jeweils an denjenigen Verfassungssätzen orientieren muß, die den Wertgehalt des GG bestimmen. Es ist daher nicht möglich, das Maß dessen, was in Bezug auf die Information des Individuums zu geschehen hat, durch eine isolierte Betrachtung der einzelnen Normen zu ermitteln.

3. Die Begründung der „Gesamtschau"

a) aus dem Demokratieprinzip

Das GG unterscheidet die Staatswillensbildung des staatsorganschaftlichen Bereiches (Art. 20 Abs. 2) von der politischen Willensbildung[28] des gesellschaftlich politischen Bereiches. Nach den Grundsätzen der repräsentativen Demokratie ist das Volk — als Gesamtbürgerschaft[29] — zwar *Träger* der Staatsgewalt, doch ist es an der *Ausübung* der Staatsgewalt,

---

[28] Von der Art. 21 Abs. 1 S. 1 sagt, daß die politischen Parteien daran mitwirken; vgl. im übrigen BVerfGE 8, 112 ff.

[29] Art. 20 Abs. 2 verwendet in S. 1 den Begriff „Volk" im Sinne der Gesamtbürgerschaft, in S. 2 im Sinne der Aktivbürgerschaft, vgl. *Maunz*, MD, Art. 20, RN 49.

an der Staatswillensbildung, nur insofern beteiligt, als seine Aktivbürger „in Wahlen und Abstimmungen“ mitwirken. Dagegen ist das Volk unbeschränkt in seiner Mitwirkung an der politischen Willensbildung.

Mißt man diese Disparität am Modell der unmittelbaren Demokratie, so folgt daraus für die Wirklichkeit der repräsentativen Massendemokratie, daß der teilweisen Verdrängung des Volkes aus dem staatsorganschaftlichen Bereich die Aktivierung im gesellschaftlich-politischen Bereich entspricht. In der repräsentativen Demokratie kommt daher der freien geistigen Kommunikation erhöhte Bedeutung zu: ihre allgemeine Zugänglichkeit, ihre „Öffentlichkeit“, ist das Medium, in dem das Volk sich integriert[30] und sie ist darüber hinaus die „nicht organisierte letzte Instanz in der Demokratie“.

Die Grundentscheidung der Verfassung für die Demokratie[31] ist daher eine Entscheidung für die „freie Entfaltung von Meinungen und Gegenmeinungen mit den Mitteln des Geistes und der Überzeugungskraft“[32], eine Entscheidung für Meinungsäußerungsfreiheit, Presse-, Versammlungs- und Vereinigungsfreiheit[33], für eine „vom Staat unabhängige freie Bildung der öffentlichen Meinung“[34].

Ein freies „Meinen“ über den Staat — und darum geht es in der Hauptsache — ist aber nicht denkbar ohne Informationen über den Staat. „Was nützt es“, so das Wort Friedrich Sieburgs[35], „eine freie Meinung zu haben, wenn man nicht weiß, was geschieht!“ Von der Freiheit der geistigen Kommunikation bleibt nicht mehr als das Zerrbild einer „Freiheit zu *hungern*“[36], wenn nicht auch das staatsbürgerliche Grundnahrungsmittel der Information frei verfügbar ist. Es gibt keine staatsfreie Kommunikation ohne die Kommunikation des Staates.

Man spricht daher vom „Prinzip der Öffentlichkeit staatlichen Handelns“[37], vom Erfordernis eines generellen „Ansichtig- und Einsichtigmachens“[38], dem „Gebot prinzipieller Öffentlichkeit der staatlichen Tätigkeit“[39]. Zu Recht heißt es daher auch, daß die Parlamentsöffentlich-

---

30 *Smend,* Öffentlichkeit, S. 16.
31 Vgl. Art. 20, 28, BVerfGE 1, 14.
32 *Maunz,* MD, Art. 20, RN 36; *v. Mangoldt-Klein,* S. 593 f.
33 *Maunz,* MD, Art. 20, RN 36.
34 *Maunz,* MD, Art. 20, RN 39; *v. Mangoldt-Klein,* S. 594.
35 *Sieburg,* S. 121 f.
36 Vgl. *Koellreutter,* S. 35.
37 Adolf *Arndt,* NJW 1961, 897.
38 Adolf *Arndt,* NJW 1960, 424.
39 *Ridder* auf der 16. Arbeitstagung des Studienkreises für Presserecht und Pressefreiheit, vgl. JZ 1965, 36. Vgl. im übrigen die Darstellung Leisners über die „Öffentlichkeitsarbeit der Regierung im Rechtsstaat“, dazu *Haegert* in NJW 1967, S. 26 f.

keit des Art. 42 Abs. 1 „eine wertvolle Ergänzung des demokratischen Prinzips" sei[40], weil sie dem Volk Kontrolle und Interpretation ermögliche; zutreffend wird auch die Rechenschaftspflicht des Art. 21 Abs. 1 S. 4 als ein Mittel zur „Sicherung demokratischer Grundsätze"[41] bezeichnet. Die Informationsnormen des GG sind daher eine Ausprägung des Demokratieprinzips; so weit das Demokratiegebot reicht, so weit geht auch die staatliche Publizitätspflicht.

Der Staat muß daher gewährleisten, daß sich der gesamte öffentliche Bereich, daß sich also auch die Körperschaften und Anstalten des öffentlichen Rechts, die Sozialversicherungsträger, die politischen Parteien in Publizität erschließen lassen[42].

Die den Parteien aufzuerlegenden Offenbarungspflichten erschöpfen sich dabei nicht in der finanziellen Rechnungslegung des Satzes 4 in Art. 21 Abs. 1; wenn nach Satz 3 die innere Ordnung der Parteien demokratischen Grundsätzen entsprechen muß, so heißt das, daß der Staat (vgl. Art. 21 Abs. 3) auch im übrigen ein gewisses Informationsverhalten der Parteien zu besorgen hat[43]. Ebensowenig ist es mit der unmittelbaren Raumöffentlichkeit der Parlamentssitzungen getan: denn nicht allein die Parlamentssitzungen unterliegen dem Gebot unmittelbarer Öffentlichkeit, und unmittelbare Öffentlichkeit ist auch nicht die einzige Form staatlicher Publizität, sondern sie steht nur als Minimum überall dort, wo die Machtfülle der staatlichen Organe für das Individuum nur dadurch erträglich ist, daß sie sich im Medium unmittelbarer Öffentlichkeit entfaltet[44].

b) aus dem Menschenwürdegehalt

Allem staatlichen Handeln ist die Unantastbarkeit der menschlichen Würde vorgegeben. Art. 1 Abs. 1 bestimmt und beschränkt die öffentliche Gewalt „aus den Werten personaler Ethik", er begründet „im zeitlosen Spannungsverhältnis Individuum — Staat eine Ausgangsvermutung zu Gunsten des Menschen"[45].

---

[40] *Maunz*, MD, Art. 42, RN 1; das gleiche gilt für Art. 42 Abs. 3: *Maunz*, MD, Art. 42, RN 28.

[41] *Maunz*, Staatsrecht, S. 75.

[42] Vgl. *Maunz*, MD, Art. 20, RN 43.

[43] Überzeugend die Darstellung von *Dux* (DVBl. 1966, 556 f.), der eine „verbandsinterne Öffentlichkeit" nicht genügen läßt, sondern allgemein fordert: „Die Parteien müssen es der Öffentlichkeit erlauben, ihnen gleichsam in die Karten zu sehen." Vgl. auch *Ramm*, S. 108.

[44] Vgl. unten B II. 2 a und 4. Kapitel C V 2.

[45] *Dürig*, MD, Art. 1 Abs. 1, RN 15.

Zielpunkt allen staatlichen Handelns ist daher der spezifische Gehalt des menschlichen Wesens: alles, was sein Geist bewirkt, was „ihn abhebt von der unpersönlichen Natur", was „ihn aus eigener Entscheidung dazu befähigt, seiner selbst bewußt zu werden, sich selbst zu bestimmen und sich und die Umwelt zu gestalten"[46].

Die Geistigkeit des Menschen, die Freiheit seines Denkens ist — „als etwas immer Seiendes"[47] — unverlierbar und unverzichtbar, sie kann dem Menschen weder genommen noch verschafft werden: sie ist als „natürliche Freiheit rechtlich nicht faßbar"[48]. Doch manifestiert sich diese innere Freiheit in der Freiheit, Wirkungen nach außen abzugeben und von außen aufzunehmen. In dieser Phase des „kommunizierenden Denkens" unterliegt das Individuum dem staatlichen Informationsverhalten.

Freies unbefangenes Denken ist nur möglich, wenn der Mensch die Freiheit hat, je nach Bedarf und geistiger Potenz alle Erscheinungen um sich herum und mit Richtung auf sich zum Gegenstand seiner Daseinsorientierung zu machen. Je mehr aber diese Erscheinungen vom Staat hervorgerufen und beeinflußt werden, je mehr der Staat in die Freiheitssphäre hineinragt, desto mehr muß das Individuum über diesen Staat erfahren können. Der Staat mißachtet daher die Geistigkeit des Menschen, wenn er Erscheinungen seines Dispositionsbereiches der Kommunikation entzieht: er hat mit Rücksicht auf den Menschenwürdegehalt des Art. 1 Abs. 1 GG eine Informationsleistungspflicht, er muß sich selbst in einer Weise publizieren, daß er von jedem „einigermaßen intelligenten und sich interessierenden"[49] Menschen wahrgenommen werden kann.

4. Ergebnis

Die Informationsnormen des GG — Art. 5 Abs. 1, Art. 42 Abs. 1 und Abs. 3[50], Art. 21 Abs. 1 — können nicht isoliert interpretiert werden. Sie ergeben in Verbindung mit dem Demokratieprinzip der Art. 20 und 28 und dem Menschenwürdegehalt des Art. 1 Abs. 1 eine verfassungsrechtliche Gesamtschau, derzufolge die Staatsgewalt nicht nur zur Achtung und zum Schutz des staatsfreien Informationsaustausches verpflichtet ist, derzufolge sie auch selbst — grundsätzlich alle — Erscheinungen ihres Dispositionsbereiches der Kommunikation zugänglich machen muß.

---

[46] *Dürig*, MD, Art. 1 Abs. 1, RN 18.

[47] *Dürig*, MD, Art. 1 Abs. 1, RN 2.

[48] *Giacometti*, S. 364; vgl. im übrigen *Ridder*, Meinungsfreiheit, S. 248, FN 21.

[49] Vgl. *Friedrich*, Verfassungsstaat, S. 58.

[50] Ebenso Art. 44 Abs. 1 und Art. 52 Abs. 3 S. 3.

Beide Programmsätze, die wir diesem Kapitel vorangestellt haben, erfüllen sich daher in den Normen des Verfassungsrechts. Welche Grundsätze der Staat dabei im einzelnen zu beachten hat, soll nun im folgenden Abschnitt B des 2. Kapitels kurz skizziert werden.

B. Grundsätze für das Informationsverhalten des Staates

I. Die staatsfreie Kommunikation

1. Die Form des Informationsaustausches

Die geistige Kommunikation der Individuen vollzieht sich außerhalb der Staatsorganisation: im privaten Bereich des einzelnen oder im öffentlichen — intermediären — Bereich der Gesellschaft. Das Wort von Mund zu Mund, der Brief, das Telefonat, die öffentliche Rede, Zeitung, Rundfunk, Fernsehen — das alles sind die *Formen* des Informationsaustausches. Der Staat ist verpflichtet, die Unantastbarkeit dieser Kommunikationsformen — „Informationsquellen"[1] — ohne Rücksicht auf ihren jeweiligen Inhalt zu gewährleisten: gegenüber Zugriffen der Staatsgewalt und solchen privater Dritter.

a) Die Formen der privaten Kommunikation

Für die privaten Informationskanäle bedeutet das, daß der Staat ihre Vertraulichkeit erhalten muß. Ihrem Schutz dienen daher Grundrechte wie das Brief- und Postgeheimnis und insbesondere das aus Art. 2 Abs. 1 GG folgende Recht auf Achtung der Intimsphäre. Gefahren drohen von der Seite des Staates — etwa durch die Bedürfnisse des Staatsschutzes — ebenso wie von der Seite privater Dritter durch „Sensationsgier, das rücksichtslose Gewinnstreben sowie die Entwicklung und laufende Vervollkommnung technischer Mittel wie der Kleinkamera, der Tonträger, der Abhör- und Strahlengeräte"[2]. Für die staatliche Achtungs- und Schutzpflicht ist dabei wesentlich, daß die Sicherung dieser privaten Informationsquellen grundsätzlich nach *formellen* Kriterien erfolgen muß: d. h. die Vertraulichkeit des Wortes muß grundsätzlich auch für den Fall gewährleistet sein, daß das Wort strafbaren Inhalts ist[3].

---

[1] Vgl. unten 4. Kapitel, C.

[2] E 1962 vor § 182: S. 326.

[3] Vgl. im E 1962 insbesondere die §§ 183 (Verletzung der Vertraulichkeit des Wortes), 186 (Bruch von Privatgeheimnissen durch Amtsträger und besonders Verpflichtete) 186 b (Verwertung von Privatgeheimnissen). Diese Tatbestände sind gegenüber dem geltenden Strafrecht neu.

b) Die Formen der öffentlichen Kommunikation

Während sich die privaten Informationskanäle doch so fein verzweigen, daß sie sich den Einwirkungen des Staates oder Dritter leicht entziehen, sind die schwerfälligen Apparate der Massenkommunikation unzähligen Gefährdungen ausgesetzt. Zu den Schutzpflichten des Staates gehört daher insbesondere die Aufgabe, die Spalten der Presse und die Studios der Rundfunkanstalten allen Richtungen und Stimmungen der sozialen Flora zu eröffnen.

Was die Presse betrifft, so sollte die privatwirtschaftliche Struktur die Vielfalt des Angebots und damit die Freiheit aller Meinungen garantieren[4]. Dagegen stand beim Rundfunk von vornherein fest, daß die Zahl der Träger „aus technischen und finanziellen Gründen verhältnismäßig klein" sein werde[5]. Diese Sonderstellung des Rundfunks erforderte denn auch „besondere Vorkehrungen", nämlich die Schaffung einer juristischen Person des öffentlichen Rechts, „die dem staatlichen Einfluß entzogen oder höchstens einer beschränkten staatlichen Rechtsaufsicht unterworfen ist", deren kollegiale Organe sich „aus Repräsentanten aller bedeutsamen politischen, weltanschaulichen und gesellschaftlichen Gruppen" zusammensetzen und die Macht haben, „die für die Programmgestaltung maßgeblichen oder mitentscheidenden Kräfte darauf zu kontrollieren und dahin zu korrigieren, daß den im Gesetz genannten Grundsätzen für eine angemessene anteilige Heranziehung aller am Rundfunk Interessierten Genüge getan wird"[5].

Im Pressewesen freilich bestätigen die beängstigenden Konzentrationsbewegungen und der ständig wachsende Einfluß einiger weniger Geschäftsleute, daß die privatwirtschaftliche Struktur der Presse als Korrektiv allein nicht mehr ausreicht[6]. Der Staat ist daher verpflichtet, geeignete Maßnahmen zur Erhaltung der gewünschten Vielfalt und Vielgestaltigkeit zu unternehmen[7] oder aber eine „Umstrukturierung" großen Stils einzuleiten[8].

2. Der Inhalt der Kommunikation

Bezogen auf den Inhalt der Informationen läßt sich das Kommunikationsgeschehen unterteilen nach den Erscheinungen des *staatlichen*

---

[4] *Kötterheinrich*, S. 87.

[5] BVerfGE 12, 205 = NJW 1961, 547 (552 f.).

[6] Vgl. 1. Kapitel C III 4.

[7] *Kötterheinrich*, S. 96; in Betracht kommen finanzpolitische Maßnahmen, Enquenten, statistische Beobachtungen, die Normierung von Offenbarungspflichten.

[8] Presseunternehmen als Stiftungen oder Anstalten des öffentlichen Rechts: vgl. dazu den Kampf um die Londoner „Times", der jetzt zu Gunsten des

Organisationsbereiches, des *intermediären* und des *individuellen* Bereiches.

a) Informationen aus dem Individualbereich

Sofern Informationen aus dem Intimbereich des einzelnen Individuums lediglich in den Formen der privaten Kommunikation — also im intimen Gespräch, im privaten Brief usw. — übermittelt werden, ergeben sich keine neuen Probleme[9]. Wenn aber solche Informationen im Licht der Öffentlichkeit erscheinen, kollidieren die Informationsinteressen der Allgemeinheit mit den Interessen des einzelnen an der Wahrung seiner Intimsphäre. Die veränderte soziologische Situation „mit ihren früher unbekannten Freiheitsverletzungen durch moderne Technik und modernes Massendasein“[10] hat heute dazu geführt, daß der intime freie Raum der Persönlichkeit nahezu schutzlos den Attacken der Massenkommunikation ausgeliefert ist. Der Staat steht daher vor der Aufgabe, insoweit hemmend in die freie geistige Kommunikation einzugreifen, als er den Grenzverlauf zwischen dem Intimbereich des Individuums und dem Informationsbedürfnis der Allgemeinheit verbindlich bestimmt. Bei dieser Abgrenzung können aber nicht *formelle*[11], sondern nur *materielle* — inhaltsbezogene — Kriterien maßgeblich sein. Es kann daher nicht heißen: die Erörterung fremder Privatangelegenheiten in der Öffentlichkeit wird bestraft. Sondern: die Erörterung fremder Privatangelegenheiten ist dann strafbar, wenn sie „ohne verständigen Grund öffentlich“ erfolgt und wenn sie sich darstellt als eine „ehrenrührige Behauptung tatsächlicher Art über das Privat- oder Familienleben eines anderen, an deren Inhalt kein öffentliches Interesse besteht“[12].

b) Informationen aus dem intermediären Bereich

Wenn die Kollision des Intimbereiches mit dem Informationsbedürfnis der Allgemeinheit angesichts der technischen Entwicklung und der soziologischen Situation zu dem Schluß führt, daß der Intimbereich als der

---

Großverlegers Thomson ausgegangen ist (Der Spiegel, 1966, Nr. 51, S. 134). Vgl. auch *Rehbinder* (DVBl. 1966, 559 ff.) mit seinem Hinweis auf den „Monopolies and Mergers Act“ in England.

[9] Vgl. dazu E 1962, S. 329: „Die auf dem geltenden Beleidigungsrecht beruhende Vorstellung, daß man über seinen Mitmenschen straflos die Wahrheit sagen kann, ist zu sehr im Volk verwurzelt, um dagegen eine so weittragende Gesetzesänderung durchzusetzen. Für sie besteht auch kein zwingendes kriminalpolitisches Bedürfnis ...“

[10] *Dürig*, MD, Art. 2 Abs. 1, RN 33.

[11] Anders oben I 1 a.

[12] So § 182 E 1962.

ungleich schwächere Teil eines gewissen staatlichen Schutzes bedarf, so kommen wir im Bereich der intermediären Gewalten zu dem entgegengesetzten Ergebnis.

„Intermediär" sind alle sozialen Gruppe im Sinne einer „Gesamtheit von Menschen, die miteinander durch dauernde Beziehungen und gemeinsame Interessen verbunden sind und deren Führung in Wirklichkeit mehr oder weniger autoritären Charakter trägt"[13], seien es Parteien, Verbände, weltanschauliche Organisationen, seien es auch rein wirtschaftliche oder wirtschaftlich-publizistische Machtkonzentrationen.

So intensiv diese Gewalten die Lebensinteressen des einzelnen berühren, ebenso geschickt verstehen sie es in der Regel, sich selbst „herauszuhalten", die innere Struktur zu verbergen, die Organisation der Macht in Anonymität versickern zu lassen.

Die Unterdrückung und Verfälschung der Erscheinungen des intermediären Raumes, die gestörte Selbststeuerung der Information im außerstaatlichen Bereich geht Hand in Hand mit der schleichenden Konzentration im Pressewesen[14]. Dabei befindet sich die Publizistik in einer denkbar starken Position. Denn sie ist das Medium, dessen sich alle bedienen, die öffentlich wirken. Die Publizistik an sich ist ohne Konkurrenz. „Während soziale Kräfte, wie etwa die Parteien, in anderen Institutionen, wie etwa den Kirchen oder Gewerkschaften, Nebenbuhler der sozialen Macht haben", so Helmut *Schelsky*[15], gibt es in der modernen Gesellschaft keine organisierte Macht, die die Publizistik als ganze und als solche ‚in ihre Grenzen' weisen könnte."

Die Parteien unterliegen — freilich entgegen der in der Bundesrepublik geübten Praxis — gewissen Offenbarungspflichten[16]; zumindest müssen sie „über die Herkunft ihrer Mittel öffentlich Rechenschaft geben", bzw. muß der Staat (vgl. Art. 21 Abs. 3 GG) die Beachtung dieser Pflicht erzwingen. Auch der Rundfunk unterliegt als Anstalt des öffentlichen Rechts notwendig einem Mindestmaß Publizität[17]. Wer — wie *Ridder*[18] es tut — Art. 21 GG analog anwendet, weiß auch die Presse zur Offenbarung der Eigentumsverhältnisse verpflichtet. Unabhängig von diesem Lösungsweg haben die in den Jahren 1948 und 1949 erlassenen Landespressegesetze — mit nur einer Ausnahme — die Verlage periodi-

---

[13] *Koellreutter*, S. 71.

[14] Beispiel: Die Verschachtelung der Beteiligungsverhältnisse Axel Springers, vgl. *Kötterheinrich*, S. 82 ff.; *Rehbinder*, DVBl. 1966, 559 f.

[15] Helmut *Schelsky*, Universitas, 1963, 1174 f. Vgl. auch *Kötterheinrich*, S. 87.

[16] Vgl. oben A II 2 b und A III 3 a.

[17] Vgl. oben A III 3 a.

[18] *Ridder*, Meinungsfreiheit, S. 257. Dazu unten Drittes Kapitel C III.

scher Schriften zur Darlegung ihrer Eigentumsverhältnisse verpflichtet[19]. Dagegen bringen die modernen Pressegesetze des Jahres 1965 davon kein Wort[20]; auch die Rahmengesetzentwürfe der SPD und der FDP schweigen[21]. Obwohl überall das Informationsrecht der Presse normiert ist — die Information über die Informatoren ist nicht populär.

Mit Recht zählt Manfred *Kötterheinrich*[22] die Publizitätspflicht zu den konzentrationshemmenden Maßnahmen. Dazu gehört auch seine Forderung, „die Leserschaft durch Aufklärung monopolbewußt zu machen". Der Leser müsse in die Lage versetzt werden, daß er die Tragweite eines jeden Zeitungs- und Zeitschriftenkaufs erkennen könne.

Auch außerhalb der Publizistik ist der Gesetzgeber nicht daran gehindert, Organisationen und Unternehmen mit den Kriterien der „intermediären Gewalten"[23] einschneidende Offenbarungspflichten aufzuerlegen. Diese und andere Maßnahmen können dazu beitragen, daß die Erscheinungen aus dem intermediären Bereich des sozialen und politischen Lebens unverfälscht der Wahrnehmung des einzelnen ausgesetzt werden. Diese Erscheinungen sind — anders als die der menschlichen Intimsphäre — ihrem Wesen nach auf die Allgemeinheit bezogen. Prima facie sind sie daher nach ihrem materiellen Gehalt bestimmt, von anderen wahrgenommen zu werden.

c) Informationen aus dem staatlichen Bereich

Durch das System der staatsfreien Informationskanäle fließen insbesondere die Informationen über den Staat. Dieses Kommunikationsgeschehen darf die Staatsgewalt nur insoweit behindern, als es sich um Informationen handelt, die nach ihrem Inhalt nicht für die öffentliche Wahrnehmung bestimmt sind. Wann dies der Fall ist, wie also im einzelnen die Grenzen verlaufen zwischen „geheim" und „öffentlich", wird seit der Spiegel-Affäre in ungebrochener Heftigkeit diskutiert. Es geht über den Rahmen dieser Untersuchung hinaus, in die Auseinandersetzung einzugreifen, doch soll wenigstens in Umrissen dargestellt werden,

---

[19] Bremen, § 8 (20. 12. 1948, neugefaßt 30. 8. 1949); Baden-Württemberg, § 9 (1. 4. 1949); Hessen, § 5 (22. 6. 1949); Bayern, § 8 Abs. 3 (3. 10. 1949); Hamburg, § 7 (3. 10. 1949); Nordrhein-Westfalen, § 2 Abs. 2 (17. 11. 1949). *Ausnahme:* Schleswig-Holstein (27. 9. 1949).

[20] Von den heute gültigen Landespressegesetzen normieren nur das bayerische (§ 8 Abs. 3, Verordnung vom 7. 2. 1950, BayBS I S. 312) und das hessische (§ 5) Offenbarungspflichten.

[21] Deutscher Bundestag, 4. Wahlperiode, 110. Sitzung, 5. 2. 1964, Stenographischer Bericht, S. 5087 ff.

[22] *Kötterheinrich,* S. 96 f.

[23] Insbesondere Unternehmen mit meinungsbildendem Zuschnitt, z. B. Demoskopische Institute, Nachrichtenagenturen usw., aber auch Verbände.

was dem geheimen oder vertraulichen Bereich angehört und damit der staatsfreien Kommunikation entzogen ist.

aa) Das Staatsgeheimnis

Unter den Begriff „Staatsgeheimnis“ fallen alle Tatsachen, Gegenstände und Erkenntnisse, „deren Geheimhaltung vor einer fremden Regierung für das Wohl der Bundesrepublik Deutschland oder eines ihrer Länder erforderlich ist“[24].

(1) Vor einer fremden Regierung kann nur geheimgehalten werden, was ihr noch nicht bekannt ist. Daraus folgt die Relativität und Materialität des Geheimnisbegriffes; denn einer fremden Regierung gegenüber kann noch geheim sein, was im Inland bereits bekannt ist, und umgekehrt: einer fremden Regierung kann bekannt sein, was im Inland nur einem beschränkten Personenkreis zugänglich ist. Im einzelnen wird es sehr schwierig sein, die ebenfalls geheimgehaltenen Kenntnisse einer fremden Regierung in concreto festzustellen. Doch angesichts des intensiven internationalen Nachrichtenaustausches ist die Geheimnatur eines Objektes prima facie dann ausgeschlossen, wenn ein in- oder ausländisches Presseorgan bereits darüber berichtet hat[25]: denn es muß unterstellt werden, daß fremde Regierungen die internationale Presse lesen[26]. Es kann auch nicht geheim sein, was sich aus der Gesamtschau einzelner publizierter Tatsachen ergibt. Denn die analytische Zusammenstellung allgemein zugänglicher Nachrichten beruht auf einer rein geistigen Tätigkeit, die jede interessierte fremde Regierung mühelos bewältigen kann und regelmäßig auch bewältigt[27]. Die *„Mosaiktheorie“*, wie sie in der Rechtsprechung des BGH[28] und in der Literatur[29] vertreten wird, verstößt gegen das materielle Informationsprinzip[30].

---

[24] § 99 Abs. 1 StGB = § 393 E 1962.

[25] Es sei denn, der Pressebericht ist so unbestimmt, daß er einer Bestätigung oder Ergänzung fähig und bedürftig ist.

[26] Von der englischen Wochenzeitung The Economist lesen die „entscheidenden Zehntausend des Auslandes“ 51 Prozent der Auflage (Der Spiegel, 1965, Nr. 20, S. 112). Außer in Tirana wird The Economist in jeder Hauptstadt der Welt bezogen. Allein 200 Exemplare gehen allwöchentlich per Luftpost-Expreß an den amerikanischen Geheimdienst.

[27] Vgl. Claude *Bourdet* bei Ruge, S. 50 f.

[28] Vgl. BGH, 7 StE 3/60, 22. 7. 1960, BGH St 15, 17.

[29] *Für* die Mosaiktheorie z. B. *Schönke-Schröder*, § 99, RN 4; *Jagusch*, LK, § 99, 2 e aa (S. 658); Herbert *Arndt*, ZStW 66 (1954), 41 ff.; *Kern*, S. 27. *Dagegen* z. B. Adolf *Arndt*, NJW 1960, 2040; *Stratenwert*, S. 19 ff.; *vermittelnd* z. B. *Jescheck*, S. 25. Vgl. im übrigen BVerfG vom 5. 8. 1966 (Spiegelurteil: die in der Entscheidung nicht berücksichtigte Auffassung, NJW 1966, 1603 ff., 1606 f.).

[30] Die Mosaiktheorie ufert den Tatbestand des Landesverrats aus. Die §§ 92 (staatsgefährdender Nachrichtendienst) und 109 f. (militärischer Nachrichtendienst), die beide keine Staatsgeheimnisse voraussetzen, befriedigen das kriminalpolitische Bedürfnis.

(2) Handelt es sich um Tatsachen, die zwar noch keine Zeitung publiziert hat, die dennoch im Inland allgemein bekannt sind, so ist die „Geheimhaltung vor einer fremden Regierung“ theoretisch möglich. Es wird daher angenommen, daß solche Erscheinungen Geheimnischarakter haben können und daß ihre Preisgabe häufig nur deshalb nicht den Tatbestand des Landesverrats erfülle, weil „dann oft die Gefährdung des Wohls der Bundesrepublik“ und damit das Tatbestandsmerkmal des Verrats (§ 99 Abs. 2 StGB) fehle[31]. Dagegen muß man berücksichtigen, daß das „Wohl der Bundesrepublik“ bereits in der Legaldefinition des Geheimnisbegriffes enthalten ist (§ 99 Abs. 1 StGB): wo aber die weitere Bekanntmachung einer im Inland allgemein zugänglichen Tatsache „das Wohl der Bundesrepublik Deutschland oder eines ihrer Länder“ nicht mehr zu gefährden imstande ist, dort ist die Geheimhaltung vor einer fremden Regierung für das Wohl der Bundesrepublik oder eines ihrer Länder nicht mehr erforderlich, d. h. dort fehlt es schon am Tatbestandsmerkmal des Staatsgeheimnisses[32].

Einem freiheitlichen demokratischen Staat, der allen seinen Bewohnern und grundsätzlich auch seinen ausländischen Gästen Freizügigkeit gewährt, ist es technisch nicht möglich, die Kenntnis solcher Dinge auf das Inland zu beschränken. Es ist daher falsch, wenn Objekte als Staatsgeheimnisse deklariert werden, die vor den Augen der einheimischen Bevölkerung und Tausender ausländischer Touristen aus dem Boden gestampft werden[33]. „Staatsgeheimnisse“ dieser Art begründen den Verdacht, daß es weniger um das Wohl der Bundesrepublik als um das der Regierung geht, daß weniger militärische Objekte vor dem Gegner als „unpopuläre Maßnahmen vor der Bevölkerung“ geheimgehalten werden, „bis vollendete Tatsachen geschaffen sind“[34]. Zum Begriff des Staatsgeheimnisses gehört daher neben der relativen Unkenntnis ausländischer Regierungen die Beschränkung und Beschränkbarkeit der Kenntnis auf einen zumindest bestimmbaren Personenkreis des Inlandes. Objekte, deren Kenntnis naturgemäß nicht beschränkt werden kann, erfüllen nicht die Begriffskriterien des Staatsgeheimnisses. Die Sammlung und Sichtung derartiger Tatsachen mag die Tatbestände der §§ 92 und 109 f. StGB berühren, nicht aber den des § 100 StGB[35].

(3) Die Geheimhaltung ist für das Staatswohl erforderlich, wenn die Kenntnis einer fremden Regierung „die allgemeine Gefahr einer Benachteiligung des Schutzbereichs der Bundesrepublik gegenüber einem fremden Staat oder Machtbereich herbeiführen würde“[36]. Daraus wird

---

[31] *Schwarz-Dreher*, § 99, 2 A a, bis zur 23. Auflage.

[32] Vgl. auch *Heinitz*, S. 11 und S. 41.

[33] Vgl. Lutz *Lehmann*, Zeit, 1965, 26. 3., Nr. 13, S. 11.

[34] Lutz *Lehmann* a.a.O.; Fritz *Bauer* bei Ruge, S. 139.

[35] Vgl. SPD-Entwurf, Deutscher Bundestag, 5. Wahlperiode, Drucksache V/102: § 99 Abs. 4; vgl. Adolf *Arndt*, NJW 63, 25, FN 7: In einer Demokratie kann Staatsgeheimnis allein etwas sein, was geeignet ist, verborgen gehalten zu werden.

[36] E 1962, Begründung, S. 589.

gefolgert, „daß es sich um Angelegenheiten von erheblicher Bedeutung handeln"[36] und der Geheimnisschutz „unerläßlich"[37] sein muß. Dabei orientiert sich das Staatswohl nicht am politischen Ermessen der Regierung, sondern an den Fundamentalnormen der Verfassung. Adolf *Arndt* ist beizupflichten, wenn er den Schutz des Staates mit dem Schutz der Verfassung identifiziert und damit zu dem Schluß kommt, daß *erstens* Staatsgeheimnisse — im Gegensatz zu Amtsgeheimnissen — unverfügbar sind, weil ihr Schutz der Gesamtheit geschuldet wird: Staatsgeheimnis ist, was „auch von der Regierung nicht preisgegeben werden darf, weil die Regierung nur eines der staatlichen Organe, aber nicht das Ganze (ist), und sie am wenigsten befugt ist, das ihr mitanvertraute Wohl des Staates zu gefährden"[38]. Daß es *zweitens* kein rechtliches Erfordernis geben kann, etwas durch Geheimhaltung zu sichern, was nach der verfassungsmäßigen Ordnung Unrecht ist[38].

So können Waffenlieferungen an kriegsführende Nationen als Handlungen, die „das friedliche Zusammenleben der Völker zu stören geeignet sind" (Art. 25 Abs. 1 GG), niemals Gegenstand eines Staatsgeheimnisses sein: denn sie laufen dem in der Verfassung authentisch interpretierten Wohl der Bundesrepublik Deutschland zuwider. Da das Grundgesetz den Angriffskrieg ächtet (Art. 26), können die militärischen Bemühungen des Staates nur der Verteidigung dienen: das bedeutet aber, daß der militärische Effekt in der Abschreckung und damit in der Publizität liegt[39].

Die Verfassung ist Leitfaden für das Wohl der Bundesrepublik und für die Erforderlichkeit der Geheimhaltung. Es kann nicht die Frage sein, ob die Nachrichtenpolitik der Regierung gut oder schlecht ist, sondern ob eine Angelegenheit die Rechtsqualität eines Staatsgeheimnisses hat. „Sobald ... man über die Zweckmäßigkeit der Geheimhaltung legitim verschiedener Meinung sein kann", schreibt Adolf *Arndt*[40], „kommt allenfalls ein Amtsgeheimnis, keinesfalls ein strafrechtlich geschütztes unverfügbares Staatsgeheimnis in Betracht."

---

[37] SPD-Entwurf, § 99 Abs. 4, vgl. oben FN 35.

[38] Adolf *Arndt*, NJW 63, 25.

[39] Das Problem des „illegalen Staatsgeheimnisses", vgl. *Jescheck*, S. 26 ff. Im Pätsch-Urteil (8 StE 1/65, 8. 11. 65: BGH St. 20, 342) vertritt der BGH den Standpunkt, der Rechtfertigungsgrund des Art. 100 Abs. 3 GG betreffe die Offenbarung *illegaler* Staatsgeheimnisse; dagegen an sich schon der Wortlaut, wonach die Preisgabe eines (legalen) Staatsgeheimnisses dann gerechtfertigt ist, wenn der Abgeordnete in dem Glauben handelt, dadurch einen Verfassungsverstoß zu rügen: so ausdrücklich Adolf *Arndt*, NJW 63, 25, FN 4 und NJW 66, 25 f. Vgl. auch *Jagusch*, LK, § 100, 4 b (S. 662); *Stree*, JZ 63, 531; zum Pätsch-Urteil ferner *Zillmer*, NJW 66, 911 f.

[40] Adolf *Arndt* (NJW 63, 25, FN 9) zitiert Oskar Morgenstern, der in seinem Buch „Strategie — heute" die Entartungserscheinungen der Geheimhaltungspolitik mit grotesken Beispielen belegt; so wurden in den USA für geheim erklärt die schon den Babyloniern bekannte Mondnähe und englische Übersetzungen von Artikeln aus Zeitschriften, die in der Sowjetunion öffentlich erscheinen; Wissenschaftlern wurde der Zugang zu Arbeiten verwehrt, die sie selbst verfaßt hatten.

bb) Das Amtsgeheimnis

Neben dem Staatsgeheimnis beschränkt das Amtsgeheimnis die staatsfreie Kommunikation. Das Amtsgeheimnis ist insoweit verfügbar, als es zur Disposition desjenigen Organes steht, das über den konkreten Fall verantwortlich entscheidet. Doch kann die Behörde oder der Behördenvorstand nicht willkürlich verfahren, vielmehr müssen sie sich jeweils am Zweck der Geheimhaltung orientieren. Wenn sie einem Gegenstand den Geheimstempel aufdrücken, müssen sie sich im Klaren sein, ob die Geheimhaltung zum Schutze privater Interessen oder der amtlichen Tätigkeit der Behörde erforderlich ist. Im ersten Fall spricht die Vermutung zu Gunsten des privaten Intimbereichs für die Geheimhaltung[41]; im zweiten Fall ist die Geheimhaltung nur dann gerechtfertigt, wenn sie die Funktionsfähigkeit der Behörde oder den ungestörten Ablauf des amtlichen Verfahrens bedingt. Es kommt dabei jeweils auf die Art und den Stand der amtlichen Tätigkeit oder des amtlichen Verfahrens an, ja es geht im einzelnen Fall um den konkreten Gehalt einer konkreten Erscheinung.

Der *formelle* Geheimnisbegriff ist im Bereich des Amtsgeheimnisses vertretbar, solange damit die Stellung eines Beamten oder amtlich Verpflichteten zu seiner Dienststelle disziplinär oder strafrechtlich qualifiziert wird. Dagegen kann die Frage, ob ein amtlicher Vorgang für die staatsfreie Kommunikation geeignet ist, *nicht nach formellen Kriterien* beantwortet werden. Was trotz formeller Geheimhaltung materiell nicht geheimnisfähig ist, darf nicht durch staatliche Maßnahmen der Kommunikation entzogen werden. Wenn daher § 353 c Abs. 1 StGB amtliche Schriftstücke zum Gegenstand hat, die „als geheim oder vertraulich bezeichnet" worden sind, so verstößt dieser den Privatmann treffende Tatbestand gegen die Verfassungsentscheidung für die Information[42].

In den gleichen Zusammenhang gehört der strafbewehrte[43] § 17 des RPG, wonach die Anklageschrift oder andere amtliche Schriftstücke

---

[41] Vgl. § 186 E 1962, der gegenüber § 353 b StGB insofern eine Verbesserung bringt, als bisher die amtliche Preisgabe privater Geheimnisse nur dann bestraft werden konnte, wenn gleichzeitig wichtige öffentliche Interessen gefährdet worden sind. Vgl. Begründung, S. 338.

[42] Vgl. *Löffler*, Kommentar, S. 608 (RN 14). Auch § 353 c Abs. 2 StGB erscheint bedenklich, da ein Privatmann zur Geheimhaltung nur mit seiner Einwilligung oder auf Grund eines Gesetzes verpflichtet werden kann, z. B. § 174 Abs. 2 GVG, Art. II des Gesetzes betreffend die unter Ausschluß der Öffentlichkeit stattfindenden Gerichtsverhandlungen vom 5. 4. 1888 (RGBl 133) in der Fassung der Verordnung vom 9. 3. 1932 (RGBl I, 121); zutreffend § 415 E 1962. Der Entwurf 1962 übernimmt § 353 c Abs. 1 überhaupt nicht, § 353 c Abs. 2 nur zum Teil: § 415 (Landesverteidigung), § 453 Nr. 2 (Gericht). Vgl. Begründung, S. 606.

[43] § 18 Abs. 1 Nr. 1 RPG.

eines Strafprozesses durch die Presse nicht eher veröffentlicht werden dürfen, „als bis dieselben in öffentlicher Verhandlung kundgegeben worden sind oder das Verfahren sein Ende erreicht hat". Dieses pauschale — die besondere Anfälligkeit des Strafverfahrens berücksichtigende — Kommunikationsverbot ist gültig, wenn es verfassungskonform interpretiert wird.

Das bedeutet, daß § 17 kein Schweigegebot enthält; vielmehr ist die Veröffentlichung von Tatsachen „jederzeit zulässig, auch wenn ihre Kenntnis aus amtlichen Schriftstücken des Strafprozesses entnommen ist"[44]. § 17 fordert lediglich, „daß die Wiedergabe der Prozeßtatsachen nicht in Wirklichkeit die Veröffentlichung der amtlichen Urkunde selbst darstellt"[45]. Das bedeutet ferner, daß die amtlichen Ermittlungunterlagen der Polizei und der Staatsanwaltschaft erst mit Erhebung der öffentlichen Anklage gemäß § 170 Abs. 1 StPO der Veröffentlichung entzogen sind[46]; daß ferner die Verbotszeit endet, sobald die Schriftstücke in öffentlicher Verhandlung *erörtert*[47] worden sind oder die mündliche Verhandlung einer Instanz abgeschlossen worden ist[48].

Hierher gehören schließlich auch § 184 b StGB und Art. III des Gesetzes betreffend die unter Ausschluß der Öffentlichkeit stattfindenden Gerichtsverhandlungen vom 5. 4. 1888. Während § 184 b mit Geldstrafe oder mit Gefängnis bis zu sechs Monaten bestraft, wer bei Ausschluß der Öffentlichkeit wegen Gefährdung der Sittlichkeit „öffentliche Mitteilungen macht, welche geeignet sind, Ärgernis zu erregen", also nur die *anstößige* Berichterstattung untersagt, sind nach Art. III unter der gleichen Strafdrohung generell alle Berichte über die Verhandlungen untersagt, in denen die Öffentlichkeit „wegen Gefährdung der Staatssicherheit oder eines Geschäfts- oder Betriebsgeheimnisses ausgeschlossen war". Da der Schutz eines Staats-, Geschäfts- oder Betriebsgeheimnisses auch durch ein materielles und damit beschränktes Veröffentlichungsverbot (vgl. § 184 b StGB) gewährleistet werden kann, verstößt Art. III gegen die Verfassungsentscheidung für die Information[49].

II. Die Kommunikation des Staates

1. Der Inhalt der Informationen

Maßgeblich sind die auf den vorangegangenen Seiten skizzierten Richtlinien. Danach gilt der Grundsatz in dubio pro publico, d. h. die Organe der Gesetzgebung, der vollziehenden Gewalt und der Recht-

---

[44] *Löffler*, Kommentar, RPG, § 17, RN 17 f. (S. 251).

[45] *Löffler*, Kommentar, a.a.O.; ebenso E 1962, Begründung, S. 647 (§ 453 Nr. 3).

[46] In der Literatur sehr strittig; vgl. *Löffler*, Kommentar, a.a.O.

[47] E 1962 (§ 453 Nr. 3) setzt ausdrücklich „erörtern" statt „kundgeben", vgl. Begründung, S. 647.

[48] Überzeugend die Darstellung bei *Löffler*, Kommentar, a.a.O., RN 27 (S. 253). Die Gegenmeinung sieht als Ende die rechtskräftige Erledigung des gesamten Strafverfahrens an, vgl. *Schwarze, Stenglein, Kitzinger, Häntzschel*, zitiert bei Löffler, a.a.O., RN 26. E 1962 bringt in diesem Punkt keine Klarheit.

[49] § 453 Nr. 1 E 1962 ist insofern bedenklich, als er — ein „offener Tatbestand" — sich auf Verbotsnormen auch außerhalb des StGB beruft, also Art. III des Gesetzes vom 5. 4. 1888 unverändert übernimmt.

sprechung müssen grundsätzlich alle Vorgänge ihres Funktionsbereiches der öffentlichen Wahrnehmung zugänglich machen, es sei denn, die Kriterien des Staatsgeheimnisses oder des Amtsgeheimnisses[50] sind erfüllt.

2. Die Form der Publizität

Der Staat erfüllt seine Publizitätspflicht, wenn er — so umfassend, wie es nach den Umständen des Einzelfalles möglich ist — die Formen der *unmittelbaren* und der *mittelbaren* Öffentlichkeit ausschöpft.

a) Die unmittelbare Öffentlichkeit

Von unmittelbarer Öffentlichkeit sprechen wir, wenn jeder beliebige Bürger — gleichsam als Repräsentant der Öffentlichkeit — Vorgänge innerhalb des staatlichen Herrschaftsbereiches unmittelbar so wahrnehmen kann, wie sie sich tatsächlich vollziehen. Dazu gehört die unmittelbare Raumöffentlichkeit der Parlamente des Bundes und der Länder, der Selbstverwaltungskörperschaften[51] und insbesondere der Gerichte[52].

Dem Wortlaut nach normiert das GG die unmittelbare Öffentlichkeit nur für die Sitzungen des Bundestages und seiner Untersuchungsausschüsse sowie für die Verhandlungen des Bundesrates[53]. Aus der Gesamtkonzeption der Verfassung folgt aber, daß die Formen unmittelbarer Öffentlichkeit über das ausdrücklich und zwingend angeordnete Minimum hinaus zu beachten sind: überall dort, wo die Machtentfaltung der staatlichen Organe nur durch die zumindest potentielle unmittelbare Gegenwärtigkeit des Staatsvolks erträglich ist, und überall insoweit, als die Funktionsfähigkeit der Organe dadurch nicht unerträglich gestört wird. Der generelle Ausschluß der unmittelbaren Öffentlichkeit in den Länderparlamenten, in den Selbstverwaltungskörperschaften und insbesondere im Bereich der Justiz[54] wäre daher mit der verfassungsmäßigen Grundentscheidung für Information und Publizität unvereinbar. Ebensowenig können die Organe der gesetzgebenden, vollziehenden und richtenden Gewalten *willkürlich* darüber befinden, wann und was im Medium dieser unmittelbaren Öffentlichkeit verhandelt wird. Wenn

---

[50] Vgl. oben I 1 c aa und I 1 c bb.

[51] Vgl. Art. 52 Abs. 2 BayGO; Art. 46 Abs. 2 BayLKrO; Art. 43 Abs. 2 BayBezO.

[52] Ferner zählen dazu die allgemein zugänglichen Register, Bücher, Verzeichnisse, so weit sie auch inhaltlich für die öffentliche Wahrnehmung bestimmt sind.

[53] Vgl. oben A II 2 a und A III.

[54] Unverständlich die ebenso lapidare wie pauschale Feststellung des BVerfG (BVerfGE 15, 307), daß das Prinzip der Öffentlichkeit kein Verfassungsgrundsatz, sondern nur eine Prozeßrechtsmaxime sei; vgl. im übrigen unten B II 3.

daher der deutsche Bundestag den Schwerpunkt seiner Tätigkeit mehr und mehr auf die nichtöffentlichen Ausschüsse verlagert und deshalb als „faules Parlament“[55] und als „ein Parlament im Geheimen“[56] gerügt wird, so steckt hinter dieser Kritik nichts geringeres als der Vorwurf verfassungswidrigen Verhaltens. Zutreffend wird daher auch Art. 46 Abs. 2 S. 3 Bay LkrO, demzufolge die Geschäftsordnung des Kreistages bestimmte Angelegenheiten grundsätzlich der nichtöffentlichen Sitzung zuweisen kann, dahin interpretiert, daß jeweils nur solche Angelegenheiten in Betracht kommen, deren öffentliche Erörterung — wie Abs. 2 S. 1 formuliert — „das Wohl der Allgemeinheit“ oder „berechtigte Ansprüche einzelner“ beeinträchtigen würde. Dabei handelt es sich, wie es heißt[57], nicht um eine Ermessensentscheidung, sondern um eine „durch Anwendung unbestimmter Rechtsbegriffe ergehende Rechtsentscheidung“.

b) Die mittelbare Öffentlichkeit

Nur der geringste Teil der staatlichen Funktionen ist in das Licht unmittelbarer Öffentlichkeit getaucht, nur wenige Bürger haben daran Anteil. Neben der unmittelbaren Öffentlichkeit muß der Staat daher jeweils die Formen der mittelbaren Öffentlichkeit ausschöpfen. Der Begriff besagt, daß der Staat die Vorgänge seines Funktionsbereiches nicht oder nicht nur der unmittelbaren öffentlichen Wahrnehmung aussetzt, sondern daß er sie über die Kanäle der staatsfreien Kommunikation der Allgemeinheit zuleitet. Dazu gehört, daß der Journalist nicht nur als Jedermann, sondern als Vertreter eines Kommunikationsmittels zu den öffentlichen — und gegebenenfalls auch zu den nichtöffentlichen — Sitzungen zugelassen wird: daß er einen Arbeitsplatz erhält (Pressetribüne), daß er gegebenenfalls telefonieren, Mikrofone, Kameras, Beleuchtungskörper installieren und benutzen kann. Dazu gehören im weiteren Sinne Pressekonferenzen, Pressegespräche, Interviews, das Kommunique, die Beteiligung der Berichterstatter und anderer Vertreter berechtigter publizistischer Interessen an Staatsempfängen, Konferenzen und anderen exklusiven Veranstaltungen.

Mittelbare Öffentlichkeit gibt es neben unmittelbarer Öffentlichkeit: sie verstärkt die Publizität[58]; und es gibt sie dort, wo unmittelbare

---

[55] *Hennis*, Zeit, 1965, Nr. 43, S. 7. Im ersten BT fielen auf jedes Jahr durchschnittlich 70 Plenarsitzungen; im vierten BT waren es pro Jahr nur 49 Sitzungen. Dagegen das amerikanische Repräsentantenhaus: 120 bis 140jährlich; das englische Unterhaus: selten weniger als 160.

[56] *Sethe*, Zeit, 1965, Nr. 44, S. 5.

[57] *Masson*, BayBezO, Art. 43, Anm. 5.

[58] So insbesondere die Berichte der Massenkommunikationsmittel aus dem Gerichtssaal und dem Parlament: sie „erhöhen“ die Öffentlichkeit der Verhandlung, vgl. *v. Mangoldt-Klein*, S. 927.

Öffentlichkeit aus sachlichen oder technischen Gründen nicht möglich ist: sie konstitutiert die Publizität. Es gibt sie generell[59] oder auch nur partiell[60], je nach Bedeutung derjenigen Interessen und Rechtsgüter, die mit dem Publizitätsprinzip kollidieren.

Welcher Mittel sich die Staatsgewalten bedienen, um die mittelbare Öffentlichkeit herzustellen, hängt von der Natur der Sache und den Umständen des Einzelfalles ab. Es ist selbstverständlich, daß die Sitzungen des Ministerrates eine andere Öffentlichkeitsstufe erfordern[61] als ein Staatsempfang. Das richtige Maß ist schwer zu finden und entzieht sich regelmäßig gerichtlichen Feststellungen. Das ändert nichts daran, daß der Spielraum politischen Ermessens eng begrenzt ist durch die Valenz eines verfassungskräftigen Rechtsprinzips.

3. Beispiel: Die mittelbare Justizöffentlichkeit

Die Problemlagen, die sich im einzelnen zur Frage der mittelbaren Öffentlichkeit ergeben, unterscheiden sich nach den staatlichen Funktionsbereichen. Im Bereich der *vollziehenden* Gewalt geht es in der Hauptsache um die Pflicht des Staates, dem einzelnen Bürger und dem Publizisten in amtliche Schriftstücke Einsicht zu gewähren oder über amtliche Vorgänge Auskünfte zu erteilen; diese Frage wird zusammen mit der Frage nach dem subjektiven öffentlichen Recht auf Information im fünften Kapitel behandelt. Im Bereich der *gesetzgebenden* und der *rechtsprechenden* Gewalten geht es in erster Linie um das Problem, ob und in welchem Umfang die Vertreter der Massenkommunikationsmittel mit Kameras und Mikrofon in den öffentlichen Sitzungen zugelassen sind. Die Diskussion, die noch vor wenigen Jahren mit großem Eifer betrieben worden ist, hat für beide Fälle an Aktualität verloren; im Bereich des Parlaments insofern, als die Bedürfnisse der Massenkommunikation heute großzügig befriedigt werden; im Bereich der Justiz dagegen ist durch die kleine Strafprozeßrechtsreform der Ausschluß von Mikrofon und Kamera Gesetz geworden. Inwieweit aber dadurch die Probleme der mittelbaren Justizöffentlichkeit gelöst worden sind, soll nun — gleichsam exemplarisch — auf den folgenden Seiten untersucht werden.

a) Die Publizität öffentlicher Verhandlungen

aa) Verfassung und Gerichtsverfassung

Die Öffentlichkeit der Gerichtsverhandlungen ist „eine alte demokratische Forderung“[62]. Schon § 178 der Verfassung des Deutschen Rei-

---

[59] Einschließlich Originalübertragungen von Bild und Ton.
[60] Nur die Wort-Berichterstatter sind zugelassen.
[61] Anschließende Pressekonferenz.
[62] So BGHSt: NJW 52, 632.

ches vom 28. 3. 1849 hatte bestimmt, daß „das Gerichtsverfahren öffentlich und mündlich sein soll". Ebenso Art. 93 der Verfassungsurkunde des preußischen Staates vom 31. 1. 1850. Dagegen enthielten die Reichsverfassung vom 16. 4. 1871 und die Weimarer Verfassung keine derartigen Regelungen; auch das GG schweigt[63], so daß man meinen möchte, die Öffentlichkeit sei nur gesetzeskräftig in den §§ 169 ff. GVG (vom 27. 1. 1877) geschützt.

Die Existenz des GVG mag die Väter des GG dazu bewogen haben, auf eine ausdrückliche Formulierung zu verzichten. Diese Unterlassung aber ist dafür ursächlich geworden, daß die Öffentlichkeit des Gerichtsverfahrens heute ausschließlich oder überwiegend nach den Anforderungen des Prozeßrechts, insbesondere nach den Voraussetzungen eines absoluten Revisionsgrundes[64], nicht aber nach den Wirkungen eines Verfassungsprinzips bemessen wird. Im Jahre 1877, in dem GVG, StPO und ZPO geschaffen worden sind, mochte man sich damit begnügt haben, die Öffentlichkeit im Sinne einer unmittelbaren Raumöffentlichkeit zu interpretieren. Heute dagegen muß man unterscheiden, ob die Vorschriften über die Öffentlichkeit zur Revisionsbegründung[64] herangezogen werden oder ob aus ihnen das verfassungskräftige Publizitätsprinzip begründet werden soll. Im ersten Fall bedeuten sie *Garantie eines Minimums* an Publizität, nämlich der unmittelbaren Öffentlichkeit; das heißt: die Beteiligten haben einen Anspruch auf Beachtung der unmittelbaren Öffentlichkeit; sie haben aber keinen Anspruch auf Ausschließung der Öffentlichkeit nach § 172 GVG[65]. Im zweiten Fall bedeuten die Vorschriften über die Öffentlichkeit *Garantie eines Maximums,* nämlich auch der mittelbaren Öffentlichkeit, und zwar bis zu dem Maß, wie es die betroffenen öffentlichen und privaten Interessen erlauben.

Folgerichtig konnte in der Zulassung von Rundfunk und Fernsehen niemals ein Verstoß gegen die Vorschriften der Öffentlichkeit gefunden werden, sondern gegen die §§ 137, 140, 258 StPO[66], gegen § 244 Abs. 2 StPO[67] oder gegen das Persönlichkeitsrecht[68]. Mit dem Inkrafttreten der

---

[63] Anders BV: Art. 90. Aus dem Schweigen des GG zieht das BVerfG den Schluß, daß es sich lediglich um eine Prozeßmaxime handle (BVerfGE 15, 307), vgl. oben FN 54; allerdings geht das BVerfG bei dieser Entscheidung von der Frage aus, ob sich der Angeklagte im Wege der Verfassungsbeschwerde auf die Verletzung des Publizitätsprinzips berufen kann.

[64] § 338 Nr. 6 StPO, § 551 Nr. 6 ZPO.

[65] Vgl. *Schwarz-Kleinknecht,* GVG, § 172, Anm. 7; vgl. BGH 1 StR 375/56, NJW 57, 881. Anders im Falle der §§ 170, 171: *Thomas-Putzo,* § 551 Nr. 6.

[66] Beschränkung der Verteidigung, vgl. BGH 1 StR 375/56, 8. 2. 1957, NJW 57, 881.

[67] Wahrheitsfindung, vgl. BGH 1 StR 179/61, 13. 6. 1961, NJW 61, 1781.

[68] Vgl. *Dahs,* NJW 61, 1756.

kleinen Strafprozeßreform am 1. 4. 1965 ist nun das Gebot des § 169 GVG um das generelle Verbot aller Rundfunk- und Fernsehaufnahmen erweitert worden; sein Sinngehalt — grundsätzliche Garantie eines Minimums — ist ausgebaut worden zum generellen Verbot eines Maximums[69].

bb) Die Rechtsprechung

Die Interpretation des § 169 ist aktuell geworden, als sich Rundfunk und Fernsehen unter Berufung auf die Öffentlichkeit des Gerichtsverfahrens vorübergehend in den Sitzungssälen etablierten. Aus der Sicht des Journalisten spricht Walther *von La Roche* von den „sieben fetten Jahren"[70] nach dem Krieg, in denen der Gerichtsberichterstatter des Rundfunks aus dem Vollen geschöpft hat. Darauf sind die mageren Jahre gefolgt, in denen die Rechtsprechung die Freiheit des Rundfunkreporters Schritt für Schritt beschränkt hat, bis dann die kleine Strafprozeßreform ein- für allemal die Pforten zum Gerichtssaal für Mikrofon und Kamera verriegelt hat.

Noch im Jahre 1956 hatte sich das BayObLG[71] auf den Standpunkt gestellt, daß die Frage nach der Zulässigkeit von Rundfunkaufnahmen im Sitzungssaal nicht allgemein bejaht oder verneint werden dürfe, sondern von Fall zu Fall zu entscheiden sei, „wobei zwei öffentliche Interessengebiete zu berücksichtigen sind, nämlich einerseits das gerade im demokratischen Staatswesen besonders bedeutsame Interesse an weitgehender Unterrichtung der Öffentlichkeit über strafgerichtliche Vorgänge, andererseits das nicht minder wichtige Interesse an ungehinderter gerichtlicher Wahrheitsforschung und, im Zusammenhang damit stehend, an der Möglichkeit ungehemmter Verteidigung des Angeklagten". Solange nicht die Ordnung der Sitzung durch „grob störende Geräusche" des Reporters beeinträchtig werde, rechtfertige sich die Zulässigkeit von Tonbandaufnahmen auch gegen den Willen eines Verfahrensbeteiligten aus dem Prinzip mittelbarer Öffentlichkeit[72].

---

[69] § 169 Satz 2 GVG: „Ton- und Fernseh-Rundfunkaufnahmen sowie Ton- und Filmaufnahmen zum Zwecke der öffentlichen Vorführung oder Veröffentlichung ihres Inhalts sind unzulässig."

[70] *Von La Roche*, S. 63.

[71] BayObLG, 18. 1. 1956, NJW 56, 390.

[72] BayObLG, NJW 56, 391: gegenüber den handschriftlichen Aufzeichnungen des Zeitungsreporters bediene sich der Rundfunkreporter lediglich einer durch die Fortschritte der Technik möglich gewordenen vebesserten Form der Aufzeichnung des gesprochenen Wortes. Vgl. auch die RiStV 110, III: Nur den Presse- und Rundfunkberichterstattern soll gestattet werden, im Gerichtssaal zu zeichnen, zu fotografieren oder eine Übertragung der Verhandlung für den Rundfunk aufzunehmen. ... Presse und Rundfunk ... dürfen in ihrer Berichterstattung nicht mehr beschränkt werden, als es der Zweck der Hauptverhandlung gebietet ...

Schon ein Jahr später hat der BGH in seinem Urteil vom 22. 1. 1957[73] darauf hingewiesen, daß in der Zulassung von Tonbandaufnahmen gegen den Widerspruch eines Beteiligten eine Verletzung der Aufklärungspflicht oder eine Beschränkung der Verteidigung des Angeklagten liegen könne. Kurz darauf heißt es dann im Urteil vom 8. 2. 1957[74]: der Verteidiger darf es grundsätzlich ablehnen, seinen Schlußvortrag vor einem Abhörgerät des Rundfunks zu halten. Duldet der Vorsitzende die Rundfunkaufnahme, so liegt hierin ein Verstoß gegen § 137 in Verbindung mit § 258 StPO. Dabei wendet sich der BGH ausdrücklich gegen die Entscheidung des BayObLG und beruft sich mit Sarstedt[75] auf das in den Art. 1 Abs. 1 und 2 Abs. 1 GG gewährleistete allgemeine Persönlichkeitsrecht.

Die gesetzliche Regelung des GVG — so der BGH unter Berufung auf Eberhard *Schmidt*[76] — verstehe die Öffentlichkeit nur im Sinne dessen, was man als „unmittelbare Öffentlichkeit" zu bezeichnen pflege; die „mittelbare" Öffentlichkeit sei eine „Reflexwirkung", die sicherlich mit gewollt sei, aber außerhalb dessen liege, was aus dem Gesichtspunkt der „Öffentlichkeit" der Vorsitzende bzw. das Gericht durch Verfügung oder Beschlüsse zu regeln habe. „In der Gewährleistung der ‚unmittelbaren' Öffentlichkeit erschöpfen sich die für die Allgemeinheit sich ergebenden Rechte und die für das Gericht bestehenden Pflichten."

Diese Art Öffentlichkeit bedeute nicht mehr und nicht weniger, als daß „interessierten Personen nach Maßgabe des vorhandenen und hierfür vorgesehenen Raumes die Anwesenheit im Gerichtssaal und die Aufnahme des dort vor sich gehenden Geschehens mit ihren natürlichen Sinnesorganen freisteht", bestätigt der Senat dann in seinem Urteil vom 13. 6. 1961[77], dem nicht umsonst „bahnbrechende Wirkung"[78] zugeschrieben wird. Denn danach wird das Fernsehen generell für alle „überzeugungsbildenden Vorgänge" in der Hauptverhandlung ausgeschlossen. Das Gericht, das solche Aufnahmen dulde, verletze die Pflicht zur Erforschung der Wahrheit und beschränke in unzulässiger Weise die Verteidigung des Angeklagten[78].

---

[73] BGH 1 StR 321/56, vgl. BGH NJW 57, 881.

[74] BGH 1 StR 375/56, NJW 57, 881. Nach BGH a.a.O. ergibt sich die Zulässigkeit der Rundfunkaufnahmen auch nicht aus Art. 5 Abs. 1 GG.

[75] *Sarstedt*, JR 56, 121 ff.

[76] Eberhard *Schmidt*, JZ 56, 210; derselbe, Lehrkommentar, Teil I, Nr. 345 c—d, 1. Auflage; vgl. auch Nr. 401 ff., 2. Auflage; derselbe, Gedächtnisschrift, S. 625, 643.

[77] BGH 1 StR 179/61, NJW 1961, 1782.

[78] *Dahs*, NJW 1961, 1755. *Dahs* (S. 1756) geht weit über die Feststellungen des BGH hinaus, wenn er sagt: die in Art. 5 GG geschützte Freiheit der Berichterstattung durch Rundfunk und Film könne nur Formen und Mittel der Berichterstattung betreffen, die der wahrheitsgemäßen Information der Öffentlichkeit dienen sollen. „Das Fernsehen im Gerichtssaal dient aber nicht der Wahrheit, sondern verfälscht sie durch den entstellenden Zuschnitt der Aufnahmen auf publikumswirksamen Sensationsstoff, wobei die scheinbare Unbestechlichkeit des technischen Geräts ausgenützt wird."

cc) Der Regierungsentwurf

Zu den überzeugungsbildenden Vorgängen der Hauptverhandlung gehört nicht die Urteilsverkündung. Damit hat es der BGH dem Ermessen des Vorsitzenden anheimgegeben, Rundfunk und Fernsehen zur Verkündung des Urteils einzulassen. Das Bundesjustizministerium hat denn auch ausdrücklich an der Rechtsprechung festgehalten und im Regierungsentwurf zur Reform des § 169 GVG formuliert: „Während des Ganges der Hauptverhandlung sind Rundfunk- und Fernsehaufnahmen unzulässig. Für die Verkündung des Urteils kann der Vorsitzende aus wichtigen Gründen Ausnahmen zulassen. Die Entscheidung ist nicht anfechtbar[79]."

Der Lösungsvorschlag der Regierung hat einerseits Gefallen gefunden ob seiner Behutsamkeit gegenüber den Belangen der Öffentlichkeit[80]. Andrerseits ist er auf herbe Kritik gestoßen: „... ausgerechnet für die Urteilsverkündung, also den Augenblick höchster seelischer Erregung, ja vielleicht eines völligen Zusammenbruchs, wird dem Vorsitzenden in einer ihm alle Verantwortung aufbürdenden Kann-Vorschrift die Möglichkeit gegeben, ‚aus wichtigen Gründen' von Fall zu Fall Rundfunk- und Fernsehaufnahmen zuzulassen. Schlimmer kann die Sache der Justiz nicht preisgegeben werden[81]."

Dagegen wird zu Recht eingewandt, daß die Tonaufnahmen des Rundfunks ja nur die Stimme des Vorsitzenden und das Raunen im Publikum festhalten; daß selbst die Bildaufnahmen des Fernsehens auf den sprechenden Richter beschränkt werden können. Das totale Aufnahmeverbot zeuge von kleinlichem Mißtrauen gegenüber der Justiz: „Sollte der Richter, der mit seinem Urteil über Schuld und Unschuld, über Freiheit, Vermögen und Zukunft des Angeklagten entscheidet, nicht auch Manns genug sein, um im Einzelfall gewissenhaft abzuwägen, ob er bei der Urteilsverkündung das Mikrofon zuläßt oder nicht[82]."

dd) Der neue § 169 GVG

Allen Warnungen zum Trotz haben Bundestag und Bundesrat — in „Übereifer und Perfektionismus"[82] — die Ausnahmeklausel des Regierungsentwurfs und darüber hinaus das klärende Wort „Hauptverhand-

---

[79] Vgl. *Kleinknecht,* Sonderdruck aus dem Bundesanzeiger, 22. 7. 1960, Nr. 139; vgl. auch *Dahs,* NJW 61, 1756. Da der Regierungsentwurf ausdrücklich von der „Hauptverhandlung" sprach, war klargestellt, daß das Verbot auf den Strafprozeß beschränkt sein sollte.

[80] *Von La Roche,* S. 64.

[81] Eberhard *Schmidt,* Die Sache der Justiz, S. 28; vgl. auch *Dahs,* NJW 61, 1757.

[82] *Von La Roche,* S. 64.

lung" gestrichen. Seit dem Inkrafttreten der kleinen Strafprozeßreform am 1. 4. 1965 ist daher die Diskussion nahezu erstorben[83], wenngleich die Probleme nicht gelöst sind.

(1) Für das Prozeßrecht ist bedeutsam, daß die Mißachtung des § 169 Satz 2 nunmehr als Verletzung einer Vorschrift über die Öffentlichkeit und damit sowohl nach § 338 Nr. 6 StPO als auch nach § 551 Nr. 6 ZPO als absoluter Revisionsgrund angesehen werden muß, während bisher jeweils konkret zu prüfen war, ob die Zulassung von Rundfunk und Fernsehen die Verteidigung[84] oder die Wahrheitsfindung[85] in solchem Maße beschränkt hat, daß das Urteil als darauf beruhend betrachtet werden konnte. Denn weder der absolute Revisionsgrund des § 338 Nr. 8 StPO war gegeben, weil die vom Vorsitzenden erteilte Ausnahmeerlaubnis lediglich eine sitzungspolizeiliche Maßnahme, also keinen die Verteidigung beschränkenden Gerichtsbeschluß im Sinne des § 338 Nr. 8 StPO darstellte[84]; noch waren die Vorschriften über die Öffentlichkeit verletzt, weil es sich nicht um eine unzulässige Beschränkung der Öffentlichkeit im Sinne des § 338 Nr. 6 StPO handelte, sondern „höchstens von einer Erweiterung der Öffentlichkeit gesprochen werden" konnte[84].

(2) Zur Rechtfertigung des neuen § 169 werden regelmäßig nur strafprozessuale Erwägungen vorgetragen. Auch der BGH hat bisher nur in Strafprozessen Anlaß gefunden, die Präsenz von Rundfunk und Fernsehen zu rügen. Die Publizität des Zivilprozesses ist dagegen so stark in den Hintergrund getreten, daß die gravierenden Beschränkungen der Berichterstattung, gefordert und erlassen zum Schutze der *Strafrechtspflege*, automatisch auch über den *Zivilprozeß* verhängt worden sind, ohne daß geprüft worden wäre, inwiefern die gelegentliche Zulassung von Rundfunk und Fernsehen die zivile Rechtspflege beeinträchtigt[86].

Die Neufassung des § 169 GVG gewinnt an Bedeutung, wenn man berücksichtigt, daß Verfahrensgesetze wie das Bundesverfassungsgerichtsgesetz (§ 17), die Bundesverwaltungsgerichtsordnung (§ 55) und das Gesetz über den Bayerischen Verfassungsgerichtshof (Art. 12 Abs. 1) sich ausdrücklich darauf beziehen. Diese Verweisungsnormen stimmen freilich nur insoweit mit dem Verfassungsprinzip der Publizität überein, als sie sich auf den Grundsatz der Öffentlichkeit im Sinne des Gebots eines Minimums beziehen (§ 169 Satz 1 GVG). Soweit sie aber § 169 Satz 2 —

---

[83] Die Rundfunkberichterstatter behelfen sich damit, daß sie Richter, Staatsanwalt und Zeugen im Anschluß an die Hauptverhandlung vor Mikrofon und Kamera befragen, Erfahrungsbericht, *v. La Roche*, Praktischer Journalismus, 1965, Nr. 80/81, S. 11.

[84] BGH NJW 57, 881.

[85] BGH NJW 61, 1781.

[86] Etwa im Rechtsstreit politischer Persönlichkeiten (vgl. Strauß-Augstein), wirtschaftlicher und publizistischer Unternehmen (vgl. VW—DM).

das Verbot eines Maximums — pauschal auf das Verfahren vor den Verfassungs- und Verwaltungsgerichten übertragen, verstoßen sie gegen das Publizitätsprinzip. So hat denn auch der Bayerische Verfassungsgerichtshof, als er am 28. 7. 1965 die Entscheidung über den Antrag des Abgeordneten Lallinger auf Zulassung eines Volksbegehrens verkündete, sowohl Rundfunk als auch Fernsehen Zugang verschafft[87].

(3) Mikrofon und Kamera sind nicht die einzigen Formen mittelbarer Öffentlichkeit. Wenn der Gesetzgeber sie nunmehr ausgeschlossen hat, so hat er nicht die Frage beantwortet, ob sich die Rechte der Allgemeinheit und die für das Gericht bestehenden Pflichten, wie behauptet wird[88], „in der Gewährung der unmittelbaren Öffentlichkeit" erschöpfen, oder ob das Gericht darüber hinaus Vorkehrungen treffen muß, die seine Publizität erhöhen. Es ist die Frage nach der Sonderbehandlung des Publizisten. Der Gesetzgeber hat in § 169 GVG nur gesagt, was im Bezug auf das Verfahren beachtet werde muß. Er hat nicht gesagt, was darüber hinaus im Bezug auf die freiheitliche demokratische Grundordnung unternommen werden muß. Und das sind zwei verschiedene Fragen. Wenn das Gericht das Verfahren ordnungsgemäß abgewickelt hat, so steht damit noch lange nicht fest, daß auch alles korrekt verlaufen ist, was das Gericht *bei Gelegenheit* des Verfahrens getan und unterlassen hat. Wenn ein Urteil der Revision standhält, dann heißt das nicht, daß auch die Ordnungsstrafen Rechtens sind, die während der Hauptverhandlung gegen Zeugen oder unbeteiligte Zuhörer ergangen sind. Es fiele niemanden ein, die Rechtmäßigkeit einer Ordnungsstrafe mit der Rechtmäßigkeit des Verfahrens zu begründen; ebenso unsinnig ist es, das Gebot der Publizität aus dem Revisionstatbestand „Öffentlichkeit" zu bestimmen.

Es kann daher nicht die Frage sein, wie weit der Öffentlichkeitsbegriff des § 169 GVG geht, sondern umgekehrt: wie weit die Öffentlichkeit durch § 169 GVG eingeschränkt werden kann, ohne daß der Gesetzgeber oder das befaßte Gericht gegen die Verfassung verstoßen. Die Formen mittelbarer Öffentlichkeit sind nicht „Reflexwirkung", liegen nicht jenseits der für die Allgemeinheit sich ergebenden Rechte und der für das Gericht bestehenden Pflichten. Es genügt nicht, daß das Gericht die Tü-

---

[87] *Von La Roche,* Bayerische Staatszeitung, 30. 7. 1965, Nr. 31, S. 2; vgl. Bayerischer Rundfunk, Chronik des Tages, 28. 7. 1965. Selbst der Vorsitzende des 1. Zivilsenats am Oberlandesgericht München hat im Rechtsstreit Strauß—Augstein am 28. 7. 1966 die Urteilsformel ins Rundfunkmikrofon gesprochen, vgl. Bayerischer Rundfunk, Chronik des Tages, 28. 7. 1966. (Bis zur Fertigstellung des Manuskripts hat sich die Gerichtspraxis contra legem dahin entwickelt, daß den Rundfunkberichterstattern jedenfalls bei der Urteilsverkündung Aufnahmen gestattet werden: vgl. *v. La Roche,* Praktischer Journalismus, Nr. 95, 1967, S. 8.)

[88] Vgl. BGH NJW 57, 881.

ren zum Gerichtssaal öffnet und es im übrigen dem Berichterstatter überläßt, darin Platz zu finden[89].

Auch praktische Erwägungen führen zu diesem Schluß. Bedenkt man nämlich, daß sensationsbegierige Hausfrauen und Rentner gerade bei den bedeutendsten Kriminalprozessen schon Stunden vor Sitzungsbeginn Schlange stehen, ja über die ganze Nacht das Justizgebäude belagern, dann sehen wir den Journalisten vor der traurigen Alternative: entweder in der Schlange zu warten oder auf die Berichterstattung zu verzichten[90]. 30 Rentner und 20 Hausfrauen, die das Rennen machen, sind dann die einzigen Repräsentanten der demokratischen Öffentlichkeit. Und was sie ihren Nachbarn über den Gang des Verfahrens berichten, das ist die Information des Staatsbürgers; die Information, der gerade in der Strafrechtspflege eine besondere Bedeutung zukommt: denn es ist die Gerichtsberichterstattung, die heute „für die Strafrechtspflege einen wesentlichen Teil dessen leistet, was man Generalprävention nennt“[91].

b) Publizität nicht öffentlicher Verhandlungen

Das Gebot mittelbarer Öffentlichkeit verbürgt dem Reporter Sitz- und Arbeitsplatz im Gerichtssaal. Und nicht nur im öffentlichen Verfahren, sondern grundsätzlich auch dann, wenn die Öffentlichkeit durch Gesetz oder auf Grund des Gesetzes ausgeschlossen ist.

Deshalb bestimmt § 175 Abs. 2 GVG: zu nicht öffentlichen Verhandlungen kann der Zutritt einzelnen Personen vom Gericht gestattet werden, wobei es einer Anhörung der Beteiligten nicht bedarf. Auf Grund des § 175 Abs. 2 GVG ist es theoretisch möglich, daß trotz Ausschlusses der Öffentlichkeit „einer so großen Zahl von Personen der Zutritt gestattet wird, daß die Hauptverhandlung im Ergebnis als öffentlich erscheint“[92]. Der Gesetzgeber hat also im GVG selbst schon vorgesehen, daß dort, wo unmittelbare Öffentlichkeit nicht durchgeführt werden kann, zumindest die Formen mittelbarer Öffentlichkeit zu beachten sind. Zwar wird vielfach nur der Verletzte, der nicht Verfahrensbeteiligter oder Zeuge ist, als Person des § 175 Abs. 2 GVG angesehen[93], aber es

---

[89] Vgl. Adolf *Arndt* (NJW 60, 424) gegen *Bockelmann* (NJW 1960, 218) und *Erdsiek* (NJW 60, 1049).

[90] Vgl. Brühne-Prozeß in München: um mit Sicherheit einen Platz für die am Montag, 10 Uhr, angesetzte Urteilsverkündung zu bekommen, haben sich bereits am Sonntagabend um 19.30 Uhr die ersten Interessenten vor dem Justizpalast angestellt, vgl. Süddeutsche Zeitung, 5. 6. 1962, Nr. 134, S. 14.

[91] *Jescheck*, S. 5; derselbe, ZStW 71 (1959), 6.

[92] Vgl. *Schwarz-Kleinknecht*, StPO, § 338, Anm. 7; vgl. RG St. 77, 186.

[93] *Schwarz-Kleinknecht*, GVG, § 175, Anm. 2.

besteht kein Zweifel, daß auch der Pressemann, der Schriftsteller oder andere Vertreter berechtigter Interessen zugelassen werden können. Das folgt nicht nur aus dem Wortlaut des § 175 Abs. 2 GVG, das bestätigen für den Ausschluß nach § 172 GVG auch § 184 b StGB und Art. III des Gesetzes vom 5. 4. 1888.

Das „kann" in § 175 Abs. 2 GVG bedeutet dabei nicht, daß das Gericht willkürlich verfahren darf: es muß nach den Umständen des Einzelfalles und unter sorgfältiger Abwägung der kollidierenden Interessen entscheiden, welches Maß mittelbarer Öffentlichkeit[94] dem Prozeß und seinen einzelnen Abschnitten[94] gerecht wird.

§ 175 Abs. 2 GVG bezieht sich auf alle nicht öffentlichen Sitzungen, also nicht nur, wie § 184 b StGB und Art. III des Gesetzes von 1888, auf solche Verhandlungen, in denen die Öffentlichkeit durch Gerichtsbeschluß ausgeschlossen oder beschränkt worden ist[95], sondern auch auf diejenigen Verfahren, die durch Gesetz nicht öffentlich sind[96]. Auch in diesen Fällen können unbeteiligte Personen und damit auch Vertreter der Presse zugelassen werden, wobei das Gericht freilich nach den besonderen Anforderungen des jeweiligen Verfahrens Zurückhaltung üben muß. So heißt es zu Recht in den Richtlinien für das Jugendstrafverfahren: „Entschließt sich der Vorsitzende, die Presse in der Hauptverhandlung zuzulassen, so wirkt er darauf hin, daß in den Presseberichten der Name des Jugendlichen nicht genannt, sein Lichtbild nicht veröffentlicht und nach Möglichkeit auch jede Angabe vermieden wird, die auf die Person des Jugendlichen hindeutet[97]."

Hält sich der Reporter nicht an die Direktiven des Vorsitzenden, dann kann er, da weder § 184 b StGB noch Art. III des Gesetzes von 1888 eingreift, zwar nicht zur Rechenschaft gezogen werden[98], doch wird der Vorsitzende gehalten sein, einen unzuverlässigen Reporter künftig von nicht öffentlichen Verhandlungen auszuschließen, wenn seine Anwesenheit den Schutz des Verfahrens nicht gewährleistet. Kann sich der Richter nicht entschließen, Pressevertreter zur Verhandlung zuzulassen, so muß er dennoch dem Grundsatz mittelbarer Öffentlichkeit Rechnung tragen. Er muß die Presse entweder persönlich oder über die Justizpressestelle durch „die Übersendung eines kurzen sachlichen Verhandlungsberichtes" informieren[99].

---

[94] Alle Journalisten, nur ein ausländischer Journalist, nur ein Schriftsteller usw. Für die Beweisaufnahme gelten andere Grundsätze als für die Urteilsverkündung, für die Urteilsbegründung andere als für den Urteilsspruch.

[95] Vgl. §§ 171 Abs. 1, 171 a, 172, 173 Abs. 2 GVG; §§ 109 Abs. 1 Satz 2, 48 Abs. 3 JGG.

[96] §§ 170, 171 Abs. 2 GVG. § 48 Abs. 2 Satz 2 muß gegenüber § 175 Abs. 2 GVG als lex specialis angesehen werden: nicht dem Gericht, sondern dem Vorsitzenden ist die Entscheidung vorbehalten.

[97] RiJGG zu § 48 JGG, Nr. 2.

[98] Nur wenn ein Schweigegebot ausdrücklich ausgesprochen worden ist (§ 174 Abs. 2 GVG), kann Art. II des Gesetzes von 1888 eingreifen.

[99] *Potrykus*, JGG, Anm. 5 b.

C. Grundsätze für die Interpretation des Art. 5 Abs. 1 GG

I. Ausgangspunkt

In diesem Abschnitt und in den folgenden Kapiteln geht es um die Frage, inwieweit die Staatsgewalt nicht nur im Interesse der Allgemeinheit, sondern auch im Interesse des einzelnen Individuums zu einem bestimmten Informationsverhalten verpflichtet ist. Es ist die Frage nach den verfassungsmäßigen subjektiven öffentlichen „Informationsrechten“: nach der Interpretation des Art. 5 Abs. 1 GG.

Ausgangspunkt ist dabei die Verfassungsentscheidung des GG für die Information des Individuums und für die Publizität staatlichen Handelns. Diese Leitidee bildet den Hintergrund, vor dem die einzelnen Rechtspositionen nunmehr darzustellen sind. Der Lösungsweg führt vom Allgemeinen zum Besonderen, von den Grundsätzen der Interpretation — in diesem Abschnitt — zu ihrer Nutzanwendung in den folgenden Kapiteln.

II. Der dogmatische Hintergrund des Art. 5 Abs. 1

Die Information des Individuums und die Publizität staatlichen Handelns ergeben einen Verfassungsgrundsatz, der im Demokratieprinzip der Art. 20 und 28 und im überpositiven Menschenwürdegehalt des Art. 1 Abs. 1 verankert ist. Dabei fordert das Demokratieprinzip im Interesse der Allgemeinheit, was Art. 1 Abs. 1 die Interessen des einzelnen nennt: die freie Entfaltung individueller Geistigkeit, die Freiheit der Information im Dienste der Denkfreiheit, freies Denken — „Mitdenken“ — des einzelnen als Ausdruck seiner menschlichen Würde und zugleich als Lebenselement der demokratischen Gemeinschaft.

(1) Die innere Geistesfreiheit — die Denkfreiheit, Entschlußfreiheit, Urteilsfreiheit[1], die Freiheit geistiger Selbstbestimmung, „vielfach schlechthin als ‚Meinungsfreiheit‘ bezeichnet“[2] — steht denn auch im Mittelpunkt der Grundrechtsidee; sie ist, so Ridder, „Kernstück für die Zwecke der Erstellung einer Ordnung und einer Werthierarchie unter den Freiheitsrechten“[3].

Dennoch suchen wir vergeblich in den historischen Grundrechtskatalogen nach einer ausdrücklichen Normierung dieser Denkfreiheit. Es widersprach den Vorstellungen der Aufklärung und des Naturrechts,

---

[1] Vgl. *Ridder*, Meinungsfreiheit, S. 245.

[2] *Ridder*, Meinungsfreiheit, S. 245; *v. Mangoldt-Klein*, S. 237; *Wernicke*, BK, Art. 5, II, 2 a und 3 a; *Hamann*, S. 105. „Meinen“ in der Bedeutung: seine Gedanken auf etwas richten, im Sinn haben, vgl. Duden, Etymologie, S. 432.

[3] *Ridder*, Meinungsfreiheit, S. 245.

dem Menschen eine Freiheit zu verbürgen, in der er geboren wird und die er auch nicht verliert, wenn er „äußerlich in Fesseln" ist[4]. Nach dieser Konzeption gab es keine *unmittelbaren* Eingriffe in die individuelle Geistesfreiheit; also konnten verfassungskräftige Garantien nur dort sinnvoll sein, wo es galt, *mittelbare* Beeinträchtigungen abzuwehren[4].

Es mag dahinstehen, ob diese Vorstellungen dem Bild unserer Zeit noch gerecht werden, ob nicht „in unserem Jahrhundert, nach dem perversen Einbruch der Technik in die leib-seelisch-geistigen Zusammenhänge der menschlichen Persönlichkeit"[5], ob nicht mit den Mitteln der Massenpsychologie und nach den Ergebnissen der Verhaltensforschung *unmittelbare* Eingriffe möglich geworden sind. Jedenfalls gilt allgemein auch heute noch der Grundsatz, daß die innere Geistesfreiheit staatlichen Normierungen regelmäßig unzugänglich sei, daß sie als natürliche Freiheit „rechtlich nicht faßbar"[6] sei, wie sich denn auch heute noch kaum eine Verfassung findet, die diese Freiheit formuliert[7]. Darüber sollte man aber nicht vergessen, daß die rechtlich nicht faßbare innere Geistesfreiheit jedenfalls insoweit *mittelbaren* Einwirkungen ausgesetzt ist, als das Individuum sich — in der Ausübung seiner inneren Geistesfreiheit — mit der Außenwelt integriert. Spätestens in dieser Phase, in der das Individuum geistige Wirkungen nach außen abgibt und geistige Wirkungen von außen aufnimmt, wird seine geistige Freiheit auch rechtlich faßbar. Diejenigen Normen einer Verfassung, die schon Carl Schmitt zutreffend die „Freiheitsrechte des Einzelnen in Verbindung mit anderen Einzelnen"[8] genannt hat, sind die Einsatzpunkte des Verfassungsgebers zur Abwehr aller *mittelbaren* Einwirkungen auf die innere Freiheit des Menschen. Diese Normen aber treten damit — in der dogmatischen Betrachtung — aus ihrer Isolierung heraus und erscheinen in dem größeren Zusammenhang, in dem „die Freiheiten des Innenlebens" zur Freiheit „seiner Kundgabe"[9] stehen; sie bilden einen von „mehreren konzentrischen Ringen", die sich „um die als Mittelpunkt zu denkende subjektive Geistesfreiheit legen"[10]. Für die Interpretation aber bedeutet das: soweit

---

[4] *Ridder*, Meinungsfreiheit, S. 245 f.

[5] *Ridder*, Meinungsfreiheit, S. 246.

[6] *Giacometti*, S. 346.

[7] Lediglich Art. 18 der UN-Deklaration vom 10. 12. 1948 und Art. 9 der Europa-Konvention vom 4. 11. 1950 sprechen im Zusammenhang mit der Gewissens- und Religionsfreiheit auch von der Gedankenfreiheit: „freedom of thought" neben „freedom of conscience and religion". Vgl. auch Art. 19 JapanV; *Ridder*, Meinungsfreiheit, S. 246 (FN 11).

[8] *Schmitt*, Verfassungslehre, S. 170.

[9] *Maunz* (Staatsrecht, S. 106) überschreibt den die Art. 4, 5 und 8 umfassenden Abschnitt zutreffend: die Freiheiten des Innenlebens und seine Kundgabe.

[10] Vgl. *Ridder*, Meinungsfreiheit, S. 246; Ridder unterscheidet die Rechte auf körperliche Unversehrtheit, auf Leben und Gesundheit, auf körperliche Bewegungsfreiheit usw. als erste Gruppe von den Grundrechten des Individuums,

ihre Formulierung in der Verfassungsurkunde zu Zweifeln Anlaß gibt, muß der Interpret sie *aus ihrer Zuordnung* zu erklären suchen.

(2) Dem GG ist dieser Zusammenhang nicht fremd. In Art. 4 Abs. 1 stellt es die Freiheit des Glaubens und des Gewissens neben die Freiheit des religiösen und weltanschaulichen Bekenntnisses; es macht damit deutlich, daß sich die Freiheit des im Innern wirkenden Glaubens und Gewissens (confiteri) manifestiert in der Freiheit des nach außen wirkenden religiösen und weltanschaulichen Bekenntnisses[11].

Glauben und Gewissen sind — solange sie nicht nach außen in Erscheinung treten — nicht mehr und nicht weniger beeinflußbar, nicht mehr und nicht weniger mittelbaren oder unmittelbaren Eingriffen ausgesetzt und „rechtlich faßbar", als die innere Geistesfreiheit, die Denk- oder Meinungsfreiheit es ist. Wie daher auch die Bekenntnisfreiheit aus der Freiheit des Glaubens und des Gewissens zu bestimmen ist: nichts anderes also darstellt als die Freiheit, das religiöse und weltanschauliche Innenleben, Glauben und Gewissen sowie die darauf beruhenden Entscheidungen in die Umwelt hineinzutragen, sie an sie kundzugeben, vor ihr zu verbergen[12] oder von ihr aufzunehmen — ebenso ist das „Recht der freien Meinungsäußerung" und das Recht, „sich aus allgemein zugänglichen Quellen ungehindert zu unterrichten" aus der Freiheit des Denkens zu erklären: es ist nichts als das Recht, das innere „Denken" und „Meinen" nach außen wirken zu lassen und Wirkungen von außen aufzunehmen[13]. „Sich im Denken orientieren" nennt *Kant* diesen Vorgang, von dem es bei ihm heißt: „Zwar sagt man: die Freiheit zu sprechen oder zu schreiben könne uns zwar durch obere Gewalt, aber die Freiheit zu denken durch sie gar nicht genommen werden. Allein wieviel und mit welcher Richtigkeit würden wir wohl denken, wenn wir nicht gleichsam in Gemeinschaft mit anderen, denen wir unsere und die uns ihre Gedanken mitteilen, dächten! Also kann man wohl sagen, daß diejenige äußere Gewalt, welche die Freiheit, seine Gedanken öffentlich mitzuteilen, den Menschen entreißt, ihnen auch die Freiheit zu denken nehme[14]."

Freies Denken ist „kommunizierendes Denken", es ist das Denken, das sich im Geben und Nehmen von Informationen manifestiert. Das „In-

---

„die seine materiellen und wirtschaftlichen Daseinsrequisiten, z. B. das Privateigentum, schützen", diese wiederum von einer dritten Gruppe, deren Besonderheit Ridder eben darin findet, „daß sie tatbestandsmäßig von vornherein eine besondere Beziehung zwischen mindestens zwei Individuen" voraussetzen (S. 248).

[11] Vgl. *Maunz*, Staatsrecht, S. 106.

[12] Vgl. BVerfG, 8. 11. 1960: NJW 1961, 211.

[13] Ein „lautes", vernehmbares, vernommenes Denken: vgl. *Ridder*, Meinungsfreiheit, S. 248.

[14] *Kant*, „Was heißt: Sich im Denken orientieren?", *Wenke*, S. 31.

formieren", die „Information" als Vorgang, als das allseitige Geben und Nehmen geistiger Wirkungen, als der Prozeß der geistigen Kommunikation — das ist die Gesamtschau, an der sich die Interpretation des Art. 5 Abs. 1 orientieren muß.

III. Folgerungen für den Inhalt der Freiheitsverbürgung

1. Das Grundrecht umfaßt das Geben und das Nehmen

Aus der Gesamtschau folgt zunächst, daß die Freiheitsverbürgung des Art. 5 Abs. 1 überall dort Barrieren errichtet, wo die — an sich rechtlich nicht faßbare — innere Geistesfreiheit *mittelbaren* Eingriffen ausgesetzt ist. Das freie Denken wird durch Maßnahmen gegen das freie Äußern ebenso beeinträchtigt wie durch Beschränkungen des freien Informationsempfangs. Dem Recht des freien Gebens auf der Seite des informierenden Individuums entspricht daher notwendig auf der Seite des *sich* informierenden Individuums das Recht des freien Nehmens, das „Recht der unbehinderten Selbstinformation"[15] oder — wie es allgemein heißt[16] — die eigentliche *„Informationsfreiheit"*. Sie bildet neben der Meinungsäußerungs- und Pressefreiheit *(Äußerungsfreiheit)* den zweiten Bestandteil des in Art. 5 Abs. 1 normierten Grundrechts und teilt mit ihm die Natur des vorstaatlichen Menschenrechts[17].

In der Literatur wird das Recht des freien Nehmens, wie Art. 5 Abs. 1 S. 1 es formuliert, vielfach als etwas völlig Neues dargestellt. So heißt es, erst „die Bedeutung der Massenpublikationsmittel" habe dazu geführt, „daß in das Grundrecht der freien Meinungsäußerung die sogenannte Informationsfreiheit eingebaut worden ist"[18], die Informationsfreiheit sei zu der bereits in der Weimarer Verfassung garantierten Meinungsfreiheit „im GG hinzugetreten"[19]. Sie wird als „eine wichtige Ergänzung und Erweiterung der Meinungsfreiheit"[20] bezeichnet, als „ergänzendes" und „neues" Grundrecht[21], ja als eine „neuartige Erscheinung in der Geschichte der Grundrechte"[22].

---

[15] *Maunz*, Staatsrecht, S. 92.

[16] Vgl. z. B. *v. Mangoldt-Klein*, S. 241; *Löffler*, NJW 1964, 2277; Hans *Schneider*, NJW 1961, 53 ff.; *Konow*, NJW 1961, 397; *Wenkebach*, NJW 1962, 2094 (bei FN 5); vgl. *Ridder*, Meinungsfreiheit, S. 249 u. 265; *Ermacora*, S. 341 ff. Vgl. auch *Scholtissek*, NJW 1952, 561 ff. Im übrigen BVerfG (19. 2. 1963), NJW 1963, 755; BayVerfGH VRspr. 10, 269 (274); OLG Hamburg, NJW 1962, 1633; BVerwG, DVBl. 1966, 575 f.

[17] Vgl. z. B. *Löffler*, NJW 1964, 2277.

[18] *Ermacora*, S. 341.

[19] *Scholtissek*, NJW 1952, 562; vgl. auch *Löffler*, NJW 1961, 529 f.

[20] *Löffler*, Kommentar, S. 68 (RN 28); vgl. auch *Scholtissek*, NJW 1952, 561.

[21] *Maunz*, Staatsrecht, S. 108; *v. Mangoldt-Klein*, S. 241.

[22] *Löffler*, NJW 1964, 2277; *v. Mangoldt-Klein*, S. 241.

In Wirklichkeit ist dieses Recht — ein vorstaatliches Menschenrecht![23] — nicht neu; neu ist vielmehr nur der Umstand, daß das Grundgesetz im Gegensatz zur Weimarer Verfassung die Informationsfreiheit ausdrücklich in seinem Wortlaut aufgenommen hat[24]. Dies ist geschehen, weil die Väter des GG es haben erleben müssen, wie ein totales Regime gerade über die Drosselung des Informationsempfangs — insbesondere über das Verbot, ausländische Rundfunksendungen abzuhören und ausländische Zeitungen zu beziehen — verhängnisvoll Einfluß genommen hat auf das freie Denken der Individuen.

Aus diesem Zusammenhang heraus muß der Terminus „sich aus allgemein zugänglichen Quellen ungehindert zu unterrichten" interpretiert werden. Mit diesen Worten hat der Verfassungsgeber nur diejenige Gefährdungssituation angesprochen, die nach den Erfahrungen der jüngsten Vergangeheit und nach dem Stand der technischen Entwicklung als *schlechthin typisch* angesehen werden mußte. Die Verfassung untersagt damit ausdrücklich nur ein *Maximum*, die intensivste Form möglicher staatlicher Einwirkungen; umgekehrt aber heißt das: die Verfassung formuliert mit diesem Terminus nur ein *absolutes Minimum* des freien Informationsempfangs und überläßt es der Interpretation, das *mögliche Maximum* der Freiheitsausübung aus den Umständen des Einzelfalles zu bestimmen. Dieser Grundsatz ist bedeutsam für die Darstellung der Informationsfreiheit im 4. Kapitel.

2. Das Grundrecht umfaßt alles, was „gegeben" und „genommen" werden kann

Was die Gegenstände des Informationsaustausches betrifft, so können die Worte „Meinung" und „Berichterstattung" nicht isoliert und nicht grammatisch interpretiert werden. Die Funktion des Grundrechts als ein Schutzwall gegen alle mittelbaren Einwirkungen auf die individuelle Geistigkeit läßt es als selbstverständlich erscheinen, daß grundsätzlich alles in Freiheit „gegeben" und „genommen" werden kann, was „denkbar" ist: was nach den Mitteln des menschlichen Geistes artikuliert werden kann. Im 3. Kapitel wird sich zeigen, daß dieser Grundsatz mit der seit einem halben Jahrhundert — bis in die Gegenwart — herrschenden Lehre kollidiert, derzufolge auch verfasungsrechtlich die *„Meinung"* von der *„Nachricht"* zu trennen sei und *nur* die Presse, nur der Rundfunk und nur der Film auch in der Nachrichtenübermittlung oder „Berichterstattung" dem Schutz der Verfassung unterliege (3. Kapitel B II).

---

[23] Vgl. *Löffler*, NJW 1964, 2277.

[24] Vgl. *Ridder*, Meinungsfreiheit, S. 275.

3. Das Grundrecht umfaßt das Geben und Nehmen mit allen Mitteln

Es ist keine neue Erkenntnis, daß der Terminus *„Wort, Schrift und Bild“* exemplarisch alle möglichen Formen der Übertragung geistiger Wirkungen bezeichnet, daß er also gegenüber Art. 118 WV — „Wort, Schrift, Druck, Bild oder in sonstiger Weise“ — keine Einschränkung bringt[25]. Wenn wir aber davon ausgehen, daß sich das freie geistige Wirken als Manifestation des freien Denken darstellt, so besagt diese Wendung des Art. 5 Abs. 1 S. 1 darüber hinaus: die Freiheit der Form schließt mit ein die Freiheit, *beliebig intensiv* zu wirken. Ob der einzelne privat oder öffentlich informiert, ob er es in der freien Rede oder durch den Druck unternimmt, ob er es gelegentlich oder regelmäßig tut, ob er mit Handzetteln an die Öffentlichkeit tritt oder sich in den Spalten der — politischen periodischen — Presse vernehmen läßt: in welcher Intensität er sich auch immer am Kommunikationsgeschehen beteiligt, in welchem Maße er auch immer die dem Grundrecht zugrundeliegenden Werte realisiert, aus der Intensität *allein* sollen ihm keine zusätzlichen Nachteile und Hindernisse erwachsen[26].

Je intensiver die Beteiligung, desto größer und schwerfälliger ist regelmäßig auch der Apparat, dessen sich der einzelne bedienen muß: desto größer ist aber auch die Angriffsfläche für staatliche und private Einwirkungen. Deshalb muß der Staat garantieren, daß das *gedruckte* Wort trotz der ungleich schwierigeren Bedingungen möglichst ebenso frei an die Öffentlichkeit dringen kann, wie es etwa bei der improvisierten Versammlungsrede selbstverständlich ist. Der Tenor lautet also: nicht die *„Privilegierung“* der Presse, des Rundfunks, des Films ist zu besorgen, sondern ihre *Gleichstellung* mit den weniger schwerfälligen und daher weniger manipulierbaren Kommunikationsformen. Aus dieser Perspektive ergeben sich Gesichtspunkte, die in der Diskussion um das Wesen der Pressefreiheit zu verwerten sind (3. Kapitel B I und III).

---

[25] In Rechtsprechung und Lehre unbestritten, vgl. *Löffler*, Kommentar, S. 67 (RN 25).

[26] Doch kann z. B. der Umstand der *öffentlichen* Verbreitung für den Fall eines *unerlaubten Inhalts* straferschwerend oder sogar strafbegründend wirken (vgl. §§ 186, 187 StGB). Ebenso sind Beschränkungen zum Schutz privater Dritter denkbar, wie etwa die Normierung des Berichtigungsanspruchs und des Anspruchs auf Gegendarstellung im Presserecht. Dagegen sind ausgeschlossen alle Sonderbeschränkungen, etwa wie § 143 Abs. 2 der Reichsverfassung vom 28. 3. 1849 sie zusammenfaßt: „Die Pressefreiheit darf unter keinen Umständen und in keiner Weise durch vorbeugende Maßnahmen, namentlich Zensur, Konzessionen, Sicherheitsbestellungen, Staatsauflagen, Beschränkungen der Druckereien oder des Buchhandels, Postverbote oder andere Hemmungen des freien Verkehrs beschränkt, suspendiert oder aufgehoben werden.“

4. Die Natur des Grundrechts schließt ein subjektives öffentliches Recht auf Information nicht aus

Wenn die Denkfreiheit der eigentliche Wert ist, den das Grundrecht des Art. 5 Abs. 1 realisiert, so verschieben sich auch die Grenzen, die dem Grundrecht durch die Natur des Freiheitsrechts und durch die Kriterien des status negativus gesetzt sind. Wer das Recht des freien Gebens und Nehmens isoliert betrachtet, sieht die Staatsgewalt nur insoweit gebunden, als sie den freien Informationsaustausch achten und gegebenenfalls schützen muß: ein subjektives öffentliches Recht auf Information aber ist danach ausgeschlossen, es erscheint als unvereinbar mit dem Wesen des Freiheitsrechts[27]. Wenn wir dagegen die Rechte des Art. 5 Abs. 1 aus ihrer Zuordnung, aus den wertbestimmenden Maßstäben des freien Denkens und des freien geistigen Wirkens begreifen, macht es zumindest rechtstechnisch keine Schwierigkeiten, ein subjektives öffentliches Recht *auf* Information mit der Achtungspflicht des Staates und damit unmittelbar aus Art. 5 Abs. 1 zu begründen, ein Umstand, der im 5. Kapitel — für die Diskussion um den „Auskunftsanspruch" — zu berücksichtigen sein wird.

IV. Folgerungen für die Schranken der Freiheitsausübung

1. Ausgangspunkt

Die Rechte des Art. 5 Abs. 1 finden ihre Schranken „in den Vorschriften der allgemeinen Gesetze, den gesetzlichen Bestimmungen zum Schutze der Jugend und in dem Recht der persönlichen Ehre". Die Formulierung dieses Gesetzesvorbehalts hat zahlreiche Probleme aufgeworfen; in ihrem Mittelpunkt stehen die beiden Fragen: was sind die Kriterien der „allgemeinen Gesetze" und wie sind die gegenseitigen Beziehungen zwischen Grundrecht und dem beschränkenden Gesetz? Für die erste Frage ist die Formel bekanntgeworden, derzufolge den Anforderungen des Art. 5 Abs. 2 alle Gesetze entsprechen, „die sich nicht gegen die Äußerung der Meinung als solche richten, die vielmehr dem Schutz eines schlechthin, ohne Rücksicht auf eine bestimmte Meinung, zu schützenden Rechtsgutes dienen, dem Schutze eines Gemeinschaftswertes, der gegenüber der Betätigung der Meinungsfreiheit den Vorrang hat"[28]. Für die zweite Frage gilt die Feststellung des BVerfG, wonach zwischen dem Grundrecht und dem allgemeinen Gesetz eine Wechselwirkung in dem

---

[27] Vgl. *v. Mangoldt-Klein*, S. 240.

[28] BVerfGE 7, 209 f. mit zahlreichen Hinweisen; im einzelnen kann und soll auf den Meinungsstreit hier nicht eingegangen werden (vgl. *Groß*, DVBl. 1966, 562 f.). Vgl. BVerfG, 4. 4. 67 (NJW 67, 976), wonach dem § 37 II 3 AVAVG die Natur eines „allgemeinen Gesetzes" abgesprochen wird (Verbot der Veröffentlichung ausländischer Stellenangebote).

Sinne stattfindet, „daß die ‚allgemeinen Gesetze' zwar dem Wortlaut nach dem Grundrecht Schranken setzen, ihrerseits aber aus der Erkenntnis der wertsetzenden Bedeutung dieses Grundrechts im freiheitlichen demokratischen Staat ausgelegt und so in ihrer das Grundrecht begrenzenden Wirkung selbst wieder eingeschränkt werden müssen"[29]. In beiden Fällen führt also der Lösungsweg auf das weite Feld der *Güterabwägungslehre:* die Umstände des Einzelfalles entscheiden über den Vorrang der einen oder anderen Interessen[30].

Freilich hat das BVerfG wertvolle Kriterien geliefert, an denen sich die Güterabwägung orientieren muß, insbesondere hat es immer wieder die *Interessen der Allgemeinheit* an der Publizität eines Kommunikationsbeitrages und damit die Bedeutung der von den Massenkommunikationsmitteln ausgehenden geistigen Wirkungen in den Vordergrund gestellt[31]. Damit aber hat das BVerfG das „Element der Unsicherheit"[32], mit dem der Durchgriff auf die Verfassung nun einmal belastet ist, nicht ausgeräumt oder auf ein für den Rechtsalltag erträgliches Maß zurückgedrängt.

Diese Aufgabe kann auch die vorliegende Arbeit nicht erfüllen: die Probleme des Art. 5 Abs. 2 liegen nicht im Zielgebiet dieser Untersuchung, der es nur um das systematische Verständnis des Art. 5 Abs. 1 geht. Jedoch ergeben sich aus der Zuordnung des Grundrechts einige Hinweise, die der praktischen Handhabung der Güterabwägungslehre dienlich sind. Sie interessieren uns um so mehr, als sie ihrerseits wiederum das Verständnis des Art. 5 Abs. 1 erleichtern.

2. Die individualrechtliche Zielsetzung des Art. 5 Abs. 1

Die allgemeine Begeisterung für die besondere Funktion der Massenkommunikationsmittel im demokratischen Staat mag dafür ursächlich geworden sein, daß heute — wie im einzelnen noch darzustellen sein wird[33] — die individualrechtlichen Konturen des in Art. 5 Abs. 1 normierten Grundrechts mehr und mehr zu verschwimmen drohen. Weder in der Rechtsprechung des BVerfG noch in der Literatur wird heute genügend berücksichtigt, daß dieses Freiheitsrecht derjenigen Gattung von Grundrechten angehört, die dort ihren Standort haben, wo das Einzelwesen seine innere Freiheit in der Umwelt realisiert: es sind die „Freiheitsrechte des Einzelnen in Verbindung mit anderen Einzelnen"[34],

---

[29] BVerfGE 7, 207 ff.; 12, 124 f.

[30] Vgl. insbesondere BVerfGE 7, 210 f.; *Maunz,* Staatsrecht, S. 108 f.

[31] Vgl. als Beispiel: BVerfGE 7, 211 f.; BVerfGE 12, 132.

[32] Vgl. *Bachof,* JZ 1966, 12.

[33] Vgl. 3. Kapitel, B II.

[34] Carl *Schmitt,* Verfassungslehre, S. 170; vgl. oben C II.

sie setzen „tatbestandsmäßig von vornherein eine besondere Beziehung zwischen mindestens zwei Individuen“ voraus[35].

Was Art. 5 Abs. 1 betrifft, so ist „Motiv und Sinn“ dieses Grundrechts seine „soziale gruppenbildende Funktion“[36]. Für die *Äußerungsfreiheit*[37] bedeutet das, daß die geistige Wirkung nach außen, in welcher Intensität sie sich auch immer entfaltet, primär immer ein Stück individueller Selbstbestimmung ist. Die geistige Wirksamkeit des Individuums — bis zur Stufe des *öffentlichen „Mitdenkens“* — bleibt auch dann ein Ausdruck individueller Geistigkeit, wenn die Interessen des Individuums mit denen der Allgemeinheit identisch sind. Das Individuum nimmt dann freilich Interessen der Allgemeinheit wahr, aber es handelt dabei nicht als „Funktionär“ der Allgemeinheit, sondern im ureigenen Interesse[38]. Die Bedeutung der Individualität für die Allgemeinheit ändert nichts am Wesen der Individualität. Schon aus diesem Grunde wird man der heute herrschenden Lehre von der „institutionellen Garantie“ der Pressefreiheit mit Skepsis begegnen müssen (3. Kapitel C); aber auch für die Begründung des subjektiven öffentlichen Rechts auf Information wird diese individualrechtliche Konzeption des Art. 5 Abs. 1 bedeutsam sein (5. Kapitel B II).

3. Die individuelle geistige Selbstbestimmung als Kriterium der Güterabwägung

Die Bezogenheit eines Kommunikationsbeitrages auf die Belange der Allgemeinheit ist sicher ein brauchbares Kriterium für die Abwägung der kollidierenden Rechtsgüter. Doch sollten die Interessen der Allge-

---

[35] *Ridder*, Meinungsfreiheit, S. 248.

[36] *Smend*, VVDStRL 4, 50.

[37] Bei der *Informationsfreiheit*, dem zweiten Bestandteil des Grundrechts, ist die individualrechtliche Zielsetzung im Grunde nie ernsthaft bestritten worden.

[38] Bezeichnend die Entwicklung der Rechtsprechung zu § 193 StGB. Das RG hat in st.Rspr. entschieden, daß der Journalist, der öffentliche Angelegenheiten erörtert, keine berechtigten Interessen wahrnehme (erstmals RG St. 26, 76, vgl. *Löffler*, Kommentar, S. 570 ff., *Schönke-Schröder*, § 193, RN 15). Heute kann er sich nach allgemeiner Ansicht auf § 193 „nicht nur berufen, wenn er zu der behandelten Angelegenheit in einer persönlichen oder sonst nahen Beziehung steht, sondern... auch dann, wenn er über Angelegenheiten berichtet, an denen ein ernsthaftes Informationsinteresse der *Öffentlichkeit* besteht, was insbesondere bei der Erörterung politischer Angelegenheiten der Fall ist“, Schönke-Schröder a.a.O., BGHZ 31, 308. *Richtig muß es aber heißen:* der Bürger — und nicht nur der Journalist oder „die Presse“ — steht zu einer Angelegenheit regelmäßig schon dann in einer persönlichen oder sonst nahen Beziehung, wenn ihre Erörterung für die Allgemeinheit von besonderer Bedeutung ist; die Interessen der Allgemeinheit sind dann identisch mit seinen eigenen Interessen, so jetzt BGH, 1 StR 478, 62 in NJW 1963, 665 ff. (667); vgl. auch E 1962, Begründung, S. 321; Richard *Schmid*, Deutsche Presse, S. 232; *Rehbinder*, S. 125 f.; derselbe NJW 63, 1388 und DVBl. 66, 560; *Dovifat*, S. 112 f. Dazu unten 3. Kapitel B III, 5. Kapitel B II 2 bei FN 55.

meinheit jeweils erst dann in die Waagschale geworfen werden, wenn die beteiligten Individualinteressen als zu leicht befunden werden.

Der Maßstab, den die individualrechtliche Konzeption des Art. 5 Abs. 1 dem Interpreten an die Hand gibt, ist leicht zu finden, wenn man das freie Geben und Nehmen von Informationen als Manifestation der geistigen Freiheit begreift. Daraus nämlich folgt, daß zwei Ebenen sich voneinander abheben: die rechtlich nicht oder nur schwerlich faßbare innere geistige Selbstbestimmung und die sich im sozialen Raum vollziehende Freiheit des Gebens und Nehmens. Aus der Zuordnung der „äußeren" zur „inneren" Freiheit ergibt sich eine Dynamik, die in etwa vergleichbar ist mit dem Gefälle, das nach der Systematik des BVerfG zwischen Berufsausübung und Berufswahl in Art. 12 Abs. 1 besteht. Dieser Vergleich bedeutet nicht, daß die innere Geistesfreiheit als rechtlich verbindliche Normierung angesehen werden soll, wie die Freiheit der Berufswahl nach dem Wortlaut des Art. 12 Abs. 1 es ist. Die innere Freiheit soll nur insoweit in den Bereich des rechtlich Faßbaren überstrahlen, als sie die Richtung markiert, in der sich die Konturen des Grundrechts immer weiter zu einem Wesensgehalt verdichten. Das heißt: je mehr sich Eingriffe in die Rechtspositionen des Art. 5 Abs. 1 — wenn auch nur mittelbar — auf die innere Denkfreiheit oder Entschlußfreiheit auswirken, desto gewichtiger müssen die sie rechtfertigenden öffentlichen oder privaten Interessen sein.

Das BVerfG hat den seinem Apothekenurteil zugrundeliegenden Rechtsgedanken erst kürzlich in der Entscheidung zum Sammlungsgesetz für das Verständnis des Art. 2 Abs. 1 herangezogen; es sagt darin: „Je mehr der gesetzliche Eingriff elementare Äußerungen der menschlichen Handlungsfreiheit berührt, um so sorgfältiger müssen die zur Rechtfertigung vorgebrachten Gründe gegen den grundrechtlichen Freiheitsanspruch abgewogen werden[39]." Diese Feststellungen des BVerfG werden zu Recht „die Rezeption des Apothekenurteils für die Allgemeine Handlungsfreiheit"[40] genannt. Die Systematik des Art. 12 Abs. 1 — nämlich einerseits die *Berufswahl* als ein Akt der Selbstbestimmung, des freien Willensentschlusses, des individuellen Innenraumes, andrerseits die *Berufsausübung*, mit der das Individuum „unmittelbar in das soziale Leben"[41] eingreift — läßt sich dem Grunde nach auf alle Freiheitsrechte übertragen, deren Bedeutung eben darin liegt, daß sie das Individuum als das zoon politikon begreifen, als das menschliche Wesen, das die Werte seiner Persönlichkeit letztlich nur in seiner Integration realisieren kann.

---

[39] BVerfG: NJW 1966, 1652.

[40] *Rupp*, NJW 1966, 2040.

[41] Vgl. BVerfG: NJW 1958, 1037.

4. Die „Stufentheorie" im Bereich des Art. 5 Abs. 1

Wir unterscheiden daher auch für Art. 5 Abs. 1 die Phase der im Innenbereich wirkenden individuellen geistigen Selbstbestimmung von der Phase, in der diese individuelle geistige Selbstbestimmung — sich manifestierend — auf das soziale Leben übergreift (Außenwirkung). Die Eingriffsbefugnis ist nur um der Außenwirkung willen gegeben: d. h. Eingriffe — seien sie mittelbar oder unmittelbar, durch Gesetz oder aufgrund eines Gesetzes — sind allenfalls aus Gesichtspunkten der Außenwirkung zulässig. Die staatliche Eingriffsbefugnis ist danach um so freier, je weniger die — sich im freien Denken aktualisierende — individuelle Selbstbestimmung betroffen wird; sie ist um so enger begrenzt, je tiefer sie die elementaren Akte der individuellen Geistigkeit berührt.

Zum Vergleich: die Freiheit der *Berufswahl* ist die Freiheit der Entscheidung über den Eintritt in den Beruf, die Fortsetzung oder die Beendigung seiner Ausübung[42]. Es ist die Entscheidung über das *Ob* der Berufsausübung. Ebenso wie die Berufswahl der Berufsausübung vorausgeht, so ist der Freiheit des Art. 5 Abs. 1 die Freiheit der Entscheidung über das *Ob* des Gebens oder Nehmens vorgeschaltet, wobei dieses Ob jede Form der Ausübung, typische wie untypische Betätigungen, erfaßt. Zur Entscheidung über das Ob gehört also die Entscheidung: ob Informationen gegeben und genommen werden, ob die eine oder die andere Information gegeben oder genommen wird, ob es in dieser oder in jener Form, in dieser oder jener Intensität geschehen soll.

Alle Eingriffe in die Freiheit über das Ob sind Eingriffe in die Phase der inneren Selbstbestimmung; sie gehören daher bereits der zweiten Intensitätsstufe an und sind nur dann zulässig, wenn sie erstens mit Rücksicht auf die Außenwirkung eines Informationsaktes und zweitens mit Rücksicht auf den Schutz besonders wichtiger Gemeinschaftsgüter oder bedeutender Privatinteressen zwingend erforderlich sind.

a) Folgen für die Äußerungsfreiheit

Soweit ein Informationsbeitrag begonnen hat, über den Individualbereich hinaus in den sozialen Raum zu wirken[43], sind staatliche Maßnahmen zulässig, wenn sachliche Gründe vorliegen. Soweit aber ein Informationsbeitrag sich noch im Stadium der *Vorbereitung* befindet, solange also die daran beteiligten Individuen noch nicht verbindlich über das *Ob* entschieden haben — der Verfasser noch die eine oder andere Passage ändern, der Redakteur noch redigieren, der Herausgeber, der

---

[42] BVerfGE 7, 401.

[43] Etwa mit dem Beginn der Verbreitung einer Druckschrift.

Verleger noch die Rotationsmaschinen stoppen kann: solange sich also die Willensbildung noch in einer Phase befindet, in der sie unmittelbar noch keine Wirkungen auf den sozialen Raum ausstrahlt, sind staatliche Maßnahmen unzulässig; sie können ausnahmsweise nur dann gerechtfertigt sein, wenn mit Sicherheit feststeht: die unmittelbar bevorstehenden Außenwirkungen würden für den Fall ihrer Realisierung besonders wichtige Gemeinschaftsgüter oder vorrangige Interessen anderer Grundrechtsträger in einem Maße beeinträchtigen, daß die zu erwartenden Nachteile gegenüber dem Schutz der individuellen Entschließungsfreiheit außer jedem Verhältnis stehen.

Diese Differenzierung läuft praktisch auf die dem Presserecht eigentümliche Unterscheidung[44] in repressive und präventive Maßnahmen hinaus. *Repressive* Maßnahmen bewegen sich danach regelmäßig im Bereich der ersten Intensitätsstufe, sie sind daher regelmäßig zulässig, wenn sachliche Gründe vorliegen. Dagegen erreichen *präventive* Maßnahmen immer die zweite Intensitätsstufe, sie sind daher nur unter besonderen Umständen zulässig. Für die Presse wie für andere Formen *gesteigerter* Kommunikationsbeteiligung aber ergibt sich die Besonderheit, daß erstens der individuelle Innenraum sich auf den für die geistige Wirksamkeit nach außen erforderlichen Apparat (Presseunternehmen) erstreckt, daß zweitens *repressive* Maßnahmen, die den Apparat in seiner Funktionsfähigkeit beeinträchtigen, regelmäßig *präventive* Nebenwirkungen haben.

Am Scheitelpunkt der zweiten Intensitätsstufe steht das in Art. 5 Abt. 1 S. 3 normierte *Verbot der Vorzensur*, das jenen Punkt markiert, der in Richtung auf die innere geistige Selbstbestimmung so weit vorgelagert ist, daß kein staatlicher Eingriff ihn überschreiten darf: das Verbot der Vorzensur kennzeichnet damit die absolute — nur unter den Voraussetzungen des Art. 18 GG zu durchbrechende — Grenze aller zulässigen Begrenzungen der Freiheitsausübung. *Das Zensurverbot ist daher der Schlüssel für das Verständnis der Pressefreiheit und der Systematik des Art. 5 Abs. 1, wie im folgenden Kapitel gezeigt werden soll.*

b) Folgen für die Informationsfreiheit

Die Informationsfreiheit unterscheidet sich insofern von der Äußerungsfreiheit, als der Willensakt des Informationsempfängers grundsätzlich unmittelbar nur darauf gerichtet ist, die zugänglichen und wahrnehmbaren Informationen *in sich* aufzunehmen, also zunächst lediglich nach innen wirken zu lassen. Das Individuum greift dabei regelmäßig

---

[44] Beruhend auf dem polizeirechtlichen Ursprung des Presserechts.

nicht auf den sozialen Raum über, es sei denn, daß gelegentlich seiner Betätigung oder durch die Art und Weise des Informationsempfangs Interessen der Allgemeinheit[45] oder privater Dritter[46] verletzt werden. Nur in dem Maße, in dem solche Außenwirkungen es rechtfertigen, sind staatliche Eingriffe zulässig, wobei wiederum *repressive* Maßnahmen die erste und *präventive* Maßnahmen die zweite Intensitätsstufe kennzeichnen[47], vgl. unten 4. Kapitel B.

---

[45] *Beispiel:* Rundfunkempfang mit einem schadhaften Empfangsgerät hat Störungen des Ätherraumes zur Folge; deshalb wird auch die Funkaufsicht der Post zur Rechtfertigung der Rundfunkgebühr herangezogen, vgl. unten 4. Kapitel B I u. C IV 3.

[46] *Beispiel:* Abhören von Ferngesprächen (die von Kraftfahrzeugen aus geführt werden) über Rundfunkempfangsgeräte.

[47] Wenn der beabsichtigte Zweck mit repressiven Maßnahmen erreicht werden kann, sind präventive Maßnahmen unzulässig: als *Beispiel* mag der Streit um die Rundfunkgenehmigung dienen, vgl. unten 4. Kapitel B I u. C IV 3.

Drittes Kapitel

Das Recht des freien Gebens: die Äußerungsfreiheit

A. Ausgangspunkt

Art. 5 Abs. 1 GG handelt in allen drei Sätzen vom Recht des freien Gebens: vom Recht der Meinungsäußerung und Meinungsverbreitung in Satz 1, von der Pressefreiheit und der Freiheit der Berichterstattung durch Rundfunk und Film in Satz 2 und vom Zensurverbot in Satz 3.

I. Der Wortlaut

Schon der Wortlaut provoziert die Frage, wodurch sich „Meinungsverbreitung", „Pressefreiheit", „Freiheit der Berichterstattung durch Rundfunk und Film" und Zensurverbot von dem in Satz 1 normierten Recht der freien Meinungsäußerung unterscheiden? Denn der unbefangene Betrachter möchte meinen, daß das Recht, „seine Meinung in Wort, Schrift und Bild frei zu äußern und zu verbreiten", auch die Meinungsäußerung und Meinungsverbreitung *durch die Presse, durch Rundfunk und Film* umschließe: wozu also Satz 2? Man möchte annehmen, daß das Recht der freien Meinungsäußerung das Verbot jeglicher Zensur miteinbeziehe, da es *freie* Meinungsäußerungen schlechterdings nicht gibt, die nicht auch frei von Zensur sind: wozu also Satz 3? Man möchte schließlich glauben, daß Meinungsäußerungen erst dann wirklich frei seien, wenn sie auch *frei verbreitet* werden: wozu also die ausdrückliche Garantie der Meinungsverbreitung in Satz 1?

Aus dieser Sicht garantieren die in den Sätzen 1 bis 3 formulierten „Einzelrechte" des freien Gebens nichts, was nicht schon im Recht der freien Meinungsäußerung enthalten wäre; sie haben nur den einen Sinn: zu wiederholen, hervorzuheben, zu betonen, was das Recht der freien Meinungsäußerung ohnehin schon sagt[1].

---

[1] Zutreffend *Ridder*, Meinungsfreiheit, S. 274: Meinungsverbreitung „verdeutlicht ... nur etwas, was mit der Garantie der freien Meinungsäußerung bereits gegeben ist ..."; ebenso *v. Mangoldt-Klein*, S. 241. *Ridder* a.a.O., S. 280: das Zensurverbot als eine „unterstreichende Verbesonderung" — allerdings „im Hinblick auf die aus Art. 21 GG herzuleitende grundrechtliche Pressefreiheit", vgl. im einzelnen unten C III.

II. Die Entstehungsgeschichte

Die Entstehungsgeschichte scheint dieses Ergebnis insofern zu bestätigen, als sie beweist, daß Art. 5 Abs. 1 seine endgültige Fassung weit mehr dem Zufall als einer fundierten Konzeption verdankt. Abgesehen davon, daß erst der Allgemeine Redaktionsausschuß die sechs Absätze des damaligen Art. 7 des Herrenchiemsee-Entwurfs „unter erheblichen Kürzungen" zu den beiden Absätzen der Endfassung zusammengezogen hat[2], ohne daß es in den abschließenden Lesungen noch zu Erörterungen gekommen wäre, zeigen auch die Beratungen im Grundsatzausschuß, daß die Väter des GG mit den von ihnen eingeführten Begriffen nur unbestimmte Vorstellungen verbunden haben.

So hatte der Grundsatzausschuß in seiner 25. Sitzung[3] einen Vorschlag des Allgemeinen Redaktionsausschusses vorgefunden, der weder die Pressefreiheit noch die Freiheit der Meinungsverbreitung ausdrücklich erwähnte. Um auch die *Verbreitung* von *Presseerzeugnissen* zu sichern, hatte dann der Abgeordnete Leusing den Zusatz vorgeschlagen: „Niemand darf daran gehindert werden, Presseerzeugnisse zu verlegen oder Filme herzustellen." Dieser Empfehlung wollte der Ausschuß nicht folgen, doch fügte er auf Vorschlag des Abgeordneten von Mangoldt dem Absatz 1 das Wort „Meinungsverbreitung" an. Erst darauf wurde — wiederum auf Vorschlag v. Mangoldts — „die Materie ... auseinandergezogen, indem ein besonderer Satz über die Gewährleistung der Pressefreiheit sowie der Berichterstattung durch Rundfunk und Film vorangestellt wurde"[4]. Entscheidend dafür war v. Mangoldts Erwägung[4], daß in der Fassung des Allgemeinen Redaktionsausschusses *lediglich von der Zensur* die Rede sei und „damit die Frage der Pressefreiheit zu kurz behandelt" werde.

Zensurverbot und Meinungsverbreitung sollten also ursprünglich nur einen ausdrücklichen Hinweis auf die Pressefreiheit ersetzen; dennoch sind beide Wendungen auch nach Aufnahme des Wortes „Pressefreiheit" im Text geblieben, ohne daß darüber noch einmal diskutiert worden wäre.

III. Die Literatur

Dessen ungeachtet hat sich die Literatur zunächst ausschließlich am Wortlaut des Art. 5 Abs. 1 orientiert und die in den Sätzen 1 bis 3 formu-

---

[2] JöR 1, 88 (Anm. 74).

[3] JöR 1, 81.

[4] JöR 1, 82.

lierten Begriffe — positivistisch — mehr und mehr verselbständigt. Demgemäß wird heute das Grundrecht des Art. 5 Abs. 1 nicht nur in zwei[5] oder drei[6], sondern in fünf[7] und sogar in sieben[8] selbständige Freiheitsrechte aufgelöst: in die Freiheit der Meinungsäußerung, die Freiheit der Meinungsverbreitung, die Informationsfreiheit, die Freiheit von Zensur, die Pressefreiheit, die Rundfunkfreiheit und die Filmfreiheit[8].

Diese „wunderbare" Grundrechtsvermehrung wäre als harmloser — auf das Begriffliche beschränkter — Perfektionismus abzutun, wenn nicht zu befürchten stünde, daß sich darin die individualrechtliche Zielrichtung des Art. 5 Abs. 1 allmählich verliere und der Interpret eines Tages vor lauter Freiheiten die Freiheit nicht mehr sehe. Alle diese Bestrebungen in der Literatur zielen nämlich darauf ab, einzelne Ausübungsformen der in Art. 5 Abs. 1 normierten Freiheit zu privilegieren, insbesondere aber die *Pressefreiheit* als eine gegenüber der freien Meinungsäußerung selbständige Grundrechtsverbürgung zu erklären.

IV. Der eigene Lösungsweg

Die Tendenzen einer Privilegierung widersprechen den Interpretationsgrundsätzen, die wir im vorangegangenen Kapitel aus der Zuordnung der Äußerungsfreiheit zur inneren Denk- und Meinungsfreiheit gewonnen haben. Danach ist das Recht des freien Gebens der eine von den beiden Bestandteilen des in Art. 5 Abs. 1 normierten Grundrechts; es ist ein Individualrecht, dessen Schutzwirkung auf die jeweilige Intensität der Freiheitsausübung ausgerichtet ist. Nicht die Privilegierung, sondern die Gleichstellung der Presse ist zu besorgen.

Diese Konzeption ist der Ausgangspunkt für die nun folgende Auseinandersetzung mit der heute herrschenden Lehre zum Recht der freien Meinungsäußerung und der Pressefreiheit. Dabei knüpfen wir an den beiden Begriffsgebilden an, die seit langem im Mittelpunkt der Diskussion stehen: dem Begriffspaar der „formellen" und „materiellen" Pressefreiheit (unten B) und der Lehre von der „institutionellen Garantie" der Pressefreiheit (unten C).

---

[5] Freiheit der Meinungsäußerung und Pressefreiheit, so die ganz h. L. spätestens seit der Nordrhein-Westfalen-Entscheidung des BVerfG (vgl. NJW 60, 29) mit der — populär gewordenen — Formulierung: „... die Pressefreiheit ist mehr als nur ein Unterfall der Meinungsfreiheit ..."

[6] Vgl. *Müller-Meiningen*, Süddeutsche Zeitung, 7. 1. 1963, S. 5: Informationsfreiheit, Pressefreiheit als Freiheit der Berichterstattung, freie Meinungsäußerung.

[7] Vgl. *v. Mangoldt-Klein*, S. 236.

[8] *Löffler*, NJW 1964, 2277.

B. Die formelle und die materielle Pressefreiheit

I. Die Begründung des Begriffspaares

1. Ungereimtheiten in der Literatur

Die Unterscheidung der formellen von der materiellen Pressefreiheit — der beiden „Erscheinungsformen“[1] der Pressefreiheit, der von ihr umfaßten „Einzelfreiheiten“[2] — hat sich seit den zwanziger Jahren allgemein durchgesetzt[3]. Die *formelle* Pressefreiheit, heißt es[4], gewähre der Presse einen besonderen Abwehranspruch gegenüber äußeren, insbesondere staatlichen Eingriffen: „Ihr historischer Ausgangspunkt ist das Zensurverbot. Ihr wesentlicher Inhalt ist eine zugunsten anderer Rechtsunterworfener nicht vorhandene Beschränkung der staatlichen Hoheitsgewalt mit dem Zweck eines besonderen Schutzes der Presse, und zwar in ihrer Eigenschaft als Trägerin geistiger Gedanken und Ideen[5].“ Die *materielle* Pressefreiheit bedeute dagegen „das subjektive öffentliche Recht der Presse, ihre Meinung in der ihr geeignet erscheinenden Form ebenso frei und ungehindert zu äußern und zu verbreiten wie jeder andere Bürger“[5]. Die materielle Pressefreiheit, so heißt es[6], ist das „Recht der freien Meinungsäußerung auf dem Sondergebiet des Drucks und des Bildes“.

Da sich überall in der Literatur diese und ähnliche Formulierungen finden[7], könnte man zunächst glauben, es handle sich um eine gesicherte Erkenntnis. Wer aber daraufhin unbefangen zu ergründen sucht, wodurch sich nun eigentlich diese beiden Erscheinungsformen der Pressefreiheit unterscheiden, stößt auf ungeahnte Schwierigkeiten. Es zeigt sich nämlich, daß das Begriffspaar nicht immer in der gleichen Bedeutung verwendet wird. Während einerseits die materielle Pressefreiheit als das „subjektive öffentliche Recht der *Presse*“ angesprochen wird, heißt es andrerseits, die materielle Pressefreiheit gewähre als ein Unterfall

---

[1] z. B. *Thiele*, S. 13; *Löffler*, Kommentar, S. 63 (RN 10).

[2] z. B. *Obermayer*, BayVBl. 1965, 398.

[3] Ausführlich *Löffler*, Kommentar, S. 63 ff. (RN 10 ff.); für die WV vgl. z. B. *Häntzschel*, Presserecht, S. 11, derselbe, Handbuch, z. B. S. 667; neuerdings vgl. z. B. *Thiele*, S. 13, Ernst *Schneider*, S. 7 f., *Obermayer*, BayVBl. 1965, 398 f.; neben „formell“ und „materiell“ wird vielfach das Begriffspaar „passiv“ und „aktiv“ verwendet, vgl. *Löffler* a.a.O., insbesondere aber *Wernicke*, BK, Art. 5, II, 1a; Franz *Schneider*, S. 105 f.; auch *Ridder* (Meinungsfreiheit, S. 259 f., FN 58) sieht darin einen begrüßenswerten Ansatz; ablehnend *v. Mangoldt-Klein*, S. 245.

[4] *Löffler*, Kommentar, S. 63 (RN 10).

[5] *Löffler*, Kommentar, S. 66 (RN 22).

[6] *Löffler*, Kommentar, S. 63 (RN 10).

[7] Im Gegensatz zur presserechtlichen übt die verfassungsrechtliche Literatur große Zurückhaltung.

der Meinungsfreiheit „jeder *außerhalb*[8] der Presse stehenden Person das Recht, durch das Mittel der Presse ungehindert ihre Meinung zu äußern und verbreiten zu lassen", die formelle Pressefreiheit dagegen garantiere „die freie Wirksamkeit aller in der Presse tätigen Personen, und zwar ‚im Umfang aller ihrer Einrichtungen und bezüglich des gesamten Inhalts ihrer Erzeugnisse' "[9].

Die Verwirrung wächst, wenn materielle und formelle Pressefreiheit mit einer „aktiven" und einer „passiven" Funktion der Presse verglichen werden, wenn die formelle Pressefreiheit „als eine Art Schutzring" um das „primäre Schutzgut" der materiellen Pressefreiheit gelegt wird[10], andrerseits aber von der (formellen) Pressefreiheit gesprochen wird als von einer „Institution, deren Funktionieren im öffentlichen Interesse des demokratischen Staates liegt"[11], von einem „im 19. Jahrhundert entwickelten Rechtsinstitut", das „für die Presse noch größere Bedeutung besitzt, als die materielle Pressefreiheit"[12]. Schließlich tritt der Widerspruch offen zutage, wenn das *Zensurverbot* einmal als „historischer Ausgangspunkt" und als „wichtigster Ausfluß" der *formellen* Pressefreiheit[11], ein andermal aber — ausdrücklich im Gegensatz dazu — als ein Bestandteil der materiellen Pressefreiheit ausgewiesen wird[13].

2. Beispiel: der Zensurbegriff

Der Zensurbegriff des GG hat schon wiederholt zu Meinungsverschiedenheiten Anlaß gegeben. Schon im Grundsatzausschuß war nämlich darüber diskutiert worden, ob das Verbot nur die *Vorzensur* oder ob es auch die sog. „Nachzensur" umfassen solle. So wenig aber damals Klarheit geschaffen worden ist[14], ebenso unentschieden ist auch heute noch der Streit in der Literatur[15]. Damit hängt die Frage zusammen, ob das Zensurverbot ebenso wie die Garantien der beiden ersten Sätze den Schranken des Art. 5 Abs. 2 unterliegt[16].

---

[8] Hervorhebung durch den Verfasser.

[9] *Obermayer* (BayVBl. 1965, 398) unter Hinweis auf *Schüle*, S. 19.

[10] Franz *Schneider*, S. 105, unter Hinweis auf *Mallmann*, Publizistik, 1959, S. 238.

[11] *Löffler*, Kommentar, S. 66 (RN 22).

[12] *Löffler*, Kommentar, S. 64 (RN 13). An der unklaren Terminologie *Löfflers* hat schon Mallmann Anstoß genommen: JZ 1956, 350.

[13] Franz *Schneider*, S. 105.

[14] Vgl. JöR 1, 80 ff. (83).

[15] Vor- *und* Nachzensur z. B.: *Maunz*, Staatsrecht, S. 109, *Löffler*, Kommentar, S. 75 (RN 53), *Wernicke*, BK, Art. 5, II, 1 f., *Hamann*, S. 109. Nur Vorzensur: z. B. *v. Mangoldt-Klein*, S. 247, *Ridder*, Meinungsfreiheit, S. 280 (FN 123) mit weiteren Hinweisen; LVG Rheinland-Pfalz, DÖV 52, 664.

[16] Vgl. *Maunz*, Staatsrecht, S. 109.

Die Zensur ist ein zweigliedriger Vorgang: der Zensor *prüft* den geistigen Inhalt einer Schrift und — je nach dem Ergebnis dieser Prüfung — *billigt* oder *unterdrückt* er sie. Während sich aber das *präventive* Verfahren als ein allgemeines Verbot mit Erlaubnisvorbehalt darstellt, entspricht das *repressive* Verfahren dem Prinzip der allgemeinen Duldung mit Verbotsvorbehalt. Bei der Vorzensur beginnt der Eingriff in die Freiheit bereits mit dem ersten Akt, bei der Nachzensur erst mit dem zweiten Akt, nämlich mit der Unterdrückung der geprüften Schrift. Im einen Fall wird lediglich *in Erwartung*, im anderen Fall wird *auf Grund* eines verbotenen Inhalts zensiert. Demnach unterliegt der Vorzensur grundsätzlich jede Schrift — ohne Rücksicht auf ihren jeweiligen Inhalt. Dagegen wird von der Nachzensur nur betroffen, was nach seinem konkreten Inhalt, was also *materiell* nicht erlaubt ist.

Die Vorzensur ist in diesem Sinne „formell", d. h. sie schränkt die Freiheit ein, ohne zunächst darauf Rücksicht zu nehmen, welcher Gebrauch von ihr gemacht wird. Dagegen ist die Nachzensur ihrem Wesen nach „materiell": ihrer Natur nach beschränkt sie die Freiheit nur mit Rücksicht darauf, daß sie in concreto mißbräuchlich oder verbotswidrig ausgeübt wird.

Das heißt für das Zensur*verbot:* es ist insoweit formeller Natur, als es Zensurmaßnahmen selbst für den Fall untersagt, daß eine Schrift inhaltlich gegen die Gesetze verstößt; es ist materieller Natur insoweit, als es Zensurmaßnahmen nur für den Fall untersagt, daß eine Schrift inhaltlich erlaubt ist. Das aber bedeutet:

(1) Da erst mit der Entäußerung eines geistigen Inhalts von der Äußerungsfreiheit Gebrauch gemacht wird, kann erst mit diesem Zeitpunkt verbindlich festgestellt werden, *wie* davon Gebrauch gemacht worden ist. Dieser Zeitpunkt tritt nicht schon mit der Fertigstellung des Manuskripts oder mit der Unterzeichnung der Druckfahnen ein, sondern erst mit dem Beginn der Verbreitung[17]. Das Verbot der *Vorzensur* muß also *formell* wirken; denn es dient dem Schutz der inneren Freiheit des Menschen in seiner Entscheidung über das Ob der Freiheitsausübung: es markiert jenen Punkt auf der *zweiten* Intensitätsstufe, der in Richtung auf die innere Freiheit so weit vorgelagert ist, daß kein staatlicher Eingriff ihn überschreiten darf.

(2) Die Nachzensur aber kann nicht formell, sondern nur materiell verboten werden: repressive Zensurmaßnahmen (Beschlagnahme) sind nur insoweit ausgeschlossen, als der geäußerte geistige Inhalt sich im Rahmen der allgemeinen Gesetze hält. Sie sind also insoweit zulässig, als

---

[17] Einschließlich der verbreitungsähnlichen Tatbestände des § 3 RPG; zu den zahlreichen Abgrenzungsproblemen vgl. *Löffler,* Kommentar, S. 103 ff.

sie selbst den Voraussetzungen dieser allgemeinen Gesetze entsprechen. Es sind Eingriffe, die im einzelnen zwar die erste Intensitätsstufe überschreiten[18], niemals aber den Scheitelpunkt der zweiten Stufe erreichen[19].

3. Folgerungen für den Begriff „Pressefreiheit"

Wenn wir das Begriffspaar einer formellen und einer materiellen Garantie auf den Begriff der Pressefreiheit übertragen, lautet das Ergebnis: *„Formelle"* Pressefreiheit ist die Freiheit aller „Kundgebungen geistiger Natur im weitesten Sinne des Wortes, ohne Rücksicht darauf, ob sie materiell einen erlaubten oder nicht erlaubten Inhalt haben"[20]; *„materielle"* Pressefreiheit ist die Freiheit aller geistigen Kundgebungen insoweit, als diese nicht mit ihrem Inhalt „schutzwürdige Interessen eines anderen von höherem Rang"[21] verletzen.

Formeller Natur ist der Grundrechtsschutz aber nur bis zu dem Zeitpunkt, zu dem das Individuum noch nicht verbindlich über das Ob seiner Freiheitsausübung entschieden hat, die Außenwirkung seines Kommunikationsbeitrages also noch nicht begonnen hat; materieller Natur — also inhaltsbezogen — ist der Grundrechtsschutz, sobald Wirkungen nach außen abgegeben werden.

Für die Äußerung *in freier Rede* ist dieser Grundsatz selbstverständlich, da im Stadium zwischen dem inneren Denkvorgang und der Entäußerung des Gedachten staatliche Eingriffe schon technisch nicht möglich sind. Für die *Äußerung durch die Presse* ergibt sich dagegen die Besonderheit, daß auf dem Weg von der Fixierung eines Gedankens bis zu seiner Entäußerung, seiner Verbreitung, ein komplizierter technischer und personeller Apparat zwischengeschaltet ist, daß es also technisch ohne weiteres möglich ist, der Entäußerung eines Gedankens vorzubeugen, sie zu verhindern oder zu erschweren — sei es lediglich *(formell) in Erwartung*, sei es *(materiell)* bereits *aufgrund* eines unerlaubten geistigen Inhalts.

---

[18] Wenn sie den Apparat der Kommunikationsbeteiligung treffen, vgl. unten 3 a.

[19] Damit sind auch die beiden Fragen beantwortet, die zum Zensurbegriff des GG aufgeworfen werden (vgl. oben bei Anm. 15), nämlich, ob erstens Art. 5 Abs. 1 S. 3 die Nachzensur miteinbeziehe, ob zweitens auch das Zensurverbot dem Vorbehalt des Art. 5 Abs. 2 unterliege: das Zensurverbot des GG hat nur insofern selbständige Bedeutung, als damit die äußerste Grenze der zulässigen staatlichen Eingriffe, die Grenze der möglichen Begrenzungen, der Scheitelpunkt der zweiten Intensitätsstufe markiert wird; diese Voraussetzung aber erfüllt eben nur das Verbot der *Vorzensur*.

[20] So schon *Häntzschel*, Handbuch, S. 667.

[21] Vgl. BVerfG, 15. 1. 1958 (Lüth), BVerfGE 17, 198 ff. = NJW 1958, 257.

Die Anerkennung der „Preßfreiheit" bedeutet daher zunächst nichts anderes als die Garantie, daß der Gedankenäußerung im Buchdruckverfahren aus dieser seiner Besonderheit kein Nachteil erwachsen darf, daß also die Presseäußerung mit der Äußerung in freier Rede *gleichbehandelt* wird. Das aber heißt, daß der geistige Inhalt einer Presseäußerung solange als dem geistigen Innenraum seiner Initiatoren zugehörig angesehen wird, bis er seiner Bestimmung gemäß nach außen tritt: regelmäßig also bis zum Beginn der Verbreitung[22].

a) Präventive Maßnahmen sind regelmäßig unzulässig

Alle Maßnahmen, die den Prozeß der individuellen geistigen Entfaltung in seinem Stadium vor der Kommunikationswirkung beeinflussen, sind solche der zweiten Intensitätsstufe: sie sind regelmäßig unzulässig, gelegentlich aber zulässig, wenn der Schutz besonders wichtiger Gemeinschaftsgüter oder vorrangiger Interessen anderer Grundrechtsträger sie rechtfertigt.

Dabei ergibt sich freilich die Schwierigkeit, daß der Grenzverlauf zwischen regelmäßig unzulässigen präventiven Beschränkungen und regelmäßig zulässigen repressiven Beschränkungen mitunter recht umstritten sein kann. Als maßgeblicher Zeitpunkt kommt jedoch für die Presse nur der Beginn der Verbreitung in Betracht. Das aber bedeutet, daß insbesondere jede Beschlagnahme, die vor diesem Zeitpunkt ausgeführt wird, regelmäßig die formelle Schutzfunktion des Grundrechts verletzt, als Eingriff der zweiten Intensitätsstufe also unzulässig ist. Das muß grundsätzlich auch für eine Beschlagnahme gelten, die auf Grund des § 94 StPO in Verbindung mit den §§ 41, 86, 98 Abs. 2 und 84, 93 StGB angeordnet wird[23].

b) Repressive Maßnahmen sind regelmäßig unzulässig, soweit sie gleichzeitig präventiv wirken

(1) In der Literatur wird behauptet, der *formelle* Schutz richte sich heute — im Gegensatz zur Zeit der Paulskirchenverfassung[24] — nicht

---

[22] Vgl. oben Anm. 17.

[23] § 93 StGB dürfte insofern verfassungswidrig sein, als er selbst das Herstellen ohne Rücksicht darauf ahndet, ob es zum Zwecke verfassungsverräterischer Wirkung nach außen (Verbreitung) erfolgt. Besser § 372 E 1962 (vgl. Begr. S. 569). Nach dem SPD-Entwurf soll § 93 ersatzlos wegfallen (Drucksache V/102, Begr. S. 14); so auch *Willms*, NJW 1965, 2177 (79).

[24] Die beiden ersten Absätze des § 143 (= Abschnitt VI, Art. 4) der „Deutschen Grundrechte" lauten: (1) Jeder Deutsche hat das Recht, durch Wort, Schrift, Druck und bildliche Darstellung seine Meinung frei zu äußern. (2) Die Pressefreiheit darf unter keinen Umständen und in keiner Weise durch vor-

mehr nur gegen *vorbeugende* Maßnahmen, sondern umfasse „die Freistellung der gesamten Tätigkeit der Presse von jeder staatlichen Sonderbeschränkung, gleichgültig, ob präventiver oder repressiver Art“[25]. Diese Auffassung ist insoweit falsch, als sie das Wesen der formellen und materiellen Schutzwirkung verkennt; sie ist insoweit richtig, als sie zum Ausdruck bringt, daß das generelle Verbot präventiver Maßnahmen gleichzeitig ein beschränktes Verbot repressiver Maßnahmen enthält.

(2) Aus der *Periodizität* der Presse folgt nämlich, daß die meisten repressiven Maßnahmen — die Ahndung der Beleidigung ebenso wie die repressive Beschlagnahme — nicht nur repressiv den konkret geäußerten geistigen Inhalt betreffen, sondern daß sie darüber hinaus auch geeignet sind, künftige Äußerungen — präventiv — zu unterdrücken oder zu behindern. Um mit *Beispielen* zu sprechen: wäre der „Spiegel“ nicht ein finanzstarkes Unternehmen gewesen und hätte er sich nicht ebenso starker Freunde versichern können, so wäre er durch die repressive Beschlagnahme vom 26. 10. 1962 in seinem Bestand erheblich geschwächt, wenn nicht vollends zerschlagen worden[26]. Oder: Das Informationssystem einer Zeitung würde durch gezielte Zeugenvernehmungen in strafrechtlichen, zivilrechtlichen, besonders aber in disziplinarischen Verfahren planmäßig paralysiert werden, könnten sich die beteiligten Personen nicht zur Verweigerung des Zeugnisses auf das Redaktionsgeheimnis berufen[27]. Unter der Rechtsprechung des RG zu den §§ 185, 186, 193 und 100 StGB wäre es — um ein weiteres Beispiel zu nennen — möglich gewesen, jedes Redaktionsteam innerhalb weniger Monate zur Strecke zu bringen und damit aggressiv-politische Äußerungen nahezu beliebig — präventiv — zu unterdrücken[28].

(3) Aus dem Wesen der Presse folgt also, daß repressive Maßnahmen auch präventiv wirken können. Aus dem formellen Verbot präventiver Maßnahmen ergibt sich daher, daß auch repressive Maßnahmen gegebenenfalls die zweite Intensitätsstufe erreichen, d. h. den erhöhten — weil formellen — Präventivschutz des Grundrechts überwinden müssen. Des-

---

beugende Maßregeln, namentlich Zensur, Konzession, Sicherheitsbestellungen, Staatsauflagen, Beschränkungen der Druckereien oder des Buchhandels, Postverbote oder andere Hemmungen des freien Verkehrs beschränkt, suspendiert oder aufgehoben werden. Vgl. *Löffler*, Kommentar, S. 25: nach Löffler garantiert der erste Abs. die materielle, der zweite die formelle Pressefreiheit.

[25] *Löffler*, Kommentar, S. 64 (RN 15 a. E.).

[26] BVerfG, 5. 8. 1966 (Spiegel), NJW 66, 1610: und zwar diejenige Auffassung, welche die Entscheidung *nicht* trägt.

[27] Vgl. BVerfG a.a.O.

[28] Vgl. *Ossietzky* — Weltbühne. Der Rechtsprechung des RG zu § 193 StGB verdanken wir den Begriff des „Sitzredakteurs“. Vgl. im übrigen oben 2. Kapitel, C IV FN 38.

halb ist es z. B. eine Forderung der „formellen“ Pressefreiheit, der formellen Wirkungsweise der Pressefreiheit, daß die Pressebeschlagnahme nur unter den erschwerenden Bedingungen des Pressegesetzes[29] möglich ist, daß das Zeugnisverweigerungsrecht auch für Äußerungen nicht strafbaren Inhalts[30] und auch für den freien Journalisten anerkannt wird, daß Presseinhaltsdelikte der verkürzten „Presseverjährung“ unterliegen[31].

4. Die Begriffsverwirrung in der Literatur

Im Ergebnis stimmen wir mit der herrschenden Presserechtslehre darin überein, daß die Pressefreiheit in ihrer formellen Wirkungsweise gerade dem Pressebetrieb und allen seinen Einrichtungen zugutekommt und daß sie in dieser Schutzfunktion für die Presse „noch größere Bedeutung besitzt“ als in ihrer „materiellen“ — inhaltsbezogenen — Schutzwirkung[32]. Was aber die Begründung dieses Ergebnisses betrifft, stehen wir den Formulierungen in der Literatur einigermaßen ratlos gegenüber.

(1) Wenn die herrschende Lehre von den „Einzelfreiheiten“ oder den „Erscheinungsformen“ der Pressefreiheit spricht[33], bringt sie unmißverständlich zum Ausdruck, daß sie mit dem Begriffspaar der „formellen“ und der „materiellen“ Pressefreiheit nicht lediglich die Wirkungsweise des Grundrechts in seiner Schutzfunktion gegenüber präventiven und repressiven Eingriffen beschreibt, daß sie es vielmehr substanziell in zwei mehr oder weniger selbständige „Einzelfreiheiten“ zerlegt. Dieses Mißverständnis hat schon in der Zeit der Weimarer Verfassung zu der Lehrmeinung geführt, Art. 118 WV umfasse nicht die Garantie der „formellen“ Pressefreiheit[34]. Nach dieser Ansicht wurde der verfassungsrechtliche Schutz der Meinungsfreiheit „empfindlich beeinträchtigt durch die Tatsache, daß man vergessen hatte, in der Verfassung die Pressefreiheit besonders aufzuführen“[35]. Es heißt, die Väter der WV hätten „irrigerweise“ geglaubt, „die in Art. 118 garantierte Freiheit der Mei-

---

[29] Vgl. §§ 23 ff. RPG. Davon und von § 98 StPO abweichend lassen die Landespressegesetze nur noch die Beschlagnahme durch den Richter zu: so schon das BayPG vom 3. 10. 1949 (§ 16 Abs. 1).

[30] Vgl. die Landespressegesetze (§ 12 BayPG) in Abweichung von § 53 Abs. 1 Nr. 5 StPO.

[31] Nach § 22 RGP ein Jahr, nach § 15 BayPG sechs Monate: vgl. dazu BVerfG, 4. 6. 57 NJW 1957, 1355.

[32] Vgl. oben B I bei Anm. 3.

[33] Vgl. oben A III.

[34] Vgl. *Häntzschel*, Presserecht, S. 11.

[35] *Löffler*, Kommentar, S. 64 (RN 13).

nungsäußerung in Wort, Schrift, Druck und Bild umfasse ohne weiteres die gesamte Pressefreiheit. In Wirklichkeit kam der Verfassungsschutz nur der materiellen Pressefreiheit zugute, da diese sich mit der Meinungsfreiheit deckt"[36].

Wer dieser Ansicht folgt[37], huldigt nicht nur einem theoretisch längst überwundenen Positivismus[38], sondern verkennt auch das Wesen einer „formellen" Pressefreiheit. Wenn Art. 118, ohne das Wort „Pressefreiheit" ausdrücklich zu erwähnen, jedem Deutschen das Recht einräumt, „seine Meinung durch ... Druck ... frei zu äußern", dann heißt das ja gerade, daß der gedruckten Meinungsäußerung aus ihren technischen und wirtschaftlichen Bedingungen keine Nachteile erwachsen dürfen: denn sonst wäre das Wort „Druck" überflüssig. Es heißt, daß eben gerade die präventiv-formelle Wirkungsweise darin garantiert ist. Gerade die *formelle* Schutzfunktion der Pressefreiheit ist der wichtigste Bestandteil ihres *materialen* Gehalts.

(2) Dieses Beispiel zeigt, daß die Begriffe „formell" und „materiell" nahezu willkürlich einander gegenübergestellt werden. Wenn „formell" bedeutet, daß die Verfassungsgarantie *ohne Rücksicht* auf den erlaubten oder verbotenen Inhalt einer Presseäußerung gewährt wird, kann — so möchte man meinen — „materiell" nur heißen, daß die Verfassungsgarantie eben *mit Rücksicht* auf den geistigen Inhalt einer konkreten Äußerung besteht. Dagegen wird mit dem Begriff „materiell" in der Literatur gleichzeitig die Substanz der Pressefreiheit beschrieben. Die „materielle" Pressefreiheit ist dann nicht mehr die inhaltsbezogene — repressive Eingriffe abwehrende — Schutzfunktion des Grundrechts, sondern sein eigentlicher die formelle und die materielle Schutzfunktion umfassender Gehalt. Auf Grund dieser Begriffsverwirrung ist es verständlich, daß *Schneider*[39] ausdrücklich im Gegensatz zu *Löffler*[40] und

---

[36] Wenn die Väter der WV einerseits „irrigerweise" geglaubt haben, daß die von ihnen gewählte Formulierung auch die formelle Pressefreiheit mitumfasse, konnten sie nicht gleichzeitig vergessen haben, das Wort „Pressefreiheit" besonders aufzuführen. Im übrigen dürfte dieses Vergessen für die teleologische Interpretation keine Rolle spielen.

[37] Auch heute noch kaum bestritten, vgl. für viele *Löffler*, Kommentar, S. 64 (RN 13), *Schneider*, S. 106.

[38] Ganz abgesehen von den praktischen Folgen: die Tatsachenübermittlung, die nach h. L. nicht in der Garantie der freien Meinungsäußerung enthalten ist, wäre ganz außerhalb der Verfassung gestanden. Der einfache Gesetzgeber hätte im übrigen alle Vorschriften des RPG, die Regelung der Verjährung wie die der Beschlagnahme, streichen können, ohne die freie Meinungsäußerung (durch den Druck) zu beeinträchtigen, er hätte unter Abänderung des § 30 Abs. 4 RPG die Presse und ihre Erzeugnisse mit Sondersteuern überladen können, ohne sich einer Grundrechtsverletzung schuldig zu machen; vgl. z. B. Carl *Schmitt*, Freiheitsrechte, S. 170; *Häntzschel*, Kommentar, S. 17; RGSt. 55, 80.

[39] *Schneider*, S. 105, vgl. oben B I bei Anm. 13.

[40] *Löffler*, Kommentar, S. 66 (RN 22).

der herrschenden Lehre das Zensurverbot nicht der „formellen", sondern der „materiellen" Pressefreiheit zuordnet. Schneider hat recht, aber nur deshalb, weil er das Wort „materiell" nicht in seinem nur die Wirkungsweise des Grundrechts bezeichnenden Sinne, sondern in seiner zweiten — die Substanz des Grundrechts, das Grundrecht selbst, beschreibenden — Bedeutung gebraucht. Gerade die „formelle" Wirkungsweise des Grundrechts repräsentiert jedoch den Wesensgehalt der Pressefreiheit, so daß es ganz und gar unsinnig ist, dem Wort „materiell" in seiner zweiten Bedeutung den Begriff „formell" gegenüberzustellen.

Wenn Schneider das tut, unterscheidet er sich nur insoweit von der herrschenden Lehre, als er „materiell" bewußt in der zweiten und nur in der zweiten Bedeutung gebraucht, während die herrschende Lehre beide Bedeutungen nebeneinander verwendet, ohne sich darüber im Klaren zu sein, daß sie es tut.

(3) Für Schneider ist es nur folgerichtig, daß er auch das Verhältnis der „formellen" zur „materiellen" Pressefreiheit etwas anders sieht als die herrschende Lehre. Da er das Wort „materiell" in seiner zweiten Bedeutung gebraucht, muß er die materielle Pressefreiheit als das „primäre Schutzgut"[41] betrachten und mit *Mallmann*[41] die „formelle" Pressefreiheit „als eine Art Schutzring" um den materiellen Kern legen.

Diese Auffassung ist wiederum richtig und wiederum falsch. Die formelle Schutzwirkung verpflichtet in erster Linie den Gesetzgeber, die Pressetätigkeit verfassungsgemäß in die allgemeinen Gesetze einzuordnen; die „formelle" Pressefreiheit schlägt sich also — mehr als die „materielle" (inhaltsbezogene) — nieder in zahlreichen vom einfachen Gesetzgeber zu normierenden subjektiven öffentlichen Rechten, die sich dann als ein „Schutzring" um das Grundrecht legen. Aber diese Resultate im Bereich des einfachen Gesetzes sind nicht das Wesen, sondern die Folge der formellen Schutzwirkung.

(4) Wenn schließlich die formelle Pressefreiheit als der „Abwehranspruch" und als die passive Funktion der Presse dargestellt wird[42], erliegt die Lehre einem weiteren Irrtum. Freilich gewährt die formelle Schutzwirkung einen Abwehranspruch, aber auch das Wesen der „materiellen" Schutzfunktion besteht zunächst darin, daß dem Berechtigten ein Abwehranspruch eingeräumt wird: denn der Abwehranspruch folgt aus dem status negativus, dem die Pressefreiheit in ihrer formellen wie in ihrer materiellen Wirkungsweise verbunden ist. Das „Besondere" an der formellen Schutzfunktion ist also nicht der „Abwehranspruch", son-

---

[41] *Schneider,* S. 105, *Mallmann,* Publizistik, 1959, S. 328, vgl. oben B I 1 bei Anm. 3.

[42] Vgl. oben B I 1 bei Anm. 4.

dern der Umstand, daß er eben „formell" und damit unabhängig von dem konkret zu äußernden geistigen Inhalt gewährt wird. Der Hervorhebung des „Abwehranspruchs" und seine begriffstechnische Verbindung mit einer „passiven" Funktion der Presse sind daher nur dann sinnvoll, wenn damit Elemente des status negativus solchen des status activus gegenübergestellt werden[43].

(5) Da die formelle Schutzwirkung gerade den Pressebegriff und seine vielfältigen Einrichtungen erfaßt, ist der Begriff der „formellen" Pressefreiheit auf die „Institution" des Presseunternehmens und schließlich auf die „Institution" Presse schlechthin ausgedehnt worden. Schon im Jahre 1955 spricht *Löffler* von der formellen Pressefreiheit als von einer „Institution" und von einem „Rechtsinstitut"[44]. Die umfassende formelle Schutzfunktion der Pressefreiheit wurde damit dargestellt als ein privilegium sanctum, das die Presse sich verdient, indem sie öffentliche Aufgaben erfüllt. In diesem Sinne sollte der Begriff der formellen Pressefreiheit nichts anderes besagen, als heute mit dem Begriff der „institutionellen Garantie" zum Ausdruck gebracht wird[45].

II. Freie Meinungsäußerung und materielle Pressefreiheit

1. Die Abgrenzung der Meinung von der Tatsache

Obwohl die Vertreter der herrschenden Lehre von der materiellen Pressefreiheit sagen, daß sie sich mit dem Recht der freien Meinungsäußerung decke, daß sie „ein Ausschnitt des klassischen Grundrechts der freien Meinungsäußerung"[46] sei, wollen sie keineswegs dahin verstanden werden, daß die materielle Pressefreiheit mit der Meinungsäußerungsfreiheit identisch sei. Denn nicht die Meinungsäußerungsfreiheit, wohl aber die (materielle) Pressefreiheit, so heißt es, garantiere auch die bloße Wiedergabe von Tatsachen. Die Berichterstattung gehöre zur *öffentlichen Aufgiabe* der Presse, deshalb genieße sie auch „bei ihrer Tatsachenwiedergabe den vollen Verfassungsschutz des Art. 5"[47].

Die Literatur zu Art. 118 WV[48] und zu Art. 5 GG[49] vertritt nahezu einhellig diese Auffassung. Zwar schreibt *Löffler* im Jahre 1955, es sei

---

[43] z. B. *Ridder*, Meinungsfreiheit, S. 259.
[44] Vgl. oben B I 1 bei Anm. 11 u. 12.
[45] Vgl. unten C II 3 b.
[46] *Löffler*, Kommentar, S. 66 (RN 20).
[47] *Löffler*, Kommentar, S. 67 (RN 24).
[48] z. B. *Häntzschel*, Handbuch, S. 654; extrem die Sondermeinung *Rothenbüchers* (S. 16 f.; vgl. auch *Schneider*, S. 33 f.), wonach nicht jede Meinungsäußerung „irgendwelchen geistigen Inhalts", sondern nur Meinungsäußerungen „grundsätzlicher Art" unter dem Schutz der Verfassung stehen.
[49] Repräsentativ: Franz *Schneider*, S. 30, mit Nachweisen.

bestritten, „ob die bloße Wiedergabe von Tatsachen eine (geschützte) Meinungsäußerung darstellt", zitiert aber selbst noch keine Gegenstimme[50]. Bis vor einigen Jahren[51] wurde denn auch weniger um das Ob als darum gestritten, *wie* die Abgrenzung der Meinungsäußerung von der Tatsachenübermittlung vollzogen werden kann. So macht Löffler die Antwort davon abhängig, ob die Tatsachenwiedergabe „dazu dient, eine bestimmte Meinung zu begründen, zu festigen oder zu bekämpfen"[52], was *Schneider* dann mit dem Begriff der „Positionsgebung" dahin konkretisiert: „Einer Tatsache durch eine Äußerung zu der dieser Tatsache gemäßen Wirkung auf andere zu verhelfen, ist keine Meinungsäußerung im Sinne des Grundgesetzes; damit eine Meinungsäußerung vorliegt, muß ein Plus an subjektivem Beitrag in der Form hinzutreten, daß über die Objektivierung der Tatsache hinaus eine durch Positionsgebung subjektiv intendierte, gesonderte Einflußnahme erfolgt." Dabei sei wesentlich, „daß diese Positionsgebung bewußt und willensgetragen geschieht und vom Äußerungsempfänger verstanden wird"[53].

Im übrigen aber wird in der Literatur anerkannt, daß Meinungsäußerungen „meist schon in der Auswahl der Nachrichten aus vielen, in der Art der Verbreitung, in der gewählten Aufmachung"[54], ja schon durch „die spontane private Mitteilung einer nackten Tatsache"[55] hervortreten. *Ridder* — mit Bezug auf *Hellwig* — bekennt sich denn auch dazu, daß „in der Tat praktisch ‚eine scharfe Abgrenzung zwischen der Äußerung einer Meinung und der Mitteilung einer Tatsache nicht möglich' " ist[56].

Wir können uns nicht mit dem ebenso beliebten wie verfehlten Argument begnügen, das Carl Schmitt einmal den „Grenzenlosigkeitsschluß"[57] genannt hat: nämlich von der Schwierigkeit der Abgrenzung auf das Nichtvorhandensein einer Grenze zu schließen. Vielmehr geht es uns um die Frage, warum überhaupt jemals der Versuch unternommen worden ist, zwischen der Tatsachenübermittlung und der Meinungsäußerung im Schutzbereich des Grundrechts zu unterscheiden. Dabei ergeben sich folgende Fehlerquellen:

---

[50] *Löffler*, Kommentar, S. 67 (RN 24).

[51] Gegen die h. L. heute: *Noltenius*, S. 96; *Rehbinder*, NJW 62, 2140 (gegen *Schwenk*); *Arndt*, NJW 63, 194 (gegen *Schneider*); Richard *Schmid*, Deutsche Presse, S. 231 ff., Einwände, S. 141.

[52] *Löffler*, Kommentar, S. 67 (RN 24); *Wernicke*, BK, Art. 5, II 1 b.

[53] *Schneider* kann die Abgrenzung nicht erleichtern, wenn er auf beiden Seiten des Kommunikationsvorganges subjektive Tatbestandsmerkmale einbaut, *Schneider*, S. 28.

[54] *Maunz*, Staatsrecht, S. 107.

[55] *Ridder*, Meinungsfreiheit, S. 264.

[56] *Ridder*, a.a.O.; *Hellwig*, S. 15 ff.

[57] Carl *Schmitt*, Freiheitsrechte, S. 147.

a) Die grammatische Auslegung

Die herrschende Lehre zerteilt den Begriff „Meinungsäußerung" in zwei Worte und betrachtet das eine isoliert vom anderen[58]. Wenn *Kant*[59] das Meinen bezeichnet als „das Fürwahrhalten aus einem Erkenntnisgrund, der weder subjektiv noch objektiv hinreichend ist", dann grenzt er das „Meinen" von den Begriffen „Glauben" und „Wissen" ab, er beschreibt des *Ergebnis* eines rationalen Denkvorganges und kümmert sich nicht darum, ob und wie das Resultat nach außen in Erscheinung tritt. Wenn die Verfassung eines demokratischen Rechtsstaates von Meinungsäußerung spricht, beschreibt sie nicht das Ergebnis, sondern den *Vorgang* des Denkens im Hinblick darauf, daß sich der Denkende „... im Denken orientieren" kann[60], daß er laut und vernehmbar denken kann[61]. „Meinen" heißt daher „im Sinn haben"[62] oder „denken", und „seine Meinung äußern" heißt, das Gedachte und das Denkbare an die Umwelt kundgeben, seinen Sinn nach außen kehren.

b) Die systematische Auslegung

Den zweiten entscheidenden Fehler macht die herrschende Lehre, wenn sie den ersten Fehler aus dem Wortlaut des Art. 5 Abs. 1 und der vermeintlichen Systematik seiner drei Sätze zu rechtfertigen sucht. Weil Satz 1 den Terminus „Meinung" und Satz 2 den Terminus „Freiheit der Berichterstattung" verwendet, glaubt sie, der Verfassungsgeber stelle der Meinungsäußerung die Tatsachenübermittlung gegenüber: die freie Meinungsäußerung werde jedermann und durch jegliches Ausdrucksmittel gewährleistet, die Freiheit der Berichterstattung erlange Verfassungsschutz nur dann, wenn sie durch Rundfunk, Film oder — wie „Entstehungsgeschichte und Sinnzusammenhang ergeben"[63] — durch die Presse erfolge.

Weil dieser Auffassung ein Irrtum zugrundeliegt, der — wie sich am Ende zeigen wird — die Entwicklung des Presserechts bis in die Gegenwart ungünstig beeinflußt, müssen wir zu ihrer Widerlegung weit ausholen.

---

[58] Extrem die Darstellung bei *Schneider*, S. 12 ff. (18 f. und 22); vgl. *Arndt*, NJW 1963, 194.

[59] *Kant*, Werke, Bd. 7, S. 378 f.

[60] *Kant*, vgl. bei *Wenke*, S. 31.

[61] *Ridder* (Meinungsfreiheit, S. 248) definiert zwar die Meinung auch als *Ergebnis* eines rationalen Denkvorganges, kommt aber dennoch zu dem Schluß: „Meinungen sind ... schließlich ein ‚lautes' vernehmbares, vernommenes Denken ..."

[62] Vgl. Duden, Etymologie, S. 432; vgl. auch R. *Schmid*, Einwände, S. 141.

[63] BGH 3 StR 80, 53, 25. 6. 1953, NJW 1953, 1804; vgl. auch *Löffler*, Kommentar, S. 67 (RN 24).

(1) Solange es keine Presse gegeben hat, war die Tatsachenübermittlung ein individueller Vorgang. Die Nachricht wurde in der Rede[64], im Brief[65] übertragen, sie war subjektiv verfärbt, an den Ort, an die Zeit, an die Individualität der beteiligten Personen, an die Situation der geistigen Begegnung gebunden: sie war in ihrer Wirksamkeit beschränkt und sie trat regelmäßig nur als „Meinung“ in Erscheinung. Nicht die Nachricht, sondern die „Meinung“ war für die Kirche und für den Staat gefährlich, nur die „Meinung“ war durch sie gefährdet.

(2) Mit der Entwicklung der „teuflischen“ schwarzen Kunst und ihrer „Schwarz-weißen Magie“[66] ist eine umwälzende Veränderung eingetreten. Der gedruckten Zeitung war es nach ihren technischen Voraussetzungen möglich, die Nachricht aus der Meinung herauszulösen. Die planmäßige Trennung der Nachricht von der Meinung[67], die Organisation der Nachrichtenübermittlung[68], und die suggestive Wirksamkeit gerade der gedruckten Nachricht[69] haben die Meldung einer nackten Tatsache, die „Zeitung“ in ihrem ursprünglichen Sinn[70] so stark aufgewertet, daß nach ihr sehr bald die gesamte politische periodische Presse[71] benannt worden ist. Die gedruckte Tatsache (und erst sekundär die darauf beruhende Meinung) war eine so mächtige Instanz geworden, daß Staat und Kirche sie fürchten mußten. Und je mehr die Presse die Nachrichtenübermittlung perfektionierte und sich damit zur periodischen politischen Presse des 19. Jahrhunderts formierte, desto gefährlicher wurde sie.

(3) In dieser Zeit war es durchaus nicht selbstverständlich, daß mit der Redefreiheit und mit der „privaten“ Äußerungsfreiheit jedermann auch das Recht haben sollte, sich des Machtmittels Presse beliebig zu bedienen.

---

[64] Bezeichnend der Gruß der Athener: Ti neoteron — was gibt es Neueres. Vgl. *Platon,* Eutyphron, p. 2 a. Vgl. auch *Ludwig,* S. 37 (FN 29).

[65] Der Kaufmannsbrief (seit dem 14. Jahrhundert) gilt als die erste Zeitung der europäischen Geschichte, vgl. *Bosl,* ZV+ZV, 1965, S. 2464.

[66] Vgl. *Sieburg:* „Schwarz-weiße Magie“, 1949.

[67] Vgl. den Grundsatz: „Comment is free, but facts are sacred“ (The British Press, S. 23, vgl. *Dagtoglou,* S. 28, FN 122). Das englische Recht differenziert in der Behandlung von comment und facts, weil eine Meinung dem Leser immer als subjektiv erkennbar ist, während die Meldung objektive Geltung beansprucht (vgl. R. *Schmid,* Deutsche Presse, S. 238); doch nie ist auch im englischen Recht zur Debatte gestanden, ob nur comment oder auch facts durch die Redefreiheit garantiert seien.

[68] Erst die Entwicklung der Technik und ihre wirtschaftliche Ausschöpfung haben die „Zeitung“ entstehen lassen.

[69] Das „magische Prestige des Gedruckten“, vgl. R. *Schmid,* Deutsche Presse, S. 238.

[70] Bedeutete ursprünglich „Ereignis“ oder „Nachricht von einem Ereignis“, vgl. Duden, Etymologie, S. 778.

[71] Presse im engeren Sinn: Zeitungen und Zeitschriften, entscheidend also das Merkmal der Periodizität, vgl. Duden, Etymologie, S. 528.

Sollten Mißverständnisse ausgeschlossen sein, so mußten die Verfassungen dieser Zeit ausdrücklich erklären, ob sie auch für die Freiheit der Presse einzugestehen gedachten. Deshalb die grundsätzlichen Erwägungen in der ersten großen Grundrechtskodifikation, der Virginia Bill of Rights: „That the freedom of the press is one of the great bulwarks of liberty, and can never be restrained but by despotic government[72]." Die Väter der Virginia-Bill of Rights hatten die politische und soziologische Bedeutung einer freien Presse erkannt; und sie beriefen sich auf sie, um mit ihr zu begründen, warum die Äußerungsfreiheit auch und gerade auf die Presse ausgedehnt sein sollte. Deshalb aber mußten die weniger liberalen süddeutschen Verfassungen[73] die Pressefreiheit vom Grundrecht der Meinungsfreiheit ausdrücklich ausnehmen, wenn sie zum Ausdruck bringen wollten, daß sie nicht bereit seien, auch eine freie Presse zu verbürgen[74].

(4) Während die Paulskirchenverfassung[75] noch bemüht war, den ersten Absatz ihres § 143, in dem „nur" das Recht verbürgt war, „durch Wort, Schrift, Druck und bildliche Darstellung seine Meinung frei zu äußern", durch einen zweiten Absatz dahin zu verdeutlichen, daß auch die Äußerungsfreiheit in der Presse „unter keinen Umständen und in keiner Weise durch vorbeugende Maßregeln, namentlich Zensur, Konzession, Sicherheitsbestellungen, Staatsauflagen, Beschränkungen der Druckereien oder des Buchhandels, Postverbote oder andere Hemmnisse des freien Verkehrs beschränkt, suspendiert oder aufgehoben werden" darf, verzichtete die Weimarer Verfassung in Art. 118 darauf, neben der Meinungsäußerungsfreiheit noch ausdrücklich die Pressefreiheit zu erwähnen[76]. Erst die Väter des Art. 5 Abs. 1 legten — nach all den Erfahrungen, die sie im Dritten Reich gemacht hatten — wieder Wert auf die Feststellung, daß *auch nicht die Pressefreiheit* und *auch nicht die Berichterstattung durch Rundfunk und Film*[77] beeinträchtigt werden dürfen.

(5) Aus all dem folgt, daß Satz 2 des Art. 5 Abs. 1 nur der vorsorglichen Verdeutlichung dessen dient, was nach den Vorstellungen des Verfas-

---

[72] *Hartung*, S. 26; vgl. auch *Obermayer*, BayVBl. 1965, 397.

[73] Vgl. *Obermayer*, BayVBl. 1965, 397.

[74] Irrig deshalb die Ansicht (*Obermayer* a.a.O.), die ausdrückliche Erwähnung der Pressefreiheit bedeute, daß die Pressefreiheit von vornherein „von der Meinungsfreiheit völlig losgelöst, mit der Staatsform verbunden und so im Ansatz institutionalisiert" worden sei.

[75] Vgl. oben FN 24.

[76] Zur h. L. vgl. oben bei FN 36.

[77] Art. 118 WV hatte die Äußerungsfreiheit durch den Film insofern *eingeschränkt*, als er es dem einfachen Gesetzgeber anheimstellte, Lichtspiele zu zensieren. Die Fragestellung lautet also nicht, wie weit eine Verfassung die Äußerungsfreiheit garantiert, sondern umgekehrt: wie weit sie sie beschränkt oder beschränken kann.

sungsgebers verfassungskräftig verbürgt sein sollte. Satz 2 mit seinem Hinweis auf die Freiheit der Berichterstattung bildet systematisch keinen Gegensatz zum Begriff Meinungsäußerung[78].

c) Die historische Auslegung

Wenn schließlich Franz Schneider in seiner Auseinandersetzung mit Noltenius auf den „historischen Standpunkt" verweist[79], erliegt er einem weiteren Irrtum. Zwar ist ihm darin zuzustimmen, daß dem beginnenden 19. Jahrhundert der Unterschied zwischen Tatsachen- und Meinungsäußerung „sehr wohl bekannt und bewußt war". Aber wo dieser Unterschied hervorgehoben worden ist, dort ging es um vieles andere, doch nie um die präventive und formelle Beschränkung einer Freiheitsgarantie.

§ 39 der kurhessischen Verfasungsurkunde, wonach niemand „wegen der freien *Äuserung bloser Meinungen* zur Verantwortung gezogen werden" konnte[79], war schon dem Wortlaut nach nur *repressiv*, grenzte also die „Äuserung bloser Meinungen" ab von der Äußerung beleidigender Werturteile und von der Behauptung nicht erweislich wahrer Tatsachen, wie es seit dem 15. Mai 1871 die §§ 185 und 186 des Strafgesetzbuches auch nicht anders tun.

Der Zeitungsmann Joseph Görres aber, auf den Schneider[79] sich beruft, mußte die Trennung von Meinung und Meldung so entschieden verfechten[80], weil davon der Informationseffekt eines „Rheinischen Merkur" und der Zeitung überhaupt abhing. Was aber sollte einen Verfassungsgeber bewegen, die Wiedergabe der unbewerteten, der „nackten" Tatsachen von seinem Schutz auszuschließen, die bewertete, in die Meinung verpackte Tatsache aber darin aufzunehmen? Was sollte gar die Väter des Art. 5 Abs. 1 veranlassen, die Berichterstattung durch Presse, Rundfunk und Film zu garantieren, nicht aber die Nachrichtenübermittlung durch den Privatmann, durch die öffentliche Rede, durch

---

[78] Vgl. Art. 19 der Allgemeinen Erklärung der Menschenrechte (10. 12. 1948): „... das Recht auf freie Meinungsäußerung ... umfaßt die Freiheit, ... Informationen und Ideen mit allen Verständigungsmitteln ohne Rücksicht auf Grenzen zu suchen, zu empfangen und zu verbreiten ..." Art. 10 MRK (4. 11. 1950): „... die Freiheit der Meinung und die Freiheit zum Empfang und zur Mitteilung von Nachrichten oder Ideen ..." Vgl. auch Art. 11 der französischen Erklärung der Menschenrechte: „La libre communication des pensées et des opinions est un des droits les plus precieux de L'homme ..."

[79] *Schneider*, S. 24.

[80] *Görres* spricht von der Tatsachenwiedergabe als von einem „knechtischen Grundsatz" und von der Meinungsäußerung als von der „wichtigsten Bestimmung" einer Zeitung. Vgl. „Rheinischer Merkur", 1. 7. 1814, Nr. 80.

Schallplatte und Tonband[81], ja nicht einmal durch das Taschenbuch[82] zu gewährleisten?

d) Die teleologische Auslegung

Schneider glaubt den Grund gefunden zu haben. Das Grundgesetz habe die Tatsachenübermittlung von seinem Schutz ausgeschlossen, weil es die freie Meinungsäußerung nicht „zur Erreichung eines objektiven Wertes", der „Wahrheitsfindung"[83] garantiere, „sondern um eines im Subjekt, im Individuum selbst verankerten Wertes willen". So sei im Rahmen der Meinungsäußerungsfreiheit das Individuum nicht als dienendes Glied der Gesellschaft zu sehen, sondern das Grundrecht stehe ihm zu „wegen der mit geistigen Mitteln zu erreichenden Behauptung, Stärkung und Erweiterung seiner individuellen Stellung im sozialen Lebensraum"[84]. Diesem Ziel diene mehr die Meinungsäußerung als die Tatsachenäußerung: „Während die Mitteilung einer Tatsache in erster Linie eine sprachliche Leistung ist, stellt die der Meinungsäußerung voraufgegangene Meinungsbildung eine gedankliche Leistung dar, erstellt vom Individuum. Dieses geistig-individuelle Moment bedeutet ein Minus an Objektivität und ein Plus an Subjektivität[85]."

Schneider übersieht dabei dreierlei. *Einmal* verkennt er, daß Sachbezogenheit (hier: die objektive Wahrheitsfindung) und Subjektsbezogenheit (hier: Behauptung im sozialen Lebensraum) einander nicht ausschließen: daß das Individuum nicht zum Mittel der Wahrheitsfindung degradiert, sondern zum mitwirkungsberechtigten Subjekt der Wahrheitsfindung erhoben wird. *Ferner* übersieht Schneider, daß nichts die individuelle Stellung im sozialen Lebensraum so zu stärken vermag, wie gerade die Kenntnis der Tatsachen und die Möglichkeit ihrer freien Äußerung[86]. *Schließlich* vergißt Schneider, daß regelmäßig gerade die Tatsache — als ein Stück objektiver Wahrheit — der Erkenntnis, also

---

[81] Das besprochene Kassettentonband: eine noch nicht erschlossene Form des modernen Journalismus.

[82] Der „enge" Pressebegriff, wie ihn z. B. *Schneider* (S. 58) vertritt, umfaßt nur die periodische Presse.

[83] Auf S. 3—11 (7) lehnt Schneider die sog. „Wettbewerbstheorie" u. a. mit der Begründung ab, das Grundgesetz schütze nicht die bloße Tatsachenäußerung des Privatmannes; auf S. 24 schließt Schneider die Tatsachenäußerung des Privatmannes aus dem Schutzbereich des Art. 5 Abs. 1 mit dem Hinweis aus, daß Ziel der Meinungsfreiheit nicht die objektive Wahrheitsfindung sei, also die Wettbewerbstheorie keine Geltung habe: eine petitio principii.

[84] *Schneider*, S. 11.

[85] Vgl. *Schneider*, S. 7.

[86] Wahlspruch des Baco von Verulam: tantum possumus quantum scimus („Wissen ist Macht").

einer geistig-individuellen Leistung bedarf, während umgekehrt gerade die Meinung häufig nichts anderes ist, als was Brockhaus sie nennt: das Fürwahrhalten ohne sichere Überlegung[87].

2. Die Abgrenzung „fremder“ und „unwahrhaftiger“ Meinungen

Der Wortlaut des ersten Satzes des Art. 5 Abs. 1 weist ein besitzanzeigendes Fürwort auf, das die herrschende Lehre zu einer weiteren Differenzierung veranlaßt hat. Auf den Schutz der Verfassung kann sich demnach nur berufen, wer *„seine“* Meinung äußert. Wer nicht seine eigene Meinung äußert, der äußert eine Tatsache und kann sich nur als Pressemann, als Rundfunk- oder Filmberichterstatter auf die Verfassung beziehen[88]. Wer aber gar eine (fremde) Meinung entgegen seiner inneren Überzeugung als eigene Meinung äußert, der äußert weder eine Tatsache, noch äußert er „seine“ Meinung: er steht als Privatmann wie als Presseberichterstatter außerhalb der Verfassung[89].

Mit diesem Ergebnis stimmt denn auch die kantische Begriffsbestimmung des Meinens überein, wonach das subjektive Fürwahrhalten zum Tatbestand der Meinung gehört. „Eine ‚unwahrhaftige‘ Meinungsäußerung“, schreibt selbst Ridder[90], „ist bei Licht überhaupt keine Meinungsäußerung, da ja nicht das Gemeinte, sondern etwas anderes geäußert wird; dabei bleibt sich gleich, ob bewußt ein falscher Tatsachenstoff unterschoben und mit ihm eine Pseudo-Operation der Meinungsbildung vollzogen (wird) oder ob an Stelle der wirklichen an Hand von mindestens subjektiv für wahr gehaltenen Tatsachen gebildeten Meinung das Individuum etwas anderes äußert. ‚Unwahrhaftige Meinungsäußerungen‘ können also per definitionem der Meinungsäußerung keinen Grundrechtsschutz beanspruchen.“

Die Folgen sind unvorstellbar! Das ethische Postulat subjektiver Wahrhaftigkeit wird der Grundrechtsgarantie gleichsam als Bedingung vorgeschaltet. Die Verfassung wird reserviert für ein Häuflein von

---

[87] Brockhaus, Bd. 7, S. 652.

[88] z. B. *Schneider*, S. 92 f. Dagegen besonders deutlich R. *Schmid*, Deutsche Presse, S. 242.

[89] So ausdrücklich *Schneider*, S. 93.

[90] *Ridder* (Meinungsfreiheit, S. 265) für die klassische Meinungsäußerungsfreiheit. Im Rahmen der sog. „öffentlichen Meinungsfreiheit“ will Ridder dagegen (Privilegierung!) auch die Nicht-Meinungsäußerung geschützt wissen: „Mit dem Regulativ der einzelmenschlichen „Wahrhaftigkeit“ wird in der Tat die „Wahrheit“ zur sittlichen Leitidee der klassischen Meinungsäußerungsfreiheit. Der Verfassungsschutz des öffentlichen Meinungsprozesses aber will nicht auf die „Wahrheit“ einlenken“ (S. 265). Den Schutzbereich der „öffentlichen Meinungsfreiheit“ beschränkt Ridder auf die politische Presse (vgl. S. 270).

Außenseitern, die es zuwegebringen, der allgemeinen Verlogenheit zum Trotz hin und wieder wahrhaftig zu sein: als könnte es sich unter den Bedingungen der Massendemokratie auf die Dauer irgend jemand leisten, nur „wahrhaftige" Meinungen zu äußern. Vielfach ist ja die Lüge (Notlüge) überhaupt das einzige Mittel, durch das sich das Individuum einer Meinungsäußerung entziehen kann; wenn daher die Freiheit der Meinungsäußerung die Freiheit mit umfaßt, von der Äußerung einer Meinung abzusehen[91], so ist damit auch die Freiheit garantiert, „unwahrhaftige" oder „Nicht-Meinungen" zu äußern. Sagt doch schon Johann Gottlieb Fichte den „Fürsten Europas"[92]: „Ohne Vertrag zwischen mir und euch habt ihr keine rechtskräftige Anforderung auf meine Wahrhaftigkeit; denn diese ist nur eine innere, keine äußere Pflicht: durch den gesellschaftlichen Vertrag erhaltet ihr keine, denn ihr könnt euch der Erfüllung meines Versprechens nie versichern, da ihr nicht in meinem Herzen lesen könnt. Hätte ich euch Wahrhaftigkeit versprochen und ihr hättet das Versprechen angenommen, so wäret ihr freilich getäuscht, aber durch eure Schuld: ich hätte euch nichts versprochen, da ihr durch mein Versprechen ein Recht bekommen hättet, dessen Ausübung physisch unmöglich ist. — Freilich bin ich, wenn ich vorsätzlich euch belüge, wenn ich euch wissentlich und wohlbedacht Irrtum statt Wahrheit gebe, ein verachtungswürdiger Mensch; aber ich beleidige dadurch nur mich, nicht euch; ich habe das nur mit meinem Gewissen abzumachen."

3. Ergebnis

Das Recht der freien Meinungsäußerung ist das Recht des Individuums, sein „Meinen" (Denken) in der Außenwelt zu manifestieren: in seiner Geistigkeit also frei nach außen zu wirken. Es umfaßt daher alles, womit der Mensch geistig wirken kann: alle irgendwie „denkbaren" und „artikulierbaren" geistigen Inhalte *(Informationen).* Nicht der Terminus *„seine Meinung"*, sondern das Zeitwort *„äußern"* kennzeichnet die Zielrichtung des Art. 5 Abs. 1 GG. „Meinung" ist daher alles, was geäußert wird *(Äußerungsfreiheit).*

Die Abgrenzung der Tatsache von der Meinung, die Differenzierung nach wahrhaftigen und unwahrhaftigen „Meinungen", nach eigenen und fremden, nach banalen und solchen „grundsätzlicher Art"[93] beruht auf

---

[91] So war im Herren-Chiemsee-Entwurf die Formulierung vorgesehen: Niemand ist verpflichtet, seine politische Überzeugung bekanntzugeben (vgl. JöR 1, 85). Vgl. auch *Ermacora*, S. 328, Richard *Schmid*, Deutsche Presse, S. 248.

[92] Johann Gottlieb *Fichte*, S. 18 (Ausgabe Strecker).

[93] Vgl. *Rothenbücher*, oben FN 48.

einer historischen Fehlleistung positivistischer Gesetzesauslegung. Daß die herrschende Lehre im Verfassungs- wie im Presserecht diesen fundamentalen Irrtum auch heute noch hartnäckig verteidigt, ist nur psychologisch zu erklären: um die These von der „Privilegierung" der Presse zu erhärten, stellt sie als Vorrecht der Presse dar, was die Verfassung in Wirklichkeit *jedermann* garantiert. *Die vermeintliche „Besserstellung" der Presse begründet diese Lehre mit der vermeintlichen „Schlechterstellung" dessen, was nicht Presse ist.*

III. Freie Meinungsäußerung und formelle Pressefreiheit

Wenn von der „privilegierten Sonderstellung" der Presse die Rede ist, dann weniger im Zusammenhang mit der materiellen als mit der formellen Pressefreiheit[94]. Was es aber mit diesen „Privilegien" auf sich hat, tritt klar hervor, wenn wir auf das Ergebnis zurückgreifen, das wir oben für den Begriff der formellen Pressefreiheit gewonnen haben.

1. Das erhöhte Schutzbedürfnis der Presse

Die Presseäußerung unterscheidet sich von der freien Rede in zwei wesentlichen Punkten: auf der einen Seite in ihrer Abhängigkeit von einem komplizierten technischen und personellen Organisationsbestand, auf der anderen Seite aber in ihrer durch nichts zu übertreffenden Wirksamkeit. Was sich einerseits als ihre Stärke erweist, begründet auf der anderen Seite ihre Schwäche. Je intensiver das gedruckte Wort in die Außensphäre wirkt, desto größer ist der Apparat, auf den es sich stützt: desto breiter ist die Angriffsfläche, die es — von der Papierzufuhr bis zum Zeitungsträger — staatlichen und privaten Einwirkungen darbietet.

Da der Apparat auf dem Weg von der Entwicklung des geistigen Inhalts bis zu seiner Entäußerung „zwischengeschaltet" ist, wirken Angriffe auf ihn gelegentlich auch dann in der zweiten Intensitätsstufe (präventiv-formell), wenn sie repressiv-materiell auf einen bereits geäußerten geistigen Inhalt bezogen sind: denn was den Apparat erfaßt, das trifft mit der laufenden auch die künftige Produktion gedruckter Worte[95].

Die Sonderregelungen zu Gunsten der Presse, die Erschwerung der Beschlagnahme, das Zeugnisverweigerungsrecht, die verkürzte Verjährung und was sonst dem Recht der Presse zugehört, folgen dem Gebot, daß das gedruckte Wort — trotz der Intensität seiner geistigen Wirksamkeit und

---

[94] z. B. *Löffler*, Kommentar, S. 66 (RN 22), S. 72 (RN 43).

[95] Vgl. oben B I 3.

trotz der mannigfachen Möglichkeiten der Einflußnahme und der Manipulation — tunlichst genau so unbeeinflußt nach außen gelangen kann wie das gesprochene Wort in der freien Rede[96].

2. Ungleiche Tatbestände sind ungleich zu behandeln

Der Pressebetrieb ragt so weit in den sozialen Raum hinein, daß die Freiheit des gedruckten Wortes nur dann den staatlichen und privaten Anfechtungen standzuhalten vermag, wenn sie rechtlich fest verankert ist: wenn sie mit einem Schutzring subjektiver öffentlicher Rechte im Rang des einfachen Gesetzes umgeben ist. Die einzelnen Positionen dieses Schutzringes bilden gegenüber den allgemeinen Gesetzen eine Art Sonderregelung zu Gunsten der Presseäußerung, aber sie gewähren keine Privilegien im eigentlichen Sinn.

(1) Einmal deshalb, weil nicht gleiche Tatbestände ungleich behandelt werden, sondern ungleiche Tatbestände mit ungleichen Rechtsfolgen verbunden werden. Wer nicht schreibt, wer nicht druckt und nicht verlegt, wer sich nicht des Werkzeugs „Presse" bedient, bedarf auch nicht jener der Presse zugedachten Schutznormen.

(2) Zum anderen aber, weil zum Begriff des Privilegs gehört, daß es dem einen *vor* dem anderen zuteil wird. Die vermeintlichen Privilegien der Pressefreiheit stehen jedoch allen Menschen[97] offen, die Pressefreiheit ausüben: und zwar jeweils in dem Maße, in dem sie es tun. Der Leserbriefschreiber[98] und der „Betroffene"[99], der seinen Gegendarstellungsanspruch realisiert, haben — wie der Redakteur und der Verleger — Anteil an der Pressefreiheit, jedoch eben nur in dem Maße, wie es der Intensität ihrer Beteiligung entspricht: sie können sich wie Redakteur und Verleger auf die Wahrnehmung berechtigter Interessen (§ 193 StGB) und auf die verkürzte Presseverjährung (§ 22 RPG, § 15 BayPG) beru-

---

[96] So betont auch das BVerfG — allerdings im Zusammenhang mit der „institutionellen Sicherung der Presse" —, das Grundrecht schließe das subjektive öffentliche Recht der im Pressewesen tätigen Personen ein, ihre Meinung „in der ihnen geeignet erscheinenden Form ebenso frei und ungehindert zu äußern wie jeder andere Bürger" (BVerfGE 10, 121).

[97] Die u. a. von *Bettermann* (JZ 1964, 605 ff.) aufgeworfene und insbesondere von *Groß* verneinte Frage, ob Art. 5 Abs. 2 Sonderregelungen zu Gunsten der Presse verbiete (vgl. *Groß,* DVBl. 1966, 564), ist daher schon im Ansatz verfehlt.

[98] Verfehlt ist auch die häufige Frage, ob sich die Pressefreiheit auch auf die Leserbriefseite erstrecke. Der Leserbriefschreiber übt seine Äußerungsfreiheit ebenso aus wie der Kommentator, der Berichterstatter oder sonst ein Verfasser, wobei die verfassungsrechtliche Beurteilung der redaktionellen oder verlegerischen Tätigkeit sich nicht ändert.

[99] Der Gegendarstellunganspruch (vgl. § 10 BayPG) geht weiter als der bloße Berichtigungsanspruch (vgl. § 11 RPG).

fen[100], doch wäre es unsinnig, die Sonderregeln der Pressebeschlagnahme und des Zeugnisverweigerungsrechts auf sie zu beziehen: denn diese Sonderregeln betreffen die erhöhte meinungsbildende Intensität und den dazugehörigen besonderen Apparat der (periodischen) Presse.

3. Zulässige und unzulässige Kriterien für den Pressebegriff

(1) Die Differenzierungen, die der formellen Schutzfunktion der Pressefreiheit entsprechen, orientieren sich keinesfalls am Inhalt eines Presseerzeugnisses, sondern ausschließlich am Aufwand und an der Intensität des kommunikativen Einsatzes. Es macht eben einen Unterschied, ob staatliche Aktionen gegen den Verfasser oder Hersteller staatsgefährdender Plakatdarstellungen gerichtet sind, ob sie sich auf das staatsgefährdende Erzeugnis eines Buchverlages oder aber auf die staatsgefährdenden Aspekte einer in Geld und Exemplaren millionenschweren Illustriertenauflage beziehen. Nur in den beiden letzten Fällen ist mit dem inhaltsbezogenen (materiellen) Repressiveffekt — etwa einer repressiven Beschlagnahme — ein freilich unterschiedlich starker Präventiveffekt verbunden.

Die *Periodizität* des Druckerzeugnisses bietet ein Maximum kommunikativer Wirksamkeit, fordert aber ebenso ein Maximum finanzieller, technischer und personeller Aufwendungen; sie macht die Presse stark und macht sie schwach. Deshalb muß es Normen geben, die den Schwächen, den typischen Gefährdungen der periodischen Presse entgegenwirken. Das ist das „Geheimnis", das Wesen der Pressefreiheit.

(2) Je größer also der Apparat, desto anfälliger ist er: desto mehr muß sich die Verfassungsgarantie für den Rechtsalltag aktualisieren und in den Regionen des einfachen Gesetzgebers verzweigen. Das ist der einzige Maßstab, nach dem im Bereich der formellen Schutzfunktion Differenzierungen möglich sind. Dagegen ist es falsch, den Pressebegriff gerade der formellen Pressefreiheit auf diejenige Presse zu beschränken, „die durch Information und Meinungsbildung öffentliche Aufgaben erfüllt", die unpolitischen Blätter[101], die „sogenannte Geschäfts- und Un-

---

[100] Die verkürzte Verjährungsfrist wird einmal damit begründet, daß Presseinhaltsdelikte offen zutagetreten und deshalb regelmäßig schon mit Begehung verfolgt werden können; zum anderen damit, daß der Zeitpunkt der Vollendung und Beendigung und damit des Verjährungsbeginns regelmäßig erst mit dem Ende der Verbreitung und damit später als bei anderen Delikten eintrete (vgl. *Löffler*, Kommentar, S. 374 ff.). Bemerkenswerterweise erkennt *Löffler* (S. 375) für die Presseverjährung an, daß es sich *nicht um ein Privileg* handelt, sondern nur um „die Verhinderung einer der Presse aus der Eigentümlichkeit ihrer Tätigkeit her drohenden *Benachteiligung*". Gleiches muß aber auch für die übrigen Sonderregelungen in bezug auf die Presse gelten.

[101] *v. Mangoldt-Klein*, S. 245.

terhaltungspresse“[102], die „Varieté-Presse“[103] aber davon auszuschließen. Differenzierungen dieser Art[104] können im einzelnen zur Entscheidung einer konkreten Interessenkollision erforderlich sein, doch im formellen — inhaltsfreien — Schutzbereich sind sie schon begrifflich ausgeschlossen. Die vielzitierte „öffentliche Aufgabe“ der Presse ist kein brauchbares Kriterium; sie hat soziologische und politische Bedeutung, sie ist jedoch rechtlich irrelevant[105], sie ist „nichts weiter als eine Art Berufsideologie“[106] oder „Material für Festredner“[107], sie ist überflüssig, sie ist unvereinbar mit der individualrechtlichen Konzeption des Art. 5 Abs. 1 und sie ist, wie das Beispiel zeigt, der Presse gefährlich: man errichtet ihr den Tempel der öffentlichen Aufgabe und verpflichtet sie zum Tempeldienst, man vertreibt daraus „Geldwechsler“ und „Taubenkrämer“, und zurück bleibt nur, was wahrhaft gute Presse ist.

4. Ergebnis

Pressefreiheit und freie Meinungsäußerung stimmen inhaltlich überein. Differenzierungen folgen allein daraus, daß die Presseäußerung regelmäßig schutzbedürftiger ist, als die „individuelle“ Meinungsäußerung es jemals sein kann. Das Sonderrecht der Presse gibt keine Privilegien, es besorgt lediglich, daß die Presseäußerung möglichst ebenso frei erfolgen kann, wie Äußerungen außerhalb der Presse möglich sind.

C. Pressefreiheit und institutionelle Garantie

I. Die „institutionellen“ Auffassungen

Auf der dem Recht der freien Meinungsäußerung gewidmeten Staatsrechtslehrertagung 1927 in München hat Rudolf *Smend* Formulierungen gebraucht, die ihn noch heute gleichzeitig als Gegner und als Weg-

---

[102] *Schneider*, S. 136 ff.; *v. Mangoldt-Klein*, S. 245; *Schüle*, S. 23 und viele andere.

[103] *Schneider*, S. 58.

[104] Auch unter den Anhängern der herrschenden Lehre stoßen Differenzierungen dieser Art auf energischen Widerstand. Vgl. z. B. *Dagtoglou*, S. 28 ff.; *Obermayer*, BayVBl. 65, 398. Bedenklich aber das BVerfG (NJW 1966, 1605) in der Spiegelentscheidung. „... die in gewisser Hinsicht bevorzugte Stellung der Presseangehörigen ist ihnen um ihrer Aufgabe willen und nur im Rahmen dieser Aufgabe eingeräumt.“

[105] *Dagtoglou*, S. 12 ff.

[106] *Rehbinder*, DVBl. 1966, 560 und NJW 1963, 1387 ff.

[107] *Sarstedt*, vgl. bei *Rehbinder*, DVBl. 1966, 560. Vgl. im übrigen oben 2. Kapitel C FN 38 und unten 5. Kapitel B II 2.

bereiter einer „institutionellen Auffassung vom Wesen der Meinungsäußerung"[1] erscheinen lassen. Während nämlich die einen daraus den Schluß gezogen haben, daß Smend die „institutionellen Auffassungen vom Wesen der Meinungsäußerung, insbesondere der Presse als einer öffentlichen Einrichtung" ablehne[2], sind andere dafür dankbar, daß Smend bei seinen Betrachtungen „auf die institutionelle Seite und Bedeutung der Grundrechte so nachdrücklich hingewiesen hat"[3]. Das Widersprüchliche dieser Interpretationen hat bisher kaum Beachtung gefunden, obwohl es ein bezeichnendes Licht auf das Phänomen einer „institutionellen" Pressefreiheit wirft.

1. Die institutionelle Methode: das Auslegungsergebnis

Wenn Erich *Kaufmann* auf der Münchner Tagung Smends „Auffassung der Grundrechte als wirklicher Institute des Verfassungsrechts und nicht bloß eines Komplexes von technischen Rechtssätzen wesentlich verwaltungsrechtlichen Inhalts" spontan als ein „wichtiges Ereignis in der Geschichte unserer Wissenschaft" begrüßt hat[4], so tat er es keinesfalls als Anhänger der Lehre von den institutionellen Garantien, wie sie Carl Schmitt im gleichen Jahr dem öffentlichen Recht nutzbar gemacht hat[5]. „Wir standen damals — und stehen noch heute", berichtet Kaufmann im Jahre 1960, „in einer Kampfgemeinschaft gegen die von Anschütz und Thoma im Anschluß an Laband vertretene vermeintlich rein juristische Methode der Staatsrechtswissenschaft[6]."

Die Übereinstimmung Kaufmanns und Smends bestand darin, daß sie als Vertreter einer „institutionellen Rechtsauffassung" die institutionelle Bedeutung gerade der Grundrechte betonten. Diese institutionelle Methode, die dem *Normativismus* einerseits und dem *Dezisionismus* andrerseits als dritte Art des Rechtsdenkens gegenübergestellt wird[7], vollzieht die logische Operation der Subsumtion dadurch, daß sie „in einem konkreten Tatbestand ein ihm vorgegebenes Allgemeines erkennt oder

---

[1] *Smend*, VVStRL 4, 50 ff. (50).

[2] So die herrschende Lehre im Presserecht; vgl. z. B. *Ridder*, Meinungsfreiheit, S. 250 (FN 27), ausdrücklich gegen Carl *Schmitt*, Handbuch, S. 593; *Dagtoglou*, S. 10 (FN).

[3] *Kaufmann*, VVDStRL 4, 78.

[4] *Kaufmann*, a.a.O., 4, 77.

[5] Carl *Schmitt* wird der „öffentlich-rechtliche Initiator" dieser Lehre genannt (vgl. *Dürig*, MD, Art. 1 Abs. 3, RN 98, S. 45, FN 3); vgl. Carl *Schmitt*, Verfassungslehre (1927), derselbe, Freiheitsrechte (1931), derselbe, Handbuch (1932).

[6] *Kaufmann*, Schriften, Bd. 3, S. XXX.

[7] Vgl. *Larenz*, Methodenlehre, S. 137 f.

wiedererkennt", daß sie bei den in Verbindung gebrachten Begriffen das Augenmerk nicht auf die einzelnen Begriffe richtet, sondern auf die sie verbindende Relation; in dieser Relation aber sieht sie den dahinterstehenden Dingbegriff[8].

Unter Rechtsinstituten — und Institutionen[9] — versteht die institutionelle Methode „gestalthafte Gebilde", die sich ihr nicht nur als Verdichtungen bestimmter geistiger Gehalte des Rechts darstellen, sondern auch als ein Stück der Wirklichkeit. Sie berücksichtigt daher die tragenden Grundgedanken des Rechts ebenso wie die Wirklichkeit als die „Realität der gegebenen Zustände"[9]. „Die einzelnen, auf ein bestimmtes Institut bezüglichen Rechtsnormen erscheinen als Ausprägungen des diesem Institut eigentümlichen normativen (rechtsethischen) Sinngehalts und zugleich als gestaltende Faktoren eines realen Ordnungsgefüges. Sie sind aus dieser ihrer Funktion zu begreifen. Ihre nähere Ausgestaltung und Handhabung durch Gesetz und Rechtsprechung steht im Dienste eines ‚objektiven Zwecks' der Rechtsprechung[10]."

Aus der Sicht dieser Methode ist es verständlich, daß Kaufmann vom „Institut der Meinungsfreiheit"[11] spricht. Die „institutionelle Seite" eines Grundrechts betrachten, kann demnach nur bedeuten, daß der Interpret das Grundrecht nicht in Begriffe und Normen auflöst, sondern daß er die Begriffe und Normen in ihrer Relation zum Grundrecht und dieses wieder in seiner Relation zum Ganzen der Verfassung und ihrer Wirklichkeit sieht. Wenn sich aber bei Smend die Formulierung findet „... als die Presse noch rationalistisch als Institution, nicht lediglich als freie Meinungsäußerung schutzwürdig erschien..."[12], heißt das im Sinne der institutionellen Methode, daß die Pressefreiheit nicht aus dem Wesen der Presse, d. h. aus der *„Institution" Presse,* sondern eben schlicht aus einer *institutionellen Betrachtung der Meinungsäußerungsfreiheit* folgt. Diese institutionelle Auffassung bezeichnet das *Ergebnis der Auslegung.*

Wer nun aber mit Bezug auf diese Formulierung Smend als Gegner einer institutionellen Auffassung vom Wesen der Pressefreiheit bezeichnet, mißdeutet Smends Ausführungen oder versteht unter einer „institutionellen Auffassung" etwas völlig anderes.

---

[8] *Kaufmann,* Schriften, Bd. 3, S. XXX.

[9] Vgl. *Forsthoff,* Lehrbuch, S. 159: für die Gebilde in der Sphäre des öffentlichen Rechts ist der Ausdruck „Institution" vorherrschend.

[10] *Larenz,* Methodenlehre, S. 138 (FN 1); als ein Beispiel für institutionelles Rechtsdenken aus der Rechtsprechung zitiert Larenz die Auffassung des BGH (18, 12, 1959, FamRZ 60, 187) vom Wesen der Ehe als einer sittlichen Ordnung.

[11] *Kaufmann,* Diskussionsbeitrag, VVDStRL 4, 79.

[12] *Smend,* VVDStRL 4, 71.

2. Die Lehre von den institutionellen Garantien: der Auslegungsgegenstand

Unabhängig von der institutionellen Methode im Sinne Kaufmanns und Smends ist die von Carl *Schmitt* wesentlich beeinflußte Lehre von den institutionellen Garantien populär geworden. Carl Schmitt hat in seiner Verfassungslehre (1927) institutionelle Anschauungen, wie sie vereinzelt zum Eigentum und zur kommunalen Selbstverwaltung angeklungen waren, systematisch verdichtet und dem zweiten Teil der Weimarer Verfassung eingeordnet[13].

a) Institutionelle Garantien und Freiheitsrechte

Schmitt kommt es darauf an, die institutionellen Garantien von den Freiheitsrechten zu unterscheiden. Die Freiheitsrechte — dazu zählt Schmitt auch die Pressefreiheit[14] — enthielten das fundamentale Verteilungsprinzip des bürgerlich-freiheitlichen Rechtsstaates: die prinzipiell unbegrenzte Freiheitssphäre des einzelnen und die prinzipiell begrenzten Befugnisse des Staates[15]. Dagegen seien die institutionellen Garantien, die bestimmten Einrichtungen besonderen verfassungsgesetzlichen Schutz gewährten, ihrem Wesen nach begrenzt; sie bestünden nur innerhalb des Staates und beruhten nicht auf der Vorstellung einer prinzipiell unbegrenzten Freiheitssphäre, sondern beträfen eine rechtlich anerkannte Institution, die als solche immer etwas Umschriebenes und Umgrenztes, bestimmten Aufgaben und bestimmten Zwecken Dienendes sei[16].

b) Institutionelle und Institutsgarantien

Später unterscheidet Schmitt die institutionelle Garantie von der Institutsgarantie: während die institutionelle Garantie selbstverständlich eine Institution voraussetzte, eine „formierte und organisierte und daher umgrenzbare und unterscheidbare Einrichtung öffentlichrechtlichen Charakters“[17], also „eine Einrichtung im Sinne einer Organisation oder Anstalt des öffentlichen Rechts“[18], komme die Institutsgarantie Rechts-

---

[13] *Schmitt,* Verfassungslehre, S. 170 ff.

[14] Vgl. die Übersicht S. 170: *Schmitt,* a.a.O.

[15] *Schmitt,* Verfassungslehre, S. 158.

[16] *Schmitt,* Verfassungslehre, S. 171.

[17] *Schmitt,* Freiheitsrechte, S. 149; derselbe, Handbuch, S. 595 f.

[18] *Schmitt,* Freiheitsrechte, S. 153, derselbe, Handbuch, S. 596; *Abel,* S. 47. Als Beispiele nennt Schmitt: die Garantie der gemeindlichen Selbstverwaltung (Art. 127 WV), des Berufsbeamtentums (129), der wissenschaftlichen Lehrfreiheit (142), der richterlichen Unabhängigkeit (102 ff.), der Religions-

instituten privatrechtlicher Art wie dem Eigentum, dem Erbrecht und der Ehe zugute[19]. Oder wie Abel sagt: das Institut ist kein in der Wirklichkeit funktionierender Ordnungszusammenhang, es ist Teil der Rechtsordnung und nichts als das[20].

c) *Grundrechtsbezogene Garantien*

Institutionelle Garantien und Institutsgarantien schließen die Gewährung subjektiver öffentlicher Rechte nicht aus, jedoch sind diese Rechte „Bestandteil oder Akzessorium" der objektiven Garantie[21]; sie schöpfen ihren Gehalt aus dem Institut, aus der Institution, doch sie erschöpfen sich darin. Sie sind nicht Freiheitsrechte und können es nie werden.

Umgekehrt ist auch die Freiheit weder Institut noch Institution und kann es auch nie werden[22]. Jedoch gibt es Institute und Institutionen, die sich *im Umbau* eines Freiheitsrechtes befinden[23] und der „Verteidigung und Umhegung der Freiheit" dienen[24]. Sie erfüllen die Aufgabe aller „im Schutzring"[25] eines Grundrechts befindlichen Normierungen: sie aktualisieren die Freiheitsgarantie gegenüber den staatlichen und privaten[26] Eingriffen. Sie verdanken ihre Existenz dem Grundrecht und sie erschöpfen sich in seinem Gehalt.

3. Die Lehre von den „Quasi-Instituten": Die Gleichstellung des Ergebnisses mit dem Gegenstand der Auslegung

Mit diesen typischen Normierungen im Umbau eines Grundrechts hat es eine eigene Bewandtnis. Da jeder Eingriff in die individuelle Freiheit begrenzt, meßbar und berechenbar, jede staatliche Kontrolle der Freiheitsausübung ihrerseits wieder kontrollierbar sein muß, würde es dem

---

gesellschaften als Körperschaften des öffentlichen Rechts (137). Im übrigen tritt Schmitt den Tendenzen einer allgemeinen „Institutionalisierung" mit Entschiedenheit entgegen: vgl. Freiheitsrechte, S. 152.

[19] *Schmitt*, Handbuch, S. 596.

[20] *Abel*, S. 71. Bedeutsam die Differenzierungen Kleins (*v. Mangoldt-Klein*, S. 84 f.): selbständige Garantie eines gesellschaftlichen Sachverhalts, Garantie eines gesellschaftlichen Sachverhalts i. V. m. der Garantie von Rechtseinrichtungen oder Grundrechten, schließlich mit der Garantie von Rechtseinrichtungen und Grundrechten. *Dürig* (MD, Art. 1 Abs. 3, RN 98) unterscheidet die einem Grundrecht zugehörigen Garantien von denen, die keinem Grundrecht zugeordnet sind.

[21] *Schmitt*, Handbuch, S. 595 f.

[22] *Schmitt*, Freiheitsrechte, S. 167.

[23] z. B. die Garantie der Religionsgesellschaften (vgl. Art. 137 WV) als Komplementärgarantie zur allgemeinen Glaubens- und Gewissensfreiheit.

[24] *Schmitt*, Freiheitsrechte, S. 169.

[25] Vgl. oben B FN 10 u. B III 2.

[26] Vgl. mittelbare Drittwirkung.

Sinn einer Freiheitsverbürgung widersprechen, wenn die das Maß staatlicher Eingriffe im einzelnen bestimmenden Normenkomplexe beliebig gestrichen oder ausgewechselt werden könnten. Daraus nun folgert Schmitt, daß in den Freiheitsgarantien gleichzeitig „eine Garantie des überlieferten typischen Maßes staatlicher Eingriffe" liege[27]. Es handle sich dabei um eine Festlegung, die *in gewisser Hinsicht* den privatrechtlichen Festlegungen durch eine konnexe oder komplementäre Instituts- (nicht institutionelle) Garantie *ähnlich* sei.

Schmitt vollzieht damit eine ganz ungewöhnliche Operation, die mit seiner ursprünglichen Lehre von den institutionellen Garantien und den Institutsgarantien nur noch den Namen gemeinsam hat. Er beginnt mit der Feststellung, daß einzelne seiner Institute und Institutionen einem Freiheitsrecht zugeordnet sind. In dieser Zuordnung aber sieht Schmitt ein so entscheidendes Kriterium, daß es ihm nun nicht mehr darauf ankommt ,ob es sich um wirkliche Institute und Institutionen oder nur um typische Normierungen — um Quasi-Institute — handelt, sondern daß er nur noch darauf schaut, ob sie sich im Umbau eines Grundrechts befinden. Tun sie das, dann repräsentieren sie das überlieferte typische Maß staatlicher Eingriffe und damit ein Stück des Grundrechts. In jedem Freiheitsrecht findet sich daher — wenn nicht die Garantie wirklicher Rechtsinstitute oder Institutionen, so doch — eine Garantie „der überlieferten typischen Art und Weise einer Normierung"[28].

Zunächst heißt das nur, daß solche typischen Normierungen wie die Institute und Institutionen in ihrer Abhängigkeit vom Grundrecht gesehen und aus dem Grundrecht interpretiert werden. Das geht gut, wenn bei den Interpreten ein „klares Bewußtsein der verfassungstheoretischen Probleme vorliegt"[29]. Wenn dieses aber fehlt, werden die Schutznormen und Schutzeinrichtungen zur Verteidigung und Umhegung der Freiheit „unsystematisch verankert und ... schließlich kräftiger und heiliger als die fundamentalen Freiheitsrechte selbst". Es scheine eine „allgemeine, unentrinnbare Entwicklungstendenz aller menschlichen Bemühungen um die Freiheit erkennbar zu werden: daß die Freiheit sich auf dem Wege über Garantien und Sicherungen der Freiheit ... in ein Privileg verwandele"[30].

4. Die Verselbständigung der grundrechtsbezogenen „Quasi-Institute"

Schmitt entwickelt seine Theorie von den grundrechtsbezogenen „Quasi-Instituten" in zwei Stufen:

---

[27] *Schmitt*, Handbuch, S. 591; derselbe, Freiheitsrechte, S. 167 f.
[28] *Schmitt*, Freiheitsrechte, S. 166.
[29] *Schmitt*, Freiheitsrechte, S. 169.
[30] *Schmitt*, Handbuch, S. 591 (FN 77).

(1) Er verzichtet im Umbau eines Grundrechts auf die tatbestandlichen Voraussetzungen des Instituts und der Institution zu Gunsten des Merkmals der Zuordnung. Er erkennt in den konkreten Umbau-Normen das ihnen vorgegebene Allgemeine: er sieht die Zuordnung zum Grundrecht und findet in dieser Relation „den dahinterstehenden Dingbegriff". Schmitt verläßt den Boden seiner Lehre von den institutionellen Garantien und trifft sich mit der institutionellen Methode Smends und Kaufmanns. Obwohl er diese Konsequenz — wenn er sie überhaupt gesehen hat — selbst nicht ausgesprochen hat, bringt er doch seine Verbundenheit mit Smend zum Ausdruck: „Nur so", schreibt Schmitt, „konnte R. Smend in seinem Referat über Art. 118 von einer ‚institutionellen Auffassung vom Wesen der Meinungsäußerung, insbesondere der Presse' sprechen[31]." Das aber bedeutet, daß nicht Schmitt die Smendschen Formulierungen mißverstanden hat, wie Ridder meint[32], sondern Ridder selbst die Essenz der von Smend propagierten insitutionellen Auffassung verkennt und darüber hinaus Schmitts Theorie von den „institutsähnlichen konnexen Sicherungen"[33] mißachtet.

(2) Doch beschränkt sich Schmitt nicht darauf, die Freiheitsrechte aus der Sicht der institutionellen Methode zu betrachten. Er zeigt auch, wie diese Methode auf den Kopf gestellt wird, sobald die Schutznormen unsystematisch verankert und aus ihrem Zusammenhang mit dem Freiheitsrecht gerissen werden. Nicht nur die wirklichen Institute und Institutionen lösen sich aus der Zuordnung und verselbständigen sich, sondern auch die bloßen Normierungen, die Quasi-Institute, die nur auf Grund des gemeinsamen Merkmals der Zuordnung den wirklichen Instituten und Institutionen gleichgestellt worden waren, erstarken zu selbständigen Gebilden; sie rücken so sehr in den Vordergrund, daß die sie verbindende Relation und der dahinterstehende Dingbegriff, daß die Idee des eigentlichen Grundrechts untergeht. Auf diesem Weg kommen wir dorthin zurück, wo, wie Smend festgestellt hat, „die Presse noch rationalistisch als Institution, nicht lediglich als freie Meinungsäußerung schutzwürdig" erschienen ist[34], wo man — wie heute — nur das Medium Presse und nicht mehr den konkreten grundrechtlichen Ordnungszusammenhang zu erkennen vermag.

II. Die „Institutionalisierung" der Pressefreiheit

1. bei Carl Schmitt

Schmitt hat in der Pressefreiheit nie eine institutionelle Garantie oder eine echte Institutsgarantie gesehen, sondern lediglich festgestellt,

---

[31] *Schmitt*, Handbuch, S. 593.

[32] *Ridder*, Meinungsfreiheit, S. 251 (FN 27).

[33] *Schmitt*, Freiheitsrechte, S. 171.

[34] *Smend*, VVDStRL 4, 71.

daß mit dem Recht der freien Meinungsäußerung notwendig auch eine „Garantie des überlieferten typischen Maßes staatlicher Eingriffe“, eine Garantie der Umbau-Normen oder Quasi-Institute verbunden ist. Schmitt hätte folgerichtig — entgegen der damals „anscheinend unbestrittenen Auffassung“[35] — zu dem Ergebnis kommen müssen, daß alles, was das RPG an typischen Normierungen aufgeboten hat, ganz selbstverständlich im Recht der freien Meinungsäußerung „durch Wort, Schrift, Druck, Bild oder in sonstiger Weise“ des Art. 118 WV mitgarantiert sein mußte. Stattdessen hat er sich mit zaghaftem Zweifeln („anscheinend unbestrittene Auffassung“) begnügt und sich mit Häntzschel auf die Formel geeinigt, daß die pressegesetzlichen Garantien der Pressefreiheit zwar nicht verfassungskräftig sind, daß es aber dem „Grundgedanken einer Pressefreiheit“ — und damit dem Art. 118 WV — widerspreche, wenn der einfache Gesetzgeber der Presse beliebige Sonderbeschränkungen auferlege[36].

Schon damals also hat es Schmitt nicht mehr versucht, der von ihm selbst gerügten „allgemeinen, unentrinnbaren Entwicklungstendenz aller menschlichen Bemühungen um die Freiheit“ entgegenzuwirken und den Weg über die Garantien und Sicherungen der Freiheit zum privilegium sanctum nicht mitzugehen[37]. Auch Schmitt war, wie die Lehre seiner Tage, in dem fundamentalen Irrtum befangen, die Tatsachenübermittlung, das Zensurverbot und das Verbot aller anderen vorbeugenden Maßregeln stellten sich als „Privilegien“ der Presse dar[35]. Deshalb mag es ihm leicht gefallen sein, sich abzufinden mit der allmählichen Verselbständigung der Quasi-Institute, mit der Loslösung der institutsähnlichen konnexen Sicherungsnormen von ihrem eigentlichen Zweck, dem Schutz der freien Meinungsäußerung und damit der Denkfreiheit.

2. in der neueren Literatur

Es ist kaum noch möglich, aus der Fülle der Literatur und der daraus resultierenden allgemeinen Begriffsverwirrung zu ergründen, was die Lehre heute unter einer institutionellen Auffassung vom Wesen der Pressefreiheit versteht. Seit etwa einem guten Jahrzehnt zieht die institutionelle Bewegung durch die presserechtliche Literatur. Waren es zunächst nur einzelne Stimmen, die sich für die „Institutionalisierung“ der Presse erwärmen konnten[38], so ist es heute der Chor der herrschenden

---

[35] *Schmitt*, Freiheitsrechte, S. 170.

[36] *Schmitt*, a.a.O.; *Häntzschel*, Kommentar, S. 17.

[37] Vgl. *Schmitt*, Handbuch, S. 593: sonst hätte Schmitt diese Entwicklungstendenz wohl auch nicht als „unentrinnbar“ empfunden.

[38] *Ridder*, Meinungsfreiheit, S. 243 ff.; *v. Mangoldt-Klein*, S. 243 ff.; *Löffler*, Kommentar, S. 61 (RN 1), S. 83 ff. (RN 84 ff.); *Scheuner*, S. 106 f.

Lehre, der das vom Bundesverfassungsgericht geprägte Schlagwort von der „institutionellen Eigenständigkeit der Presse von der Beschaffung der Information bis zur Verbreitung der Nachricht und der Meinung“[39] mit der Stimmengewalt einer Jubilatio verkündet. „Hier haben sich in wenigen Jahren die Gedanken durchgesetzt“, schreibt *Löffler*[40] in seiner Anmerkung zur Entscheidung des Bundesverfassungsgerichts, „die Ridder und der Verfasser über die öffentliche Funktion der Presse entwickelt haben.“ Indes bemerkt *Ridder* freilich vorsichtig, das Bundesverfassungsgericht sei in der Begründung der „institutionellen Eigenständigkeit“ so zurückhaltend, daß für eine Auseinandersetzung kaum Stoff gegeben werde[41]. Und *Reissmüller* findet gar, daß das Gericht offenbar bei dem herkömmlichen Verständnis der Pressefreiheit als ein individuelles Grundrecht verblieben sei[42].

So selbstverständlich dennoch fast alle presserechtlichen Abhandlungen der letzten Jahre die Schlagworte von der institutionellen Garantie, von der Institutsgarantie, der „institutionellen Eigenständigkeit“, der „institutionellen Seite“ der Pressefreiheit, von der „institutionellen Sicht“ und von der „institutionellen Auffassung“[43], ja selbst von der „institutionellen Freiheit“[44] deklamieren, ebenso groß ist die Verwirrung, die kritische Beobachter allmählich zu befallen scheint. Abgesehen von dem Widerstand, den insbesondere *Sarstedt*[45] und *Schnur*[46] dem institutionellen Trend entgegensetzen, zeigt die Diskussion auf der Staatsrechtslehrertagung 1963, daß die Front, die sich für die institutionelle Garantie gebildet hatte, so geschlossen nicht mehr ist[47]. So will *Leisner* nicht verstehen, „wie diese oft erwähnte institutionelle Seite juristisch realisiert werden“ könne; wenn dies aber nicht möglich sei, so befürchte er, „daß sie sterben wird“[48]. *Bachof* empfiehlt, auf den Ausdruck „institutionelle Garantie“ zu verzichten und stattdessen von „objektiv-recht-

---

[39] BVerfG, 6. 10. 1959 (Nordrhein-Westfalen), BVerfGE 10, 118 = NJW 1960, 29.

[40] *Löffler*, NJW 1960, 30.

[41] *Ridder*, JZ 60, 451.

[42] *Reissmüller*, JZ 60, 529.

[43] Repräsentativ die Diskussionsbeiträge auf der Staatsrechtslehrertagung 1963, vgl. die Übersicht DVBl. 1964, 17 ff., AöR 89, 242 ff., NJW 1965, 25. Jetzt vollständig in den VVDStRL 22, 160 ff.

[44] z. B. *Heinemann*, NJW 1963, 5; vgl. auch BVerfG, 28. 2. 61 in NJW 1961, 547 ff. (552).

[45] *Sarstedt* z. B. auf der 7. Arbeitstagung des Studienkreises für Presserecht und Pressefreiheit, vgl. *Löffler*, NJW 1960, 904.

[46] *Schnur*, VVDStRL 22, 101 ff.

[47] Vgl. insbesondere den Bericht *Dagtoglou*, DVBl. 1964, 17 ff., im übrigen FN 43.

lichen Verbürgungen einer bestimmten Ordnung" zu sprechen[48]. *Obermayer* schließlich will sich von dem Begriff der institutionellen Garantie lösen, weil er darin schlicht die Kehrseite des Grundrechts sieht[48]. Schnur aber betonte in seinem Schlußwort unter Berufung auf *Nawiaskys* Beitrag[49] auf der Münchner Tagung 1927, der Unterschied zwischen institutioneller Garantie und Grundrecht sei nicht so groß.

3. Die Interpretation der institutionellen Auffassungen

Schnurs Hinweis auf Nawiasky ist freilich nicht geeignet, die Fronten aufzuklären, denn Nawiasky hat mit seinem Beitrag in die Diskussion eingegriffen, die im Anschluß an Smends und Kaufmanns Ausführungen über die institutionelle Methode entbrannt ist. Die Auseinandersetzungen konzentrierten sich deshalb auf den Streit der institutionellen *Methode* mit der „vermeintlich rein juristischen Methode" Anschützs und Thomas[50], sie hatten aber nicht zum Gegenstand die Lehre von den institutionellen Garantien, wie Carl Schmitt sie etwa zur gleichen Zeit erstmals in seiner Verfassungslehre vertreten hat.

Das Beispiel bestätigt uns jedoch, wie schwierig es ist, die institutionellen Strömungen auf eine Richtung festzulegen. Wir müssen deshalb unterscheiden:

a) Die institutionelle Methode

Soweit sich unter den „Institutionalisten" — einzelne Formulierungen deuten darauf hin[51] — auch solche befinden, die sich auf die institutionelle Methode und nicht auf die Lehre von den institutionellen Garantien beziehen, genügt es, darauf hinzuweisen, daß diese Methode nur dann zu dem von der herrschenden Lehre propagierten Ergebnis einer privilegierten Presse und einer verselbständigten Pressefreiheit kommt, wenn

---

[48] VVDStRL 22, 160 ff.: *Leisner* (S. 179), *Obermayer* (S. 185), *Bachof* (S. 184). In seinem Beitrag BayVBl. 1965, 397 ff. tritt Obermayer allerdings für die institutionellen Auffassungen ein.

[49] *Nawiasky,* VVDStRL 4, 91; *Schnur,* VVDStRL 22, 201. Nawiasky hat im Anschluß an die Referate von Smend und Kaufmann (vgl. oben S. 113 ff.) das Wort ergriffen.

[50] Vgl. oben C FN 6; vgl. auch den Diskussionsbeitrag von *Thoma,* VVDStRL 4, 85.

[51] So insbesondere dann, wenn von einer „jedem Grundrecht eigenen institutionellen Seite" die Rede ist, vgl. etwa *Bachof,* Grundrechte, S. 165; *Scheuner,* S. 90, derselbe, DÖV 1956, 66. Vgl. auch *Kimminich,* JZ 1963, 770 und *Dagtoglou,* DVBl. 1964, 17 ff. So offenbar auch das BVerfG (Spiegel), 5. 8. 66 (NJW 66, 1604 f.) wenn es vom „Institut ‚Freie Presse' " (und nicht der Einrichtungsgarantie „Pressefreiheit") und der „objektiv-rechtlichen institutionellen Seite" der Pressefreiheit spricht.

sie in der von Schmitt beschriebenen Weise auf den Kopf gestellt wird[52]. Die institutionelle Methode, wie Smend und Kaufmann sie verstanden haben, bleibt eben gerade nicht bei der Institution Presse stehen, sie sieht darin nur den Funktionsbegriff und geht den Weg zurück zum eigentlichen Substanzbegriff[53], zum Recht der freien Meinungsäußerung. Diese Auffassung kennzeichnet den Modus und das Ergebnis, nicht aber den Gegenstand der Auslegung.

b) „Institutionelle" und „formelle" Pressefreiheit

Vielfach aber wird in der Literatur der Begriff der Institution oder des Instituts auf den Apparat der Presse, auf den konkreten Pressebetrieb bezogen. Solche Tendenzen machen sich in verstärktem Maße bemerkbar, seitdem das Bundesverfassungsgericht unklar die „institutionelle Eigenständigkeit der Presse von der Beschaffung der Information bis zur Verbreitung der Nachricht und der Meinung"[54] in den Vordergrund gerückt hat. Das „Grundrecht der Pressefreiheit" heißt es[55], schütze „nur die Meinungsäußerung durch die Presse", doch die „Garantie des Presseinstituts" gewährleiste „alles, was mit der Presse zusammenhängt: nicht nur Meinungen, sondern auch Nachrichten und sogar Anzeigen ... nicht nur den Meinungsäußernden, sondern das gesamte Pressegewerbe von der redaktionellen und technischen Herstellung und Herausgabe bis zum Vertrieb, zur Beförderung und Verbreitung des Presseerzeugnisses. Das Grundrecht ist eine Freiheit, während die Institutsgarantie bereits ein (freilich bedingtes) Privileg ist"[55].

In dieser Bedeutung beschreibt das Wort „institutionell" nichts anderes, als was bisher in der Literatur dem Titel der „formellen" Pressefreiheit untergeordnet worden ist, was wir aber als die präventiv-formelle Schutzfunktion des seiner Natur nach durch und durch materiellen Grundrechts herausgestellt haben[56].

c) Die institutionelle Garantie

Schließlich aber wird mit der „institutionellen Seite" der Pressefreiheit nicht nur das Schutzobjekt — „alles, was mit der Presse zusammen-

---

[52] Vgl. oben C I 3.

[53] *Kaufmann* unterscheidet die Funktionsbegriffe von den Substanzbegriffen und fordert mit seiner institutionellen Methode, von den Funktionsbegriffen wieder mehr zu den Substanzbegriffen zurückzukehren, vgl. VVD StRL 4, 77 ff., vgl. oben C I 1 (Dingbegriff).

[54] BVerfG, 6. 10. 1959 (Nordrhein-Westfalen); BVerfG 10, 118 = NJW 1960, 29.

[55] z. B. *Dagtoglou*, S. 12 f.

[56] Vgl. oben B III 1.

hängt" —, sondern die eigentliche Substanz des Grundrechts angesprochen. Nach diesen Vorstellungen dient die verfassungsmäßige Garantie der Presse nicht dem einzelnen, der publiziert, sondern der Allgemeinheit. „Institutionell" steht danach im Gegensatz zu „individuell": „Während das Grundrecht immer ein Selbstzweck ist, ist die institutionelle oder Institutsgarantie notwendigerweise zweckgerichtet, nicht weil eine zwecklose Institution natürlich etwas Sinnloses wäre, sondern weil — a priori — die Garantie einer Institution im Hinblick auf deren Zweck vom Staat verliehen wird[57]."

Diese institutionelle Sicht führt entweder zur Lehre von der Parallelgeltung der institutionellen Garantie und des Grundrechts[58] oder aber zur extremen Sondermeinung Ridders von der völligen Auflösung der individuellen Meinungsäußerungsfreiheit im öffentlichen Bereich zu Gunsten der nur Rechtsreflexe gewährenden institutionellen Garantie.

III. Ridders „öffentliche Meinungsfreiheit"

„Spätestens in dem Augenblick", argumentiert Ridder, „in dem die Verfassungsurkunde, dem Druck der politisch-soziologischen Entwicklung folgend, selbst anerkennt, daß ihr Staat die Züge des elitären Repräsentativsystems verliert und daß an dessen Stelle die Merkmale des Parteistaates als der ‚rationalistischen Erscheinungsform der plebiszitären Demokratie oder, wenn man will, eines Surrogats der direkten Demokratie im modernen Flächenstaat' vorherrschend geworden sind, wie das jetzt durch Art. 21 geschieht, muß sich eine grundrechtliche Pressefreiheit von der allgemeinen Meinungsäußerungsfreiheit abscheiden[59]." Art. 21 wolle den „im Vorfeld des parlamentarischen Gesetzgebers tätigen politischen Parteien, aber auch allen übrigen von Haus aus ‚nichtstaatlichen', sondern ‚gesellschaftlichen' Gruppen, die um solche Einflußnahme bemüht sind, einerseits (gegenüber der Staatsgewalt) die Freiheit ihrer Teilnahme am politischen Meinungs- und Willensbildungsprozeß des gesamten ... Volkes gewährleisten, sie andrerseits durch die Verpflichtung auf die innere Ordnung nach ‚demokratischen Grundsätzen' und die ‚freiheitliche demokratische Grundordnung' staats- und staatsformbejahend an und in die Verfassung binden"[60]. Art. 21 gebe für die Verfassung der Bundesrepublik die Haupt- und Grundnorm der institutionellen öffentlichen Meinungsfreiheit des modernen Parteienstaates ab, die bedenkenlos in den entsprechenden Versionen auf die politische Presse angewendet werden könne[61].

---

[57] *Dagtoglou*, S. 11.
[58] Stellvertretend für die h. L.: *Dagtoglou*, S. 12 ff.
[59] *Ridder*, Meinungsfreiheit, S. 255: mit Bezug auf Leibholz.
[60] *Ridder*, Meinungsfreiheit, S. 256.
[61] *Ridder*, a.a.O., S. 257.

Ridders Theorie gipfelt schließlich in der Feststellung, daß die öffentliche Meinungsfreiheit nicht auf der Ebene der klassischen individuellen Freiheitsrechte des status negativus liege, „sondern parallel den politischen Bürgerrechten des status activus anzusiedeln und zu entwickeln" sei[62]. Daß „das neue Grundrecht der Pressefreiheit"[62] keine subjektiven Freiheitsrechte verleihe, daß sich nur auf seine Rechtsreflexe gegebenenfalls berufen könne, wer am Meinungsprozeß teilnehme[63]. Auch die „einzelne Meinungsäußerung eines einzelnen Mitarbeiters in einem einzelnen Presseorgan" beziehe sich „nicht auf den traditionellen Schutz der individuellen Meinungsäußerungsfreiheit, sondern nur auf den andersartigen, der Funktion der Presse gemäßen Schutz der Pressefreiheit"[62].

Ridders These — „beängstigend" *(Dürig)*, „allenfalls durch intellektuelle Verwegenheit beeindruckend" *(Forsthoff)*[64] — hat sich trotz Löfflers optimistischer Beurteilung[65] nicht durchgesetzt, ja man kann mit Dagtoglou[66] sagen, daß sie „ziemlich allgemein Ablehnung gefunden" hat.

Wenn Ridder davon ausgeht, daß Art. 21 von „Mitwirkung" spreche und das „mit" „logischerweise auch noch andere Kräfte"[67] voraussetze, kann ihm freilich nicht widersprochen werden. Aber daraus folgt, daß für diese Kräfte Art. 21 eben gerade nicht gedacht ist. Die Parteien sind ihrem Wesen nach „auf die Eroberung der Staatsgewalt gerichtet"[66], ihre Mitwirkung bei der politischen Willensbildung des Volkes konzentriert sich auf den Wahlakt: sie sind — wenn schon nicht in das Verfassungsgefüge inkorporiert[68], so doch — der organisierten Staatlichkeit so weit angenähert, daß sie selbst die Wesenszüge eines Verfassungsorgans tragen[69]. Gerade im Gegensatz dazu repräsentiert das, was wir „Presse" nennen, den Bereich außerhalb der staatlichen Machtsphäre, das individuelle Element im Prozeß der Meinungsbildung, wie denn überhaupt der Sinn der Äußerungsfreiheit „im Schutz des Einzelgängers" liegt, „des Nonkonformisten, der Minderheit des Schwächeren gegen die Mehrheit, die Macht und die orthodoxe Meinung"[70].

---

[62] *Ridder*, a.a.O., S. 259.
[63] *Ridder*, a.a.O., S. 269.
[64] *Dürig*, MD, Art. 1 Abs. 3, RN 98 (FN 5); *Forsthoff*, DÖV 63, 633; derselbe, Festschrift, S. 55 ff.; *Mallmann*, JZ 1956, 350.
[65] *Löffler*, NJW 1960, 30; vgl. oben bei FN 40.
[66] *Dagtoglou*, S. 20. Vgl. *Dürig* (oben FN 64), der „den zugespitzten Thesen Ridders" ebenso „zugespitzt" entgegnet, daß „von der individuellen Meinungsfreiheit letztlich die Befugnis zum unpolitischen Stammtischgespräch, von der individuellen Pressefreiheit als Erscheinungsform der individuellen Meinungsfreiheit die Befugnis, ungehindert eine Schachzeitschrift zu redigieren, verbleiben".
[67] *Ridder*, Meinungsfreiheit, S. 255.
[68] Vgl. *Maunz*, MD, Art. 21, RN 3 (BVerfGE 2, 73).
[69] z. B. als Verfahrensbeteiligte im Organstreit.
[70] Richard *Schmid*, Einwände, S. 157.

IV. Die Lehre der „Parallelgeltung"

1. Der Einfluß der Lehre Carl Schmitts

Die Mißverständnisse beginnen bei Carl Schmitt, der, wie sich gezeigt hat[71], die jedem Freiheitsrecht eigene „Garantie des überlieferten typischen Maßes staatlicher Eingriffe" mit seiner Lehre von den Einrichtungsgarantien in Verbindung gebracht hat, obwohl diese „institutsähnlichen konnexen Sicherungen" des Grundrechts — durch typische Normierungen regelmäßig im Range einfacher Gesetze — mit der eigentlichen Lehre nicht das geringste zu tun haben. Der einzige Beziehungspunkt ist der Umstand, daß es auch Institute und Institutionen gibt, die wie die typischen Normierungen des einfachen Gesetzgebers einem Grundrecht zugeordnet sind.

Kaum daß Carl Schmitt die „Quasi-Institute" mit den wirklichen Instituten und Institutionen im Umbau eines Grundrechts gleichgestellt hatte, verlor das gemeinsame Merkmal der Grundrechtsbezogenheit schon wieder seine Bedeutung. Die grundrechtsbezogenen „Quasi-Institute", Institute und Institutionen verselbständigten sich mehr und mehr und gerieten in die Gegensätzlichkeit eines „institutionellen" und eines „individualistischen" Gesichtspunktes. So geschah es, daß sie schließlich gegenüber ihrem eigenen Grundrecht, dessen Schutz zu dienen ihre einzige Bestimmung war, den Vorrang — „den Vorrang des Nationalen vor dem Liberalen im Staat"[72] — erhielten, daß am Ende „die Loslösung von der grundrechtlichen Auffassung" betont[73] und Schmitts Lehre „wenn auch keine ausgesprochen antiliberale, so doch mindestens eine aliberale"[73] Konstruktion genannt werden konnte. Daß die Lehre von den Einrichtungsgarantien dem autoritären Staatsgedanken so weit angenähert wurde, bis dann schließlich Menzel das „Ende der institutionellen Garantien"[74] verkünden konnte.

2. Die neue Lehre

Das alles vermochte die moderne Lehre nicht daran zu hindern, erneut auf Carl Schmitt und die Lehre der Weimarer Zeit zurückzugreifen[75]. Ohne zu berücksichtigen, daß Schmitt selbst die Pressefreiheit nur im Zusammenhang mit seinen institutsähnlichen Garantien angespro-

---

[71] Vgl. oben C I 4.

[72] *Dennewitz*, S. 35; vgl. *Menzel*, AöR 28, 51.

[73] *Koellreutter*, AöR 22, 110.

[74] *Menzel*, AöR 28, 32 ff. (1937).

[75] Von wenigen Ausnahmen abgesehen (vgl. unten FN 85) knüpfen die Autoren ausdrücklich bei Carl *Schmitt* an, vgl. z. B. *Ridder*, Meinungsfreiheit, S. 250 f., *Dagtoglou*, S. 11, Franz *Schneider*, S. 127.

chen hat, sehen die modernen Institutionalisten nun bereits in dem politisch-soziologischen Sachverhalt einer freien Presse die dem Dienst der Demokratie verpflichtete selbständige „Institution" Presse[76]. Und sie verbinden diese Art „Institutionalisierung" nicht etwa — wie Ridder es in erster Linie tut — mit den Bedingungen der modernen Massendemokratie, sondern betrachten die Pressefreiheit gegenüber der Meinungsäußerungsfreiheit als ein aliud, das „schon in der ersten Grundrechtskodifikation", der Bill of Rights des Jahres 1776, „von der Meinungsfreiheit völlig losgelöst, mit der Staatsform verbunden und so im Ansatz institutionalisiert wurde"[77].

Das Erstaunliche daran ist, daß diese Lehre trotz des „institutionellen" Ansatzes an der individualrechtlichen Komponente des Grundrechts unverändert festhält, wobei es ihre Anhänger freilich tunlichst vermeiden zu sagen, wo das Individualrecht aufhört und die institutionelle Garantie beginnt. Dagtoglou, dem wir das Wort von der „Parallelgeltung" verdanken, ist — soweit ersichtlich — der einzige Autor geblieben, der sich um „die Grenzziehung zwischen Grundrecht und Institutsgarantie" bemüht hat[78]. Im übrigen aber kann man sich des Eindrucks nicht erwehren, daß das Schlagwort von der „institutionellen Seite" der Pressefreiheit häufig willkürlich überall dort verwendet wird, wo die herkömmlichen Vorstellungen von einer individualrechtlichen Pressefreiheit auf dogmatische Schwierigkeiten stoßen[79].

3. Die Unmöglichkeit der Parallelgeltung

Die Lehre von den Einrichtungsgarantien war berechtigt, solange es ihr nur darum ging, die unglückliche Alternativität von aktuellen Grundrechten und bloßen Programmsätzen aufzulockern. Sie ist auch heute noch berechtigt dort, wo keine eigentlichen Grundrechte zur Verfügung stehen. In diesem Bereich gibt es Einrichtungsgarantien mit und ohne subjektiven Rechten, wobei es für die Auslegung stets darauf ankommt, „daß die Gewährung subjektiver Rechte der Gewährleistung der Institution untergeordnet ist und ihr zu dienen hat, daß also der institutionelle Gesichtspunkt und nicht das individualistisch-egoistische Interesse der subjektiv Berechtigten entscheidet"[80].

---

[76] Vgl. BVerfG NJW 66, 1604: „das Institut ‚Freie Presse' ", vgl. oben FN 51.

[77] z. B. *Obermayer*, BayVBl. 1965, 397. Welche Bedeutung den „ersten Grundrechtskodifikationen" und der ausdrücklichen Erwähnung der Pressefreiheit wirklich zukommt, wurde oben B II 1 b (insbesondere FN 72 ff.) erläutert.

[78] *Dagtoglou*, S. 27 ff. Dagtoglous Verdienst ist es, daß er die Gefahren einer mißverstandenen „Institutionalisierung" eindrucksvoll dargestellt hat.

[79] Vgl. dazu unten 5. Kapitel B II 2 b.

[80] *Schmitt*, Freiheitsrechte, S. 149.

Die Lehre ist aber dort, wo die Verfassung Grundrechte im eigentlichen Sinne gewährleistet, nur dann brauchbar, wenn sie die Einrichtungsgarantie dem Grundrecht bedingungslos unterordnet und sie nur — und nur — aus dem Grundrecht interpretiert. Dann aber ist nicht mehr die Sachbezogenheit — im Gegensatz zur Personenbezogenheit des Grundrechts[81] — das entscheidende Kriterium der institutionellen Garantie, sondern allein ihre *Grundrechtsbezogenheit*[82]. Die grundrechtsbezogene Einrichtungsgarantie wird nicht, wie Dagtoglou meint[83], im Hinblick auf den Zweck der Einrichtung vom Staat verliehen, sondern sie repräsentiert selbst nur ein Stück des Grundrechts, ja sie ist im Grunde nur ein Modus der Grundrechtsinterpretation, eine Blickweise, die den Zusammenhang von Grundrecht und seiner Valenz im einfachen Gesetz wie in der Rechtsanwendung erkennen läßt[84]. Die grundrechtsbezogene Einrichtungsgarantie ist nicht Privileg und kann es niemals werden; es gibt keine Parallelgeltung des Grundrechts und der institutionellen Garantie, denn die institutionelle Garantie gilt nur durch und für das Grundrecht.

V. Ergebnis

Die heute herrschenden Auffassungen von der „institutionellen" Seite der Pressefreiheit haben mit der Lehre von den institutionellen Garantien nichts gemeinsam. Es wäre daher wünschenswert, wenn sich die Literatur endlich unmißverständlich von der Tradition dieser Lehre distanzierte. Es ist an der Zeit, daß sich die Wortführer der presserechtlichen Diskussion darüber Klarheit verschaffen, ob mit den Worten „institutionell", „Institut", „Institution" ein gegenüber der Äußerungsfreiheit selbständiger *Auslegungsgegenstand* oder nur das *Ergebnis der Grundrechtsinterpretation* bezeichnet sein soll.

Nur einzelne Autoren haben sich bisher von der Lehre der Einrichtungsgarantie abgewandt, doch lassen auch sie offen, was mit der „institutionellen Sicherung" der Presse, mit der „Steigerung des Grundrechtsschutzes"[85] anderes gemeint sein kann als die Wirkungsweise des

---

[81] *Dagtoglou*, S. 11.

[82] Insbesondere *Dürig* (MD, Art. 1 Abs. 3, RN 98) ist es zu danken, dieses Kriterium so deutlich hervorgehoben zu haben. Auch *v. Mangoldt-Klein* (S. 86) differenziert nach der Verbindung einer Einrichtungsgarantie mit dem Grundrecht, läßt aber die sich daraus ergebenden Konsequenzen weitgehend unberücksichtigt.

[83] *Dagtoglou*, S. 11.

[84] Vgl. die „institutionelle Methode".

[85] Vgl. Adolf *Arndt*, NJW 1963, 468: „Diese institutionelle Sicherung darf nicht verwechselt werden mit den sog. institutionellen Garantien der Weimarer RV, die eine Minderung des Grundrechtsschutzes waren; sie ist viel-

Individualrechts der Äußerungsfreiheit im Allgemeinen und der Pressefreiheit im Besonderen.

Wenn endlich Ridder bekennt, daß von den „institutionellen" Versuchen in der presserechtlichen Literatur „gewiß noch keiner über die ersten tastenden Schritte hinausgediehen ist oder sich durch die Wahl des Ausdrucks ‚Institution' in die Zwangsjacke eines überkommenen Schemas eingepreßt wissen möchte ..."[86], so bleibt nur noch die Frage, warum das Wort von der institutionellen, von der institutionalisierten Pressefreiheit überhaupt laut geworden ist[87].

D. Zusammenfassung

(1) Pressefreiheit und Freiheit der Berichterstattung durch Rundfunk und Film, das Recht der Meinungsverbreitung und das Zensurverbot sind gegenüber dem Recht der freien Meinungsäußerung keine selbständigen Größen: sie bilden zusammen ein und dasselbe — der individuellen Denk- und Meinungsfreiheit zugeordnete — Recht, geistige Wirkungen *(Informationen)* in beliebiger Intensität nach außen abzugeben *(Äußerungsfreiheit)*. *„Meinung"* ist alles, was an geistigen Inhalten geäußert wird, *„Presse"* ist grundsätzlich alles, was in Druckerzeugnissen geäußert wird.

(2) Die Äußerungsfreiheit des Art. 5 Abs. 1 ist ein *Individualrecht*. Sie ist es auch dann, wenn mit den Massenkommunikationsmitteln Presse, Rundfunk und Film von ihm Gebrauch gemacht wird. Doch besteht die Schutzwirkung des Individualrechts nach Maßgabe der jeweiligen Freiheitsausübung. So unterscheiden sich die private Meinungsäußerung (etwa von Mund zu Mund) und die Presseäußerung dadurch, daß die Presse durch den Einsatz ihres Apparates erhöhte kommunikative Intensität *(Periodizität)* entfaltet, sich aber gleichzeitig in erhöhtem Maße fremden Einwirkungen aussetzt. Der grundrechtsbezogene Normenkomplex (das Recht der Presse) gewährt demjenigen spezifischen Schutz, der in spezieller Intensität am Kommunikationsprozeß teilnimmt. Je intensiver die Beteiligung, desto größer der Apparat und seine Beeinflußbarkeit, desto umfangreicher und desto spezieller die Schutzvorrichtungen.

(3) Alle — die Presse scheinbar privilegierenden — Differenzierungen rechtfertigen sich aus den unterschiedlichen Intensitätsstufen der *Grund-*

---

mehr eine Steigerung des Grundrechtsschutzes, indem sie den Presse-Unternehmen als Trägern der öffentlichen Meinung ihnen zustehende Grundrechte auf ihr Dasein, ihre Eigenständigkeit und ihre Betätigung verbürgt."

[86] *Ridder* über *Dagtoglou*, DVBl. 1963, 740.

[87] Vgl. *Rehbinder*, DVBl. 1966, 560.

rechtsausübung. Das Sonderrecht der periodischen Presse — wie auch des Rundfunks — dient nur dem einen Zweck, daß die Presseäußerung — wie auch die Rundfunkäußerung — trotz ihrer erhöhten Wirksamkeit möglichst genauso, wenigstens aber annähernd so frei nach außen gelangt wie die individuelle Äußerung in der freien Rede. Diesem Zweck dient insbesondere aber die Erhaltung der polypolistischen Wirtschaftsstruktur des Verlagswesen und die Fixierung der Rundfunkanstalten im öffentlichen Recht.

(4) Die individualrechtliche Konzeption des Art. 5 Abs. 1 liefert auch den Maßstab für die Zulässigkeit staatlicher Eingriffe durch oder auf Grund eines Gesetzes (Art. 5 Abs. 2). Aus der dogmatischen Zuordnung des Grundrechts zur geistigen Selbstbestimmung des Individuums ergibt sich, daß Eingriffe um so schwerer wiegen, desto tiefer sie in den individuellen Innenraum eindringen. Präventive Maßnahmen wirken regelmäßig intensiver als repressive Eingriffe, da sie der individuellen geistigen Selbstbestimmung die verbindliche Entscheidung über das Ob der Freiheitsausübung vorwegnehmen. Präventive Maßnahmen gehören daher immer der zweiten, repressive Maßnahmen gehören regelmäßig der ersten Intensitätsstufe an. Für die periodische Beteiligung an der Massenkommunikation (Presse, Rundfunk, Film) ergibt sich die Besonderheit, daß auch repressive Eingriffe häufig präventive Nebenwirkungen auslösen. Das Verbot der Vorzensur markiert den Scheitelpunkt der zweiten Intensitätsstufe, der auch dann nicht überschritten werden darf, wenn die Voraussetzungen für die Eingriffe dieser Stufe gegeben sind.

(5) Die Begriffe einer „formellen" und einer „institutionellen" Pressefreiheit sind verfehlt, weil sie in der Literatur regelmäßig falsch oder mißverständlich interpretiert werden. Die Lehre von der „Institutionalisierung" ist dafür ursächlich, daß die Pressefreiheit heute vielfach nicht mehr in ihrer Menschenrechtsqualität, sondern nur noch als ein vom Staat — zur Erfüllung und nach Maßgabe öffentlicher Aufgaben — verliehenes Privileg anerkannt wird. Es besteht die Gefahr, daß die Verfassungsinterpretation sich mehr und mehr eines qualitativ-wertenden Maßstabes bedient, daß sie darüber hinaus den Schwerpunkt mehr und mehr von der geistigen Freiheit des publizierenden Individuums auf die wirtschaftliche Freiheit papierverarbeitender Unternehmer, von der individuellen Journalistenfreiheit auf die „institutionelle" Verlegerfreiheit verlagert. Das Wort von der institutionellen Seite der Pressefreiheit ist bestenfalls dann brauchbar, wenn mit ihm das *Ergebnis* und nicht der *Gegenstand* der Auslegung beschrieben wird.

Viertes Kapitel

Das Recht des freien Nehmens: die Informationsfreiheit

A. Informationsfreiheit und Äußerungsfreiheit

I. Der Informationsempfang als Schutzobjekt

Die Geschichte zeigt, daß es den staatlichen und kirchlichen Gewalten von jeher um den *Empfang* der Information gegangen ist[1]. Solange und soweit sie es vermochten, unliebsames „Geräusch im Publikum" dadurch zu vermeiden, daß sie bereits das Verfassen, Drucken und Verbreiten ketzerischer Gedanken — die Äußerungsfreiheit — unterbanden, erübrigten sich selbständige Sanktionen gegen den Informationsempfang[2]. Dort aber, wo nicht schon die Entäußerung der Information verhindert werden konnte, mußten zusätzliche Schranken gegen den Empfang errichtet werden. Der Index Librorum Prohibitorum, den Papst Paul auf dem Konzil zu Trient im Jahre 1559 begründet hat[3], bedrohte auch den *Leser* indizierter Schriften, weil die Erfahrung gezeigt hatte, daß Verfasser und Verbreiter sich kirchlichen Präventionen zu entziehen wußten. Die Nationalsozialisten unterhielten Störsender und normierten Informationsverbote, weil sie den Ausstrahlungen ausländischer Sender und feindlichen Flugblattaktionen anders nicht begegnen konnten. Aus dem gleichen Grunde aber sind mitteldeutsche Fernseh-Antennen der FDJ-Aktion „Ochsenkopf" zum Opfer gefallen.

II. Die Parallelität von Äußerungsfreiheit und Informationsfreiheit

Der technischen Entwicklung und ihrer politischen Bewältigung in Gegenwart und jüngster Vergangenheit verdanken wir die „Entdeckung" der Informationsfreiheit, die Erkenntnis, daß das Grundrecht sich nicht in der Äußerungsfreiheit erschöpft, sondern neben dem Geben auch das Nehmen umfaßt. Die „Freiheit der Meinungsäußerung", heißt es bei

---

[1] Vgl. 1. Kapitel B.

[2] Schon Titel 34 der Reichspolizeiverordnung von 1548 lautete aber: „Wer im Besitz verbotener Schriften betroffen wird, darf zwecks Ermittlung des Druckers und Verbreiters gefoltert werden" (*Löffler*, Kommentar, S. 18).

[3] *Löffler*, Kommentar, S. 17 (RN 13).

Ridder[4], und die „Freiheit des Meinungsempfangs" gehörten zusammen: sie manifestierten zusammen die Freiheit der geistigen Kommunikation, die „libre communication des pensées et des opinions", wie Art. 11 der französischen Déclaration von 1789 „sehr viel präziser"[5] formuliere[6]. „Das mißverständlich so genannte Recht der freien Meinungs*äußerung*, schreibt Ridder[4], „ist erst mit seiner reziproken Ergänzung durch das Recht des freien individuellen Meinungsempfangs vollständig, weil ein rechtlicher Schutz einer ins Leere ‚geäußerten' Meinung sinnlos wäre."

Damit taucht freilich die Frage auf, ob sich die Garantie des Informationsempfangs lediglich als ein Ausschnitt der Äußerungsfreiheit darstellt[7] oder ob sie davon unabhängig bestehen und eine selbständige Rechtsposition des freien Nehmens begründen kann. Denn die Äußerungsfreiheit (das Recht des freien Gebens) reicht, wie das Bundesverfassungsgericht zutreffend feststellt[8], „von der Beschaffung der Information bis zur Verbreitung der Nachricht und der Meinung". Schon aus der *Äußerungsfreiheit* folgt also die Garantie des Informationsempfangs: und zwar steht sie sowohl am Anfang der Kommunikationskette („Beschaffung der Information") als auch an ihrem Ende („Verbreitung der Nachricht und der Meinung")[9]; sie schützt den Informationsempfang als das Recht des Nehmenden und als das Recht des Gebenden, begreift also schon für sich allein das Individuum in seiner Doppelstellung als Empfänger und als Absender. Man möchte deshalb daran zweifeln, ob ein

---

[4] *Ridder*, Meinungsfreiheit, S. 249.

[5] *Ridder*, Meinungsfreiheit, S. 249, FN 22.

[6] Auch Art. 19 der Allgemeinen Erklärung der Menschenrechte vom 10. 12. 1948 spricht — ähnlich wie Art. 10 der Europäischen Menschenrechtskonvention vom 4. 11. 1950 — mit dem Recht der freien Meinungsäußerung ausdrücklich auch von der Freiheit, „Informationen und Ideen mit allen Verständigungsmitteln ohne Rücksicht auf Grenzen zu suchen, zu empfangen und zu verbreiten". Die Länderverfassungen der Jahre 1946 und 1947, die dem Herrenchiemsee-Entwurf vorausgegangen sind, stimmen in der Systematik nicht überein: teils widmen sie dem Recht des freien Nehmens einen eigenen Absatz, teils verbinden sie es mit der Garantie des Postgeheimnisses. Vgl. *Bremen* (21. 10. 1947): Art. 15 Abs. 1 bis 3 = freie Meinungsäußerung, Abs. 4 = Postgeheimnis, Abs. 5 = Informationsfreiheit; *Hessen* (11. 12. 1946): Art. 11 = freie Meinungsäußerung, Art. 13 = Informationsfreiheit; *Bayern* (2. 12. 1946): Art. 110 = freie Meinungsäußerung, Art. 112 Abs. 1 = Postgeheimnis, Abs. 2 = Informationsfreiheit. Vgl. im übrigen auch § 1 Abs. 2 des Entwurfs eines österreichischen Preßgesetzes (1960): „... Die Freiheit der Presse ist das Recht der Presse, ohne Eingriffe öffentlicher Behörden und ohne Rücksicht auf Landesgrenzen sich zu unterrichten und zu berichten ...", vgl. *Ermacora*, S. 341.

[7] Vgl. z. B. das OVG Koblenz (Urteil vom 30. 9. 1952, A. S. Bd. 3, 134), das die Informationsfreiheit nur als einen „Ausfluß des Grundrechts der freien Meinungsäußerung" behandelt.

[8] BVerfG, 6. 10. 1959 (Nordrhein-Westfalen), BVerfGE 10, 118 = NJW 1960, 29; vgl. oben 3. Kapitel C FN 39.

[9] Insofern gehört zur Äußerungsfreiheit „Vernehmbarkeit und Vernommenwerden" (vgl. *Ridder*, Meinungsfreiheit, S. 248).

selbständiges — von der Äußerungsfreiheit unabhängiges — Recht des freien Nehmens daneben überhaupt noch denkbar ist.

1. Die Außenwirkung der Äußerungsfreiheit

Das Wesen der Äußerungsfreiheit besteht in der Außenwirkung: die konkrete Äußerung des Individuums ruft in der „Außenwelt" Wirkungen hervor, die zwar in Qualität und Quantität verschieden intensiv sein können, die aber in jedem Fall über den individuellen Bereich des sich Äußernden hinausgehen, sich von ihm lösen und selbst zum Bestandteil des sozialen Raumes, zu einem Stück Außenwelt werden. *Smend* nennt es die „soziale, gruppenbildende Funktion", die der Äußerungsfreiheit „Motiv und Sinn" gibt[10]. Was das Individuum zur Ausübung dieser Freiheit unternimmt, von der Beschaffung der Information bis zu ihrer Verbreitung, unternimmt es zum Zwecke seiner Wirksamkeit nach außen. Die Informationsbeschaffung ist deshalb regelmäßig nicht Selbstzweck, sondern Mittel zum Zweck der Meinungsäußerung. So intensiv und speziell das Individuum diesen Zweck verfolgt, ebenso intensiv und speziell aktualisiert sich die verfassungskräftige Schutzwirkung der Äußerungsfreiheit. Auf der höchsten Stufe kommunikativer Intensität, im Bereich der politischen periodischen Presse, umfaßt das Recht des freien Gebens ein Maximum auch solcher Gewährleistungen, die gerade auf die Informationsbeschaffung zugeschnitten sind: seien es Sonderrechte zum Betrieb von Fernmeldeanlagen[11], Zeugnisverweigerungsrechte und Beschlagnahmeschutz[12] oder auch, wie sich noch zeigen wird, der presserechtliche Auskunftsanspruch[13].

2. Die Innenwirkung der Informationsfreiheit

Mit dem Maß der kommunikativen Wirksamkeit vermindert sich der Umfang der Gewährleistungen bis zu jenem Punkt auf der untersten Intensitätsstufe, wo statt der Außenwirkungen nur noch Wirkungen nach innen zu verzeichnen sind: wo der Informationsempfang zum reinen Selbstzweck wird, wo es *unmittelbar* um nichts anderes mehr geht, als um die Selbstinformation des empfangenden Individuums.

Das ist der Ausgangspunkt für die dogmatische Rechtfertigung dessen, was wir Informationsfreiheit genannt haben. Der Begriff bezieht sich auf ein Minimum von Gewährleistungen, wie sie die Verfassung jeder-

---

[10] *Smend*, VVDStRL 4, 50; vgl. auch *Ridder*, Meinungsfreiheit, S. 249.

[11] Funkbildübertragung, Fernschreiber, Telesetter.

[12] Vgl. oben 3. Kapitel B III 2.

[13] Vgl. unten 5. Kapitel B II 2.

mann garantiert — ohne darauf Rücksicht zu nehmen, warum und wozu er Informationen zu empfangen wünscht.

Diese Informationsfreiheit findet ihren Rechtsgrund darin, daß sich das freie Denken oder „Meinen", wie es sich in Art. 5 Abs. 1 aktualisiert, eben nicht allein in der Freiheit geistiger Außenwirkung vollzieht; Meinungsfreiheit wird auch dort ausgeübt, wo das Individuum selbst nichts äußert, wo es nur rezeptiv am Kommunikationsgeschehen teilnimmt. Deshalb steht diese Informationsfreiheit nach Motiv und Sinn unabhängig neben dem Recht des freien Gebens und ordnet sich neben diesem als zweiter selbständiger Bestandteil dem Grundrecht des Art. 5 Abs. 1 ein[14].

III. Unterschiede im Schutzbereich von Informationsfreiheit und Äußerungsfreiheit

Die Selbständigkeit der Informationsfreiheit gegenüber der Äußerungsfreiheit bestätigt sich, wenn wir den Schutzbereich beider Rechte abgrenzen.

(1) Während sich die Äußerungsfreiheit auf alle Erscheinungen erstreckt, die nach ihrem Inhalt (materiell) für die Wahrnehmung durch andere bestimmt sind[15], ist die Ausübung der Informationsfreiheit auf solche Erscheinungen bezogen, die nicht für die Wahrnehmung nur bestimmt, sondern tatsächlich wahrnehmbar sind, die sich also in einer Form darstellen, in der sie von anderen wahrgenommen werden können.

(2) Das aber bedeutet gerade nicht, daß die Informationsfreiheit nur auf die Äußerungsfreiheit ausgerichtet ist und nur diejenigen Erscheinungen erfaßt, die in Ausübung der Äußerungsfreiheit — durch die Rede, durch die Presse, durch den Rundfunk — wahrnehmbar geworden sind. Äußerungsfreiheit und Informationsfreiheit sind sicher reziprok, aber sie sind es nicht in ihrem ganzen Umfang. Der Bogen, den die Informationsfreiheit umspannt, überdeckt nicht nur die Gegenstände, die in Ausübung der Äußerungsfreiheit wahrnehmbar werden, sondern erstreckt sich auf alle Erscheinungen, ob sie, ohne geäußert zu werden, von Natur aus zugänglich sind oder ob sie sich sonst zugänglich oder wahrnehmbar vollziehen.

(3) Darum ist es falsch, wenn in der Literatur die Informationsfreiheit immer nur als die „reziproke Ergänzung" zur Äußerungsfreiheit gesehen wird[16]; es ist zumindest mißverständlich zu sagen, erst die Bedeutung

---

[14] *Wenkebach* z. B. spricht zutreffend von „zwei nicht identischen Freiheiten", NJW 1962, 2094.

[15] Vgl. die Darstellung oben 2. Kapitel B I 2.

[16] *Ridder*, Meinungsfreiheit, S. 249; H. *Schneider*, NJW 1961, 54.

der Massenpublikationsmittel habe dazu geführt, „daß in das Grundrecht der freien Meinungsäußerung die sogenannte Informationsfreiheit eingebaut worden ist“[17]. Zwar haben die Väter des GG, als sie „jede Beschränkung in der freien Unterrichtung und Meinungsbildung aus den allgemein zugänglichen Quellen“[18] für unstatthaft erklärten, „insbesondere“ an den „Rundfunkempfang“ und an den „Bezug von Druckerzeugnissen“ gedacht. Aber sie haben damit eben nur einen — wenn auch einen sehr bedeutsamen — Ausschnitt dessen in Worte gefaßt, was Informationsfreiheit in Wirklichkeit ist.

B. Die formelle Schutzwirkung der Informationsfreiheit

I. Die Intensitätsstufen staatlicher Eingriffe

(1) Im Gegensatz zur Äußerungsfreiheit erfaßt die Informationsfreiheit nicht die Wirkungen des Individuums auf die Außenwelt, sondern umgekehrt die Wirkungen der Außenwelt auf das Individuum; sie begreift das soziale Wesen des Menschen nicht in seiner aktiven, sondern in der passiv-rezeptiven Funktion. Das Übergreifen des Individuums auf den sozialen Raum, jene Phase der Freiheitsausübung also, die allein staatliche Maßnahmen rechtfertigen kann[19], ist nicht wie bei der Äußerungsfreiheit *Zielpunkt*, sondern bestenfalls *Begleiterscheinung* der Freiheitsausübung: das Individuum wirkt unmittelbar nur insoweit nach außen, als es etwa beim Rundfunkempfang den Ätherraum beeinträchtigt[20], als es gelegentlich seines Informationsempfangs das Eigentum oder das Persönlichkeitsrecht eines Dritten[21] verletzt, als durch den Informationsempfang der Zweck[22] eines besonderen Gewaltverhältnisses hinfällig oder sein Betrieb[23] erheblich gestört würde. Nur in dem Maße, in dem diese Außenwirkungen es rechtfertigen, sind staatliche Eingriffe zulässig.

(2) In diesem Rahmen gilt auch für die Informationsfreiheit der Grundsatz, daß *präventive* Eingriffe tiefer in die Sphäre der geistigen Individualität eindringen als *repressive* Maßnahmen; präventive Eingriffe sind

---

[17] *Ermacora*, S. 341.

[18] JöR 1, 80; Wortlaut der Fassung vom 29. 9. 1948.

[19] Vgl. oben 2. Kapitel C IV 4 a.

[20] Vgl. oben 2. Kapitel C, FN 45, und unten 4. Kapitel C, IV 2.

[21] z. B. Geräuscheinwirkungen auf das Nachbargrundstück, Wegnahme einer Zeitung, Abhören von Ferngesprächen usw.

[22] Einem *Untersuchungshäftling* werden Zeitungsberichte über den Stand der Ermittlungen vorenthalten.

[23] Rundfunkempfang im Gefängnis, vgl. unten FN 75.

nur dann zulässig, wenn sie mit Rücksicht auf überragende Interessen der Allgemeinheit und mit Rücksicht auf wichtige Rechtsgüter privater Dritter zwingend erforderlich sind und wenn repressive Eingriffe allein zu ihrem Schutz nicht ausreichen; so kann das allgemeine Verbot mit Erlaubnisvorbehalt, wie etwa das Fernmeldeanlagengesetz es vorsieht[24], nur dann zulässig sein, wenn das System der allgemeinen Duldung mit Verbotsvorbehalt den Erfolg — hier nach dem Fernmeldeanlagengesetz: Schutz des Ätherraumes — nicht schon verbürgt[25]. Dagegen kann es im einzelnen gerechtfertigt sein, einem Untersuchungsgefangenen jene Berichte vorzuenthalten, die über den Stand der Ermittlung in den Zeitungen erscheinen: in diesem Fall sind präventive Eingriffe das einzige Mittel zur Durchsetzung des überragenden Interesses der Allgemeinheit an der Aufklärung eines Verbrechens.

(3) Das Beispiel des Untersuchungsgefangenen kennzeichnet insofern die besondere Bedeutung der Informationsfreiheit, als es sich um einen der ganz wenigen Fälle handelt, in denen *inhaltsbezogene* Maßnahmen gegen den Informationsempfänger überhaupt zulässig sind. Denn im Gegensatz zur Äußerungsfreiheit ist, wie wir festgestellt haben, bei der Informationsfreiheit die jeweilige Wirkung eines geistigen Inhalts — der Information — nicht nach außen, sondern nach innen gerichtet. Mit dem Inhalt einer Information greift das die Informationsfreiheit ausübende Individuum regelmäßig nicht auf den sozialen Raum über; deshalb sind inhaltsbezogene Maßnahmen — nicht nur, wie bei der Äußerungsfreiheit, soweit sie präventiv wirken — *grundsätzlich unzulässig*. Das ist die *formelle* Schutzwirkung der Informationsfreiheit, von der *Wenkebach* zutreffend sagt, sie umfasse „die Unterrichtung aus allen zugänglichen Quellen, ohne Rücksicht darauf, welchen Inhalt die darin enthaltenen Gedankenäußerungen haben“[26].

Die Ausübung der Informationsfreiheit kann also grundsätzlich nur davon abhängig gemacht werden, daß die wahrzunehmende Information tatsächlich wahrnehmbar oder zugänglich ist, daß ferner das Individuum durch die Wahrnehmung und durch den Zugang nicht, wie Ridder formuliert[27], „in anderweit rechtlich umhegte Positionen“ einbricht. Das bedeutet im einzelnen:

---

[24] § 2 Abs. 1 S. 1 des Gesetzes vom 14. 1. 1928 lautet: Die Befugnis zur Errichtung und zum Betrieb einzelner Fernmeldeanlagen kann verliehen werden ... Vgl. im einzelnen unten C IV 2.

[25] Deshalb ist in der Tat zu erwägen, ob nicht die einfache Betriebsanzeige den Belangen des Fernmeldeanlagengesetzes genügen würde, vgl. unten bei FN 84.

[26] *Wenkebach*, NJW 1962, 2095.

[27] *Ridder*, Meinungsfreiheit, S. 275.

1. Maßnahmen gegen Wahrnehmbarkeit und Zugänglichkeit

Der Staat kann die *Wahrnehmbarkeit* oder *Zugänglichkeit* einer Erscheinung, also die Form, in der sie sich darbietet, beeinflussen. Soweit es sich um Erscheinungen handelt, die in Ausübung der Äußerungsfreiheit wahrnehmbar werden, kann der Staat nach Maßgabe der Äußerungsfreiheit — insbesondere also unter Beachtung der formellen Schutzwirkung im Stadium der Vorbereitung — etwa die Verbreitung beleidigender, unzüchtiger, verfassungsfeindlicher Schriften verhindern, unterbinden oder sonst erschweren. Soweit es sich um Erscheinungen handelt, die auf sonst eine Weise wahrnehmbar sind, kann der Staat nach Maßgabe der sonst betroffenen Rechte, jedenfalls aber nach Maßgabe des objektiven Publizitätsprinzips die Wahrnehmbarkeit oder Zugänglichkeit beschränken[28].

2. Maßnahmen gegen Wahrnehmung und Zugang

Der Staat kann jedoch nicht die *Wahrnehmung* einer an sich wahrnehmbaren Erscheinung, den *Zugang* zu einer an sich zugänglichen Informationsquelle mit Rücksicht auf den für unzulässig erkannten oder zu erwartenden Inhalt verhindern, unterbinden oder sonst erschweren. Wenn es ihm aus tatsächlichen oder rechtlichen Gründen nicht gelingt, eine nach ihrem Inhalt nicht für die Wahrnehmung bestimmte Erscheinung durch Einwirkungen auf die Erscheinung selbst, den Verfasser, Verbreiter oder Veranlasser, der öffentlichen oder auch der individuellen Wahrnehmung zu entziehen, so ist es ihm verwehrt, die Wirkungen dieser Erscheinung durch zusätzliche Empfangsbeschränkungen zu beeinflussen. So sind Störsender und Abhörverbote auch dann unzulässig, wenn dadurch der Empfang verbotener, insbesondere verfassungsfeindlicher Meinungsäußerungen abgewehrt werden soll[29]; so sind bewehrte Schweigegebote — etwa im Sinne des § 174 Abs. 2 GVG und des Art. 2 des Gesetzes vom 5. 4. 1888[30] — in *öffentlichen* Gerichtsverhandlungen auch dann unzulässig, wenn wider Erwarten, also ohne daß vorher die Öffentlichkeit ausgeschlossen worden ist, Staats- oder Betriebsgeheimnisse behandelt werden.

II. Die unmittelbare im Gegensatz zur mittelbaren Betroffenheit des Empfängers

Daraus ergibt sich, daß Beschränkungen der Wahrnehmbarkeit oder Zugänglichkeit — auch wenn sie gegen die Äußerungsfreiheit, gegen

---

[28] Wie etwa nach den §§ 170 ff. GVG die Gerichtsöffentlichkeit ausgeschlossen sein oder ausgeschlossen werden kann. Vgl. im übrigen oben 2. Kapitel B II 3.

[29] Vgl. *Wenkebach,* NJW 1962, 2095; vgl. oben FN 26.

[30] Betreffend die unter Ausschluß der Öffentlichkeit stattfindenden Gerichtsverhandlungen (RGBl. 133), vgl. oben 2. Kapitel B FN 42.

sonstige Rechte oder gegen das objektive Informationsprinzip verstoßen — den Rechtsträger der Informationsfreiheit jedenfalls nur *mittelbar* betreffen, während Maßnahmen gegen die Wahrnehmung oder den Zugang den einzelnen *unmittelbar* in seinem Recht des freien Nehmens berühren. Das Problem, das also in der Abgrenzung der mittelbaren von den unmittelbaren Wirkungen staatlicher Maßnahmen liegt, kann hier freilich nicht gelöst werden; es soll nur durch ein Beispiel veranschaulicht werden: die Beschlagnahme von Schriften strafbaren Inhalts.

1. Beispiel: Die Beschlagnahme beleidigender oder unzüchtiger Schriften

Handelt es sich um Schriften etwa beleidigenden (§§ 185 ff. StGB) oder unzüchtigen (§ 184 StGB) Inhalts, so können diejenigen Exemplare nicht eingezogen und unbrauchbar gemacht werden (§§ 40 ff. StGB), die sich in der Hand des unbeteiligten Dritten[31] befinden. Nach § 40 nämlich unterliegen der Einziehung nur solche Gegenstände, die sich im Eigentum eines Tatbeteiligten befinden; § 41 aber beschränkt die Unbrauchbarmachung „auf die im Besitze des Verfassers, Druckers, Herausgebers, Verlegers oder Buchhändlers befindlichen und auf die öffentlich ausgelegten oder öffentlich angebotenen Exemplare". Damit bringt der Gesetzgeber klar zum Ausdruck, daß sich Maßnahmen nur gegen die — hier unbeschränkte und damit öffentliche — *Außenwirkung*, nicht aber gegen die individuelle *Innenwirkung*, gegen den bloßen Informationsempfang richten können.

2. Beispiel: Die Beschlagnahme verfassungsfeindlicher Schriften

Handelt es sich dagegen um eine im Sinne des § 93 StGB verfassungsfeindliche Schrift, bleibt sie, so scheint es, auch innerhalb des individuellen Wahrnehmungsbereiches der Einziehung nach den §§ 98 Abs. 2, 86 Abs. 1 StGB[32] ausgesetzt. So heißt es in einem Urteil des BGH[33]: „Der

---

[31] „Unbeteiligt" soll heißen: wer weder an der Herstellung noch an der Verbreitung beteiligt ist.

[32] Die Besonderheit dieser Einziehung liegt darin, daß sie nicht nur im objektiven Verfahren (§§ 86 Abs. 4 StGB, 430 ff. StPO), sondern gem. §§ 94 Abs. 1, 98 Abs. 1 StPO auch vorbeugend durch Staatsanwalt und Polizei vorgenommen wird. Vgl. dazu das Gesetz zur Überwachung strafrechtlicher und anderer Verbringungsverbote vom 24. 5. 1961 (BGBl. I 607), dessen § 2 in seinen beiden ersten Absätzen lautet: (1) Die Hauptzollämter und ihre Beamten nehmen eine Nachprüfung vor, wenn sich tatsächliche Anhaltspunkte für den Verdacht ergeben, daß Gegenstände unter Verstoß gegen eines der in § 1 bezeichneten Strafgesetze in den räumlichen Geltungsbereich dieses Gesetzes verbracht werden, es sei denn, daß es sich lediglich um Reiselektüre handelt. Wird der Verdacht durch die Nachprüfung nicht ausgeräumt, so sind die Gegenstände der Staatsanwaltschaft vorzulegen. (2) Die Beamten der Hauptzollämter sind berechtigt, zum Zwecke der Nachprüfung Beförderungsmittel,

§ 41 Abs. 2 hindert es, staatsfeindliche Schriften überall zu erfassen, wo sie sich vorfinden, ohne dort berechtigten dienstlichen oder wissenschaftlichen Zwecken zu dienen. Bei anderen schriftlich begehbaren Straftaten, für welche der § 41 StGB gilt, mag das erträglich sein. Im Staatsschutzrecht reicht es nicht aus. Es muß Vorsorge getroffen werden, daß beliebige Privatpersonen, welche die Schrift besitzen, sie nicht ihrerseits verbreiten oder zu ähnlichen Schmähschriften verarbeiten."

Diese Interpretation findet im Wortlaut des § 86 StGB insofern eine Bestätigung, als danach alle Gegenstände eingezogen oder unbrauchbar gemacht werden können, „die durch eine in diesem Abschnitt mit Strafe bedrohte Handlung hervorgebracht oder zu ihrer Begehung gebraucht oder bestimmt sind", und zwar, wie sich aus § 86 Abs. 2 ergibt, „ohne Rücksicht auf die Eigentumsverhältnisse"[34].

Diese erweiterten Befugnisse, deren Gebrauch dem Ermessen („können") des Richters[35] anheimgestellt ist, können jedoch nicht ausgeübt werden, ohne daß die dadurch betroffenen Rechtspositionen nach den Umständen des Einzelfalles bewertet werden. Die Formulierungen des BGH erwecken den Eindruck, das Staatsschutzrecht gebiete, die Verbreitung und Verarbeitung verfassungsfeindlicher Äußerungen um jeden Preis zu unterdrücken. Seine Argumentation, der zufolge die Voraussetzungen für eine vorbeugende[36] Einziehung schon dann gegeben sind, wenn „beliebige Privatpersonen" jeweils ein Exemplar der fraglichen Druckschrift besitzen, führt praktisch zu dem Ergebnis, daß die bloße Existenz verfassungsfeindlicher Schriften, ja schon die Kenntnisnahme verfassungsfeindlicher Meinungen die öffentliche Sicherheit und Ordnung störe[37]. Damit aber versäumt es der BGH, die Bedeutung sowohl

---

Gepäckstücke, sonstige Behältnisse und Sendungen aller Art zu öffnen und zu durchsuchen. Sie sind zur Beschlagnahme befugt, wenn sich die Gegenstände im Gewahrsam einer Person befinden, die zur freiwilligen Herausgabe nicht bereit ist. Im Fall der Beschlagnahme gilt § 98 Abs. 2 der Strafprozeßordnung entsprechend.

[33] BGH 1 StE 1/59 (28. 2. 1959), NJW 1959, 1593 ff. (1595); vgl. auch BGH 3 StR 53/60 (6. 3. 1961), NJW 1961, 1030, Leitsatz: Täter oder Teilnehmer im Sinne des § 86 Abs. 2 StGB sind — jedenfalls soweit es sich um die Einziehung verfassungsfeindlicher Schriften handelt — alle diejenigen, die zumindest den äußeren Tatbestand des § 93 StGB erfüllt haben.

[34] *Schönke-Schröder*, § 86, RN 3.

[35] bzw. des Staatsanwalts im vorbeugenden Verfahren nach den §§ 94 Abs. 1, 98 Abs. 1 StPO.

[36] Der BGH prüft die Voraussetzungen einer Störung der öffentlichen Sicherheit und Ordnung.

[37] Vgl. *Wenkebach*, NJW 1962, 2094 f. Nach dem Verbringungsgesetz sind 1963 monatlich 600 000 Postsendungen aus der Zone beschlagnahmt worden; heute schätzt man die Zahl auf 800 000, darunter ebenso Privatbriefe wie z. B. juristische Fachzeitschriften, vgl. „Monitor", Westdeutscher Rundfunk, Fernsehen, Sendemanuskript vom 9. 9. 1965.

der Äußerungsfreiheit als auch der Informationsfreiheit in seine Überlegungen miteinzubeziehen. Denn es geht im Grunde um die Frage, von welchem Augenblick an die Äußerungsfreiheit Eingriffe gestattet und die Informationsfreiheit sie nicht verbietet, d. h. wie weit der Raum ist, der zwischen der formellen Schutzwirkung der Äußerungsfreiheit und der formellen Schutzwirkung der Informationsfreiheit bleibt.

a) Die Schutzwirkung der Äußerungsfreiheit

Was die Äußerungsfreiheit betrifft, so haben wir festgestellt[38], daß inhaltsbezogene Maßnahmen regelmäßig nur mit Beginn der Verbreitung möglich sind. Der Begriff der Verbreitung bzw. der verbreitungsähnlichen Handlung[39] bezieht sich jedoch bei mitteldeutschen Druckschriften nur auf das Gebiet der Bundesrepublik, d. h. vorbeugende Maßnahmen sind nur insofern möglich, als die Verbreitung auf dem Gebiet der Bundesrepublik begonnen hat. Wenn deshalb ein *Zeitungsausschnitt* oder *ein einzelnes Zeitungsexemplar* zur *vertraulichen Kenntnisnahme* — und nicht zur weiteren Verbreitung — aus Mitteldeutschland eingebracht wird, so beginnt damit noch nicht die Verbreitung. Die Beschlagnahme solcher Postsendungen beim Empfänger ist schon unter Berücksichtigung der formellen Schutzwirkung der Äußerungsfreiheit verfassungswidrig[40].

b) Die Schutzwirkung der Informationsfreiheit

Was aber die Informationsfreiheit betrifft, so beginnt ihre formelle Schutzwirkung spätestens dann, wenn der einzelne Bürger ein Exemplar der fraglichen verfassungsfeindlichen Schrift in der Hand hat. Die Beschlagnahme zum Zweck der Einziehung oder Unbrauchbarmachung ist nicht möglich, solange und soweit die Schrift lediglich der Information des Besitzers dient[41], was zu seinen Gunsten immer dann vermutet werden muß, wenn es sich um ein einzelnes Exemplar handelt[42].

---

[38] Vgl. oben 3. Kapitel B I 3.

[39] Vgl. oben 3. Kapitel B FN 17.

[40] Schon aus diesem Grunde ergeben sich Bedenken gegen das „Verbringungsgesetz". Gegenüber der heute üblichen Praxis (vgl. oben FN 32) bringt § 372 E 1962 insofern eine Verbesserung, als er — anders als § 93 StGB — mit dem Wort „Propagandamittel" „in plastischer Weise deutlich" macht (Begründung, S. 568), daß aus seinem Anwendungsbereich solche Schriften ausscheiden, „die nach ihrem Inhalt nicht auf Propaganda angelegt, sondern z. B. Zwecken der Wissenschaft, der Geschichtsschreibung *oder der bloßen Information* zu dienen bestimmt sind". Mitteldeutsche Zeitungen können danach nicht ohne weiteres beschlagnahmt werden.

[41] Vgl. *Wenkebach*, NJW 1962, 2095.

[42] Der BGH (a.a.O.; vgl. S. 146, FN 1) spricht eine Vermutung *gegen* das bloße Informationsbedürfnis des Besitzers aus.

3. Beispiel: Die Beschlagnahme auf dem Postweg vom Absender zum Empfänger

Problematisch ist die formelle Schutzwirkung für den — allerdings sehr häufigen — Fall, daß sich das einzelne Exemplar weder in der Hand des Absenders noch des Empfängers, sondern mit der Post auf dem Weg vom Absender zum Empfänger befindet.

a) Die Schutzwirkung der Äußerungsfreiheit

Solange die Verbreitung der Schrift noch nicht begonnen hat, ist die Beschlagnahme mit Rücksicht auf die Äußerungsfreiheit nicht möglich. Das wird häufig dann der Fall sein, wenn ein einzelnes Exemplar einer Schrift aus dem Ausland oder aus Mitteldeutschland verschlossen an einen konkreten Empfänger versandt wird. Das LG Stuttgart etwa, das über die Einziehung und Unbrauchbarmachung eines einzelnen Exemplars — des einzigen im übrigen, dessen die Behörden habhaft geworden sind — einer aus dem Ausland eingeführten unzüchtigen Schrift zu entscheiden hatte[43], hat zwar zutreffend festgestellt, die Beschlagnahme nach den §§ 94 ff. StPO könne „praktisch nur in den sehr seltenen Fällen stattfinden, wo die Staatsanwaltschaft durch Dritte von der Postsendung mit unzüchtigem Inhalt" erfahren hat: denn Post- und Zollbeamte könnten die Staatsanwaltschaft nicht ohne Verletzung des Postgeheimnisses benachrichtigen. Aber das LG Stuttgart hätte, noch bevor es auf die Verletzung des Postgeheimnisses zu sprechen kam, untersuchen müssen, ob die Versendung dieses einzelnen Exemplars überhaupt eine Verbreitungshandlung darstellte, ob also die Beschlagnahme nicht schon mit Rücksicht auf die formelle Schutzwirkung der *Äußerungsfreiheit* generell unmöglich gewesen wäre.

Die gleichen Überlegungen gelten aber auch für die Beschlagnahme einer einzelnen — noch nicht in der Verbreitung begriffenen — staatsgefährdenden Schrift, da die im Verbringungsgesetz vorgesehenen Eingriffe in das Brief- und Postgeheimnis sich dann regelmäßig als Eingriffe der zweiten Intensitätsstufe in die Äußerungsfreiheit darstellen und daher nur unter besonderen Umständen zulässig sind. Die Verfassungswidrigkeit der Schrift allein ist jedenfalls nicht geeignet, diese Voraussetzungen zu erfüllen. Zutreffend hat daher jetzt das LG Hamburg in seinem viel-

[43] LG Stuttgart, 29. 9. 1964, NJW 1965, 595 (596). Der Leitsatz lautet: Gelangt eine unzüchtige Schrift, die einem Inländer aus dem Ausland auf dem Postwege zugesandt wird, unter Verletzung des Postgeheimnisses in den Besitz der Staatsanwaltschaft, so darf sie nicht als Beweismittel im Verfahren zur Ahndung eines Vergehens nach § 184 StGB, vor allem für die Einziehung und Unbrauchbarmachung der Schrift im objektiven Verfahren, verwendet werden.

beachteten Beschluß vom 27. 10. 1966 die Staatsanwaltschaft darauf verwiesen, daß „der Bundesrepublik und ihrer freiheitlich-demokratischen Ordnung von der freien Einfuhr kommunistischer Zeitungen aus Ostdeutschland eine *erhebliche* Gefahr *nicht* droht“[44], ja daß im Gegenteil „die in Westdeutschland verbreitete geistige Enthaltsamkeit, was eine einigermaßen gediegene Auseinandersetzung mit dem Kommunismus anlangt, auf lange Sicht eine Gefährdung der freiheitlich-demokratischen Grundordnung nach sich zu ziehen droht“[45].

b) Die Schutzwirkung der Informationsfreiheit

Wenn aber die Verbreitung bereits begonnen hat, kann nur noch die formelle Schutzwirkung der *Informationsfreiheit* der Beschlagnahme im Wege stehen. Nach den einschlägigen Bestimmungen des StGB und der StPO ist die Beschlagnahme nicht nur verfassungsfeindlicher, sondern auch sonst strafbarer Schriften möglich: denn solange sich eine Schrift auf dem Postweg befindet, steht sie regelmäßig noch im Eigentum und noch im — freilich mittelbaren — Besitz des Absenders, so daß sowohl § 40 (Einziehung) als auch § 41 (Unbrauchbarmachung) und damit auch § 42 StGB (objektives Verfahren) in Verbindung mit den §§ 94 Abs. 1, 98 Abs. 1 StPO eingreift. Diese Vorschriften können aber nur mit Rücksicht auf die Wirksamkeit der Informationsfreiheit interpretiert werden, d. h. trotz des an sich eindeutigen Wortlauts muß in jedem Einzelfall geprüft werden, ob es sich bei der Beschlagnahme um eine zulässige Beschränkung der *Wahrnehmbarkeit der Schrift* oder um eine unzulässige Beschränkung der *Wahrnehmung des Informationsempfängers,* ob es sich also um eine mittelbare oder unmittelbare Beschränkung der Informationsfreiheit handelt.

(1) Mit Rücksicht auf das im Einflußbereich der Informationsfreiheit stehende *Postgeheimnis* steht fest, daß — wie das LG Stuttgart zutreffend ausgeführt hat[46] — Schriften unzüchtigen oder sonst strafbaren — nicht verfassungsfeindlichen — Inhalts jedenfalls nur dann beschlagnahmt werden können, wenn die Staatsanwaltschaft durch Dritte, also nicht durch Post- und Zollbeamte, zuverlässig von dem Inhalt der Postsendung Kenntnis erlangt.

(2) Aber selbst wenn diese Kenntnisnahme ohne Verletzung des Postgeheimnisses möglich sein sollte, muß die Behörde noch gesondert die Wirkungen der Informationsfreiheit gegenüber den Erfordernissen der

---

[44] S. 15 des Beschlusses. Jetzt NJW 67, 582 ff.

[45] S. 20 des Beschlusses.

[46] Vgl. oben FN 43.

Strafrechtspflege, des Staatsschutzes, der öffentlichen Sicherheit und Ordnung abwägen. Es leuchtet ein, daß die Schutzwirkung der Informationsfreiheit nicht ohne weiteres auf den Postweg ausgedehnt werden kann; denn sonst könnten verfassungsfeindliche und auch sonst strafbare Schriften beliebig über die Post verbreitet werden, sofern nur ihre einzelnen Exemplare jeweils einen konkreten Adressaten aufweisen. Andererseits aber wäre die Schutzwirkung der Informationsfreiheit nahezu sinnlos, wenn sie sich nur auf diejenigen Schriften erstreckte, die — allen Hindernissen zum Trotz — in die Hand des Empfängers gelangen[47]. Man wird diese Interessenkollision jedenfalls nicht lösen können, ohne daß man auf die subjektiven Vorstellungen des Empfängers zurückgreift. Hat er die Schrift bestellt, eine Schrift, die ausschließlich seiner persönlichen Information zu dienen bestimmt ist, so wird regelmäßig die Schutzwirkung der Informationsfreiheit überwiegen. Der Wille des Empfängers ist daher ein Kriterium, das die beschlagnahmende Behörde prüfen muß; sie muß den Adressaten nicht nur benachrichtigen[48], sondern auch am objektiven Verfahren (vgl. § 431 Abs. 2 StPO) beteiligen[49].

C. Die Informationsquellen des Art. 5 Abs. 1

I. Die restriktive Interpretation in der Literatur

Art. 5 Abs. 1 Satz 1 beschreibt die Informationsfreiheit als das Recht jedermanns, „sich aus allgemein zugänglichen Quellen ungehindert zu unterrichten". Im Mittelpunkt dieser Formulierung, die in der Tat „noch nicht die letzte Schärfe erhalten" hat[50], steht der Begriff der „allgemein zugänglichen Quellen", ein Terminus, der sich überall in der Literatur größter Popularität erfreut, dessen Kriterien aber bisher nicht klar genug analysiert worden sind. *Ridder* skizziert die Eigenschaft der „allgemeinen Zugänglichkeit" dadurch, daß er von der „ungehinderten Unterrichtung aus (bisher, üblicherweise und zusätzlich demnächst mit der Weiterentwicklung der Technik und der Lebensgewohnheiten) allgemein zugänglichen Quellen"[51] spricht. *Lepper* sieht die in Art. 5 geforderten

---

[47] Zutreffend die Feststellung des LG Hamburg (vgl. oben FN 44), daß die Informationsfreiheit unzulässig eingeengt werde, „wenn dem Bürger allgemein die Möglichkeit verschlossen bleibt, sich durch Lektüre kommunistischer Zeitungen aus erster Hand ein Urteil über den politischen Standpunkt und die Argumentationsweise der ostdeutschen Kommunisten zu machen".

[48] Vgl. § 101 Abs. 1 StPO.

[49] So zutreffend *Konow*, NJW 1961, 397 f.; anders *Wagner*, MDR 1961, 93 ff., *Schwarz-Kleinknecht*, § 431, 3, A.

[50] *Maunz*, Staatsrecht, S. 108.

[51] *Ridder*, Meinungsfreiheit, S. 275.

Voraussetzungen als erfüllt an, wenn die Informationsquelle „kraft ihrer Bestimmung der allgemeinen Information dienen soll“[52]. Im übrigen aber üben die Interpreten große Zurückhaltung. Sie wollen es „den einschlägigen Gesetzen“ entnehmen, „ob eine Informationsmöglichkeit diesen Charakter“, nämlich den einer allgemeinen zugänglichen Quelle, aufweist oder nicht[53]; sie begnügen sich mit dem Hinweis auf den freien Rundfunkempfang und den freien Bezug insbesondere ausländischer Druckschriften[54] oder sie beschränken sich auf die beispielhafte Aufzählung dessen, was der Staat mit Rücksicht auf die Informationsfreiheit unterlassen muß: Abhörverbote zu normieren, Störsender zu betreiben, einen Staatsindex verbotener Schriften einzurichten[55]. Schließlich laufen alle Definitionsversuche darauf hinaus, daß eben diejenigen Quellen gemeint seien, „aus denen der Bürger sich üblicherweise unterrichten kann: Zeitung, Rundfunk oder Fernsehen“[56].

Nach diesen Beschreibungen bestimmen zwei Merkmale das Wesen einer allgemein zugänglichen Informationsquelle: sie muß *erstens* „allgemein zugänglich“ im Sinne von öffentlich sein; sie muß *zweitens* — im Hinblick auf die vermeintlich totale Wechselbezüglichkeit von Äußerungsfreiheit und Informationsfreiheit[57] — gerade durch die Ausübung der Äußerungsfreiheit entstehen. Wie denn auch *Ridder* sagt, die Informationsfreiheit diene „in der Hauptsache dem Schutz der *öffentlichen* Meinungsfreiheit“[58], führt diese Interpretation zu dem Ergebnis, daß die Informationsfreiheit praktisch nur diejenigen Erscheinungen umfaßt, die in Ausübung der Äußerungsfreiheit öffentlich geäußert werden. Das bedeutet, daß der Schutz der Informationsfreiheit praktisch nur dem Zeitungsleser[59] und dem Rundfunkhörer zugutekommt.

II. Die Kriterien der „Informationsquelle“

Doch schon die Entstehungsgeschichte des Art. 5 Abs. 1 S. 1 läßt erkennen, daß mit der Informationsfreiheit durchaus mehr garantiert sein sollte als nur die reziproke Ergänzung der öffentlichen Äußerungsfrei-

---

52 *Lepper*, DVBl. 1963, 315.

53 *Hamann*, S. 108.

54 Das Problem aber liegt gerade im Bezug inländischer Schriften, nämlich solcher aus Mitteldeutschland.

55 Vgl. *Ridder*, Meinungsfreiheit, S. 275: vorgebeugt wird „einem staatlichen Abhörverbot für bestimmte Rundfunksender oder -sendungen, einem Staatsindex verbotenen Schrifttums und ähnlichen Maßnahmen und Einrichtungen“. Vgl. auch *Löffler*, NJW 1964, 2277.

56 *Sänger*, S. 87; *Löffler*, Kommentar, S. 68 (RN 30).

57 Vgl. oben B I.

58 *Ridder*, Meinungsfreiheit, S. 275.

59 Aber auch dem Zeitungsleser nur insoweit, als die Zeitung verbreitet ist.

heit. Der freie Rundfunkempfang und der freie Zeitungsbezug waren auch den Vätern des Grundgesetzes von vornherein nur als Ausschnitt des der Informationsfreiheit unterliegenden Schutzbereiches erschienen[60]. Die Normierungen der Vereinten Nationen[61] und des Europarates[62], insbesondere aber der Wortlaut der Hessischen Verfassung[63] bestätigen dieses Ergebnis.

Weder das Merkmal des „Öffentlichen" im Sinne allgemeiner Wahrnehmbarkeit noch die Ausübung der Äußerungsfreiheit sind deshalb brauchbare Kriterien für die Informationsquellen des Art. 5 Abs. 1 Satz 1. Denn nicht nur auf „Äußerungen" erstreckt sich die Informationsfreiheit, sondern schlechthin auf alles, was sich wahrnehmbar vollzieht. Nicht nur allgemein und damit öffentlich Wahrnehmbares umfaßt sie, sondern auch solche Gegenstände, die nur einzelnen oder einem bestimmbaren Personenkreis, jedenfalls nicht öffentlich erscheinen. Ungehinderte Unterrichtung aus „allgemein zugänglichen Quellen" bedeutet daher, daß sich jedermann aus denjenigen Quellen informieren kann, die entweder ihm persönlich oder der Öffentlichkeit zugänglich sind, ohne daß er, wenn er sich wirklich Zugang verschafft, dabei „in anderweit rechtlich umhegte Positionen" einbricht[64]. Also nicht nur das „Öffentliche" ist „allgemein" zugänglich, sondern auch dasjenige, das gerade dem einzelnen als Individuum *„im Allgemeinen"* zugänglich ist.

Die Informationsquellen des Art. 5 Abs. 1 Satz 1 lassen sich demgemäß unterteilen in solche, die nicht öffentlich sind — die „individuellen" Informationsmöglichkeiten — und in solche, die es sind; diese wiederum

---

[60] Art. 7 Abs. 1 des Herren-Chiemsee-Entwurfs: „Jeder hat das Recht, seine Meinung frei und öffentlich zu äußern und *sich über die Meinung anderer zu unterrichten.* Beschränkungen des Rundfunkempfangs und des Bezugs von Druckerzeugnissen sind unzulässig." Vgl. die Fassung bei der fünften Sitzung des Grundsatzausschusses vom 29. 9. 1948: „(2) Jede Beschränkung in der freien Unterrichtung und Meinungsbildung aus allgemein zugänglichen Quellen, *insbesondere* beim Rundfunkempfang oder dem Bezug von Druckerzeugnissen, ist unstatthaft. Vgl. auch die vom Allgemeinen Redaktionsausschuß am 16. 11. 1948 vorgelegte Fassung: „(2) Die (freie) Unterrichtung und Meinungsbildung aus allgemein zugänglichen Quellen, *insbesondere* der Rundfunkempfang und der Bezug von Druckwerken dürfen nicht beschränkt werden ..."

[61] „... Informationen und Ideen mit allen Verständigungsmitteln ohne Rücksicht auf Grenzen zu suchen, zu empfangen und zu verbreiten ..." Vgl. oben FN 6 und 3. Kapitel B FN 78.

[62] „... die Freiheit zum Empfang und zur Mitteilung von Nachrichten oder Ideen ohne Eingriffe öffentlicher Behörden und ohne Rücksicht auf Landesgrenzen ...", vgl. oben FN 6.

[63] „Jedermann hat das Recht, sich auf allen Gebieten des Wissens und der Erfahrung sowie über die Meinung anderer durch den Bezug von Druckerzeugnissen, das Abhören von Rundfunksendern oder *auf sonstige Weise* frei zu unterrichten." Vgl. dazu *Ridder*, Meinungsfreiheit, S. 275.

[64] Vgl. oben FN 27.

gliedern sich in solche, die außerhalb der Staatsorganisation stehen, und in solche, die sich innerhalb des staatlichen Dispositionsbereiches befinden.

III. Die nichtöffentlichen — „individuellen" — Informationsquellen

Die nichtöffentlichen — „individuellen" — Informationsquellen sind insofern „allgemein zugänglich", als jeder zu Informationsquellen *dieser Art* Zugang findet, aber jeder — individuell — auf seine Weise daraus Informationen schöpft. In diesem Sinne ist jedem einzelnen alles zugänglich, was er sich — je nach seinen persönlichen Verhältnissen, seinen geistigen Voraussetzungen, seinen sozialen Bindungen und Beziehungen — mit seinen Sinnesorganen erschließen kann. Dazu gehört alles Wahrnehmen, das sich in der subjektiven Anschauung des einzelnen und in seinen individuellen Kontakten vollzieht, sei es, daß Informationen unmittelbar von Mensch zu Mensch[65] ausgetauscht werden, oder sei es, daß die Dinge selbst als Erscheinungen unmittelbar auf das Individuum wirken.

Diese Quellen mögen, was gerade die Qualität der politischen Information betrifft, trüb und spärlich fließen und gegenüber der Massenkommunikation unbedeutend sein, doch erlangen sie höchste Aktualität, sobald die öffentlichen Informationsmöglichkeiten versagen. Wie schwarze Märkte stets in wirtschaftlicher Not erblühen, gedeiht die nicht öffentliche Kommunikation in der politischen Krise immer erst dann, wenn Rundfunk und Presse der Staatsräson erliegen. Doch ist diese Art Information eben kein schwarzer Markt der Meinung, sondern ein durchaus legitimer Vorgang, den die Informationsfreiheit verfassungskräftig sichert, wobei Versammlungsfreiheit, Freizügigkeit, Brief- und Postgeheimnis in ihrem Dienste stehen[66].

Das besondere Merkmal dieser Informationsquellen ist neben der Individualität die Intimität der Wahrnehmung. Der Staat schützt den Transport der Information — anders als bei den öffentlichen Informationsquellen — gerade dadurch, daß er die intime Individualsphäre *gegen die Publizität* verteidigt, gegen jede Art „Publizität", gleich ob sie von privaten Dritten — etwa der Presse — droht, oder ob der Staat — „Staatsschutz" — sie über das Individuum verhängt[67]. Dieser Umstand ist deshalb so bedeutsam, weil dem mehr oder weniger individuellen und inti-

[65] Der Brief, das Gespräch, die Meinungsumfrage, auch die Demoskopie, soweit sie nicht schon durch die Äußerungsfreiheit oder Wissenschaftsfreiheit gesichert ist.

[66] Vgl. *Ridder*, Meinungsfreiheit, S. 249.

[67] Vgl. oben 1. Kapitel, FN 47.

men Bereich der Wahrnehmung alle Informationsmöglichkeiten angehören, die nicht — noch nicht oder nicht mehr — öffentlich zugänglich sind. Das gilt selbst für die einzelnen Exemplare einer Druckschrift, soweit sie der *öffentlichen*[68] Wahrnehmung entzogen sind, sei es dadurch, daß ein Exemplar bereits in den Besitz eines unbeteiligten Bürgers gelangt ist[69], sei es auch, daß es zum Zwecke der Versendung an ihn und in seinem Einvernehmen der Post übergeben worden ist[70]. Das gilt insbesondere aber für den Bezug mitteldeutscher und ausländischer Zeitungen, die infolge ihres — womöglich — verfassungsfeindlichen Inhalts in der Bundesrepublik nicht öffentlich zugänglich dargeboten werden.

IV. Die staatsfreien öffentlichen Informationsquellen

Die staatsfreien öffentlichen Informationsquellen sind das, was gemeinhin in der Literatur unter „allgemein zugänglichen Quellen" verstanden wird, diejenigen Quellen, „aus denen der Bürger sich üblicherweise unterrichten kann: Zeitung, Rundfunk oder Fernsehen"[71].

1. Presse, Film, Schallplatte

Nicht nur Zeitungen und Zeitschriften, auch Bücher, Filme und Schallplatten, ja „die gesamte Produktion der in- und ausländischen Publizistik" gehört dieser Kategorie allgemein zugänglicher Informationsquellen an[72]. Die Schutzwirkung der Informationsfreiheit setzt in diesem Bereich jedoch erst dort ein, wo Zeitungen und Zeitschriften, Bücher, Filme und Schallplatten *tatsächlich öffentlich* zugänglich dargeboten werden. Der einzelne hat kein Recht auf Veröffentlichung einer Druckauflage, er hat kein Recht darauf, daß ihm oder der Allgemeinheit Filme und Schallplatten zugänglich gemacht werden. Seine Rechtsposition beschränkt sich auf die Wahrnehmung des Wahrnehmbaren und auf den Zugang zum Zugänglichen, wobei der Inhalt des jeweils Wahrnehmbaren und des jeweils Zugänglichen keine Rolle spielt.

Das heißt: Die Informationsfreiheit erstreckt sich auch auf verfassungsfeindliche Schriften und Filme[73], die *öffentlich* dargeboten werden; je-

---

[68] Vgl. den Unterschied zwischen öffentlicher und nicht öffentlicher Verbreitung, z. B. *Löffler*, Kommentar, S. 107 (RN 26 ff.).

[69] Nur in bezug auf das einzelne Exemplar gilt die Vermutung für den bloßen Informationsbedarf, vgl. bei FN 42.

[70] Vgl. oben B II 3.

[71] *Sänger*, S. 87.

[72] *Löffler*, NJW 1964, 2277.

[73] Vgl. für die Filmeinfuhr den zweiten Abschnitt des Verbringungsgesetzes (vgl. FN 32), dessen § 5 lautet: „(1) Es ist verboten, Filme, die nach ihrem Inhalt dazu geeignet sind, als Propagandamittel gegen die freiheitliche demo-

doch wirkt sie nur gegen Beschränkungen der Wahrnehmung und des Zugangs, während sie Beschränkungen der Wahrnehmbarkeit und der Zugänglichkeit — also Beschränkungen der Publikation selbst — insoweit zuläßt, als dadurch Zugang und Wahrnehmung des einzelnen nur mittelbar betroffen werden[74]. Der Staat kann demnach den Sortimenter daran hindern, verfassungsfeindliche Schriften öffentlich auszustellen und anzubieten, doch kann er nicht den Kunden hindern, öffentlich ausgestellte und angebotene Publikationen zu beschauen und zu kaufen. Die formelle Schutzwirkung tritt also auch bei den öffentlich dargebotenen Schriften, Filmen und Schallplatten hervor, wenn auch ihre praktische Bedeutung im Vergleich zu den nicht öffentlichen Informationsquellen sehr gering ist[75].

2. Der Rundfunk

Ganz anders verhält es sich mit den Informationsträgern Tonrundfunk und Fernsehrundfunk, die innerhalb der staatsfreien öffentlichen Informationsquellen eine besondere Rolle spielen. Sie unterscheiden sich von den genannten Publikationen durch die Art, in der sie Informationen öffentlich zugänglich machen. Das Tatbestandsmerkmal der Wahrnehm-

---

kratische Grundordnung oder gegen den Gedanken der Völkerverständigung zu wirken, in den räumlichen Geltungsbereich dieses Gesetzes zu verbringen, soweit dies dem Zweck der Verbreitung dient. Dieses Verbot steht der Abfertigung durch die Zolldienststellen nicht entgegen. (2) Wer Filme in den räumlichen Geltungsbereich dieses Gesetzes verbringt, hat eine Kopie jedes Filmes dem Bundesamt für gewerbliche Wirtschaft innerhalb einer Woche nach dem Verbringen vorzulegen. Durch Rechtsverordnung der Bundesregierung kann bestimmt werden, daß Filme aus bestimmten Ländern der Vorlagepflicht nicht unterliegen ... (4) Ist ein Film entgegen dem Verbot nach Absatz 1 in den räumlichen Geltungsbereich dieses Gesetzes verbracht worden, so stellt das Bundesamt für gewerbliche Wirtschaft den Verstoß gegen dieses Verbot unverzüglich fest und fordert den Verbringenden auf, die in den räumlichen Geltungsbereich dieses Gesetzes verbrachten Kopien des Filmes auszuhändigen. Die Verpflichtung zur Aushändigung entfällt, wenn der Verbringende nachweist, daß er die Kopien wieder aus dem räumlichen Geltungsbereich dieses Gesetzes entfernt oder vernichtet hat. Soweit der Verbringende Kopien nicht mehr besitzt, sind diese Vorschriften auf den Besitzer entsprechend anzuwenden."

[74] Vgl. oben B I 2. Das Verbringungsgesetz, das auch in seinem zweiten — die Filmeinfuhr betreffenden — Absatz verfassungswidrig ist (vgl. z. B. *Rehbinder — Uhle*, DVBl. 1965, 550 ff.) trifft die Informationsfreiheit des einzelnen nur mittelbar, es sei denn, der eingeführte Film diene ausschließlich der individuellen Information desjenigen, der ihn einführt oder sich eine Kopie verschafft: dann nämlich handelt es sich wieder um eine nicht öffentliche — individuelle — Informationsquelle, vgl. oben III.

[75] Vgl. dazu das Problem: Einschränkung der Informationsfreiheit des Untersuchungshäftlings (z. B. BVerfG, 19. 2. 1963, Rundfunkempfang, NJW 1963, 755; OLG Oldenburg, 7. 8. 1963, Zeitschriften, NJW 1964, 215; OLG Hamburg, 29. 7. 65, NJW 1965, 2361) und des Strafgefangenen (z. B. KG, 9. 12. 1965, NJW 1965, 1088 ff.; vgl. auch *Altenhain*, JZ 1966, 20 f.).

barkeit und Zugänglichkeit ist nämlich erfüllt, sobald die elektrischen Schwingungen von der Sendeantenne ausgestrahlt werden. Alle staatlichen Maßnahmen, die nach diesem Zeitpunkt einsetzen, betreffen nicht mehr nur Wahrnehmbarkeit und Zugänglichkeit der Informationsquelle, sondern richten sich unmittelbar gegen die Wahrnehmung und den Zugang des Informationsempfängers: kollidieren also mit der formellen Schutzwirkung der Informationsfreiheit. Aus diesem Grunde sind Störsender und Abhörverbote unzulässig — ohne Rücksicht auf den Inhalt der ausgestrahlten Informationen. Wenn daher Rundfunkstationen außerhalb der Bundesrepublik verfassungsfeindliche Programme senden, kann der Staat nur machtlos zusehen. Darin liegt die enorme Bedeutung, die der formellen Schutzwirkung in diesem Bereich zukommt[76].

Die formelle Schutzwirkung verbietet Maßnahmen gegen den Informationsempfang zunächst nur insoweit, als diese sich gerade gegen die geistige Kommunikationswirkung der Informationsfreiheit wenden. Solche Beschränkungen aber, die nicht den geistigen Inhalt, sondern nur die äußeren Umstände des Informationsempfangs betreffen, sind zulässig, doch finden auch sie darin eine Schranke, daß sie gleichzeitig — notwendig oder doch regelmäßig — mit den äußeren Umständen des Informationsempfangs auch die geistige Wirksamkeit der Informationen beeinträchtigen. Für alle diese Maßnahmen gilt daher die Güterabwägungslehre, wie sie aus der individualrechtlichen Konzeption des Art. 5 Abs. 1 folgt[77]. Danach sind etwa im besonderen Gewaltverhältnis Beschränkungen der Informationsfreiheit nur dann zulässig, wenn dem Informationsempfang des Gewaltunterworfenen — hier des Untersuchungshäftlings — „konkrete Anstaltserfordernisse"[78] oder der Zweck des Gewaltverhältnisses entgegenstehen. So muß die Pfändung eines Rundfunkgerätes unterbleiben (vgl. § 811 Nr. 1 ZPO), soweit dadurch die Informationsfreiheit des Schuldners wesentlich eingeschränkt wird[79]. Die Rundfunkgebühr darf nicht höher sein, als der sie rechtfertigende Zweck es erfordert[80]; unzulässig ist „eine derartige Erhöhung der Gebühr, daß der bisherige Umfang der ‚allgemeinen Zulänglichkeit' wesentlich reduziert würde"[81]. Zulassungsschranken nach dem Fernmeldeanlagengesetz

---

[76] Vgl. oben B.

[77] Vgl. oben 2. Kapitel C IV 3 und 4. Kapitel B.

[78] BVerfG, 19. 2. 1963, NJW 1963, 755 (vgl. oben FN 75).

[79] *Ridder* (Meinungsfreiheit, S. 275, FN 110) kritisiert mit Recht, daß die Gerichte die Bedeutung der Informationsfreiheit in diesem Zusammenhang unbeachtet gelassen haben.

[80] Die Natur der Rundfunk*gebühr* ist umstritten. Als Verwaltungsleistungen kommen in Betracht die Genehmigung des Rundfunkempfangs, die Funkaufsicht der Post oder die Programmleistungen der Sendeanstalten, vgl. Hans *Schneider*, NJW 1961, 53 ff. (56).

[81] *Ridder*, Meinungsfreiheit, S. 275 (FN 110); vgl. auch *v. Mangoldt-Klein*, S. 242.

(FAG) sind nur insoweit mit der Informationsfreiheit zu vereinbaren, als sie notwendig sind zum „Schutz des allgemeinen Funkverkehrs" oder zur „Wahrung des möglichst ungestörten Empfangs aller Rundfunkhörer und Fernsehteilnehmer"[82]. So wird die „Befugnis zur Errichtung und zum Betrieb einzelner Fernmeldeanlagen" — wozu auch das Rundfunkempfangsgerät gehört (vgl. § 2 FAG) — nicht nach dem freien Ermessen der Bundespost verliehen[83]: der Bürger hat ein subjektives öffentliches Recht auf Erteilung der Konzession, soweit nicht überhaupt die einfache Betriebsanzeige genügt[84]. Auf jeden Fall aber ist es falsch zu sagen, die Informationsfreiheit setze erst dann ein, wenn der Bürger die Genehmigung zur Teilnahme am Funkverkehr erhalten hat[85].

3. Die Sonderstellung des Rundfunks

Auf Grund seiner technischen Eigenart unterscheidet sich der Rundfunk von den übrigen staatsfreien öffentlichen Informationsquellen einmal dadurch, daß im Prozeß des Gebens und Nehmens die Fernmeldehoheit des Staates zwischengeschaltet ist, zum anderen aber dadurch, daß der Gesetzgeber die Rundfunkanstalten als juristische Personen des öffentlichen Rechts organisiert hat. Diese beiden Besonderheiten des Rundfunks ändern jedoch nichts an der Natur des Rundfunks als einer staatsfreien öffentlichen Informationsquelle. Die Fernmeldehoheit verpflichtet den Staat, die öffentliche Zugänglichkeit des Rundfunks in ihren technischen Voraussetzungen — durch den Schutz des Ätherraumes — zu erhalten. Die öffentlich-rechtliche Strukturierung aber dient der „Verwirklichung und Aufrechterhaltung der in Art. 5 GG gewährleisteten Freiheit des Rundfunks"[86]; sie soll bewirken, daß „dieses moderne Instrument der Meinungsbildung weder dem Staat noch *einer* gesellschaftlichen Gruppe ausgeliefert wird"[87]. Diese Besonderheiten bedingen also die Funktionsfähigkeit und letztlich die geistige Unabhängigkeit der Rundfunk-Kommunikation[88].

V. Die staatlichen öffentlichen Informationsquellen

Staatliche öffentliche Informationsquellen sind Erscheinungen innerhalb des staatlichen Herrschaftsbereiches, die sich vor Aug und Ohr be-

---

[82] Hans *Schneider*, NJW 1961, 54 f.

[83] *Ridder*, Meinungsfreiheit, S. 275 (FN 110).

[84] So z. B. *Ipsen*, S. 32 f. Die Praxis der Bundespost geht davon aus, daß der einzelne keinen Anspruch auf Genehmigung hat, vgl. Hans *Schneider*, NJW 1961, 54.

[85] Verfehlt daher Hans *Schneider*, NJW 1961, 54.

[86] BVerfG, 28. 2. 1961, NJW 1961, 547 ff. (552); vgl. oben 2. Kapitel B I 1 b.

[87] BVerfG a.a.O., S. 553.

[88] Kritisch dazu insbesondere *Bettermann*, DVBl. 1963, 41 ff.; vgl. auch *Jank*, DVBl. 1963, 44.

liebiger Bürger, also in *unmittelbarer Öffentlichkeit* darstellen. Der Umstand, daß der einzelne nicht die Errichtung und Unterhaltung solcher Informationsquellen, sondern nur ungehinderten Zugang zu bereits bestehenden oder künftig zu errichtenden staatlichen öffentlichen Informationsquellen verlangen kann, zwingt uns zu differenzieren nach solchen Erscheinungen, die erst *durch den Staat* oder durch eines seiner Organe unmittelbarer Öffentlichkeit ausgesetzt werden, und solchen Erscheinungen, deren Publizität dem Staat vorgegeben ist.

1. Die dispositiven Informationsquellen

Für die erste Gruppe staatlicher Informationsquellen ergibt sich, daß das Recht auf Zugang nur insoweit besteht, als der Staat die in Frage kommenden Erscheinungen seines Herrschaftsbereiches öffentlich zugänglich macht. Soweit er es nicht tut, besteht auch nicht das Recht auf Zugang — ohne Rücksicht darauf, ob dieses Unterlassen das Publizitätsprinzip verletzt oder nicht. Wie also das Recht auf Gemeingebrauch daran scheitert, daß der Akt der Widmung unterblieben ist, stößt das Recht des freien Nehmens ins Leere, wenn der Staat nichts zu geben bereit ist, was genommen werden könnte. Wie ferner das Recht auf Gemeingebrauch sich nur bezieht „auf den Gebrauch einer Sache im Rahmen ihrer durch die Widmung festgelegten Zweckbestimmung“[89], beschränkt sich das Recht des freien Nehmens auf den Umfang der vom Staat eingeräumten Zugänglichkeit. Mögen daher Pressefreiheit, Wissenschaftsfreiheit oder sonstige berechtigte oder rechtliche Interessen generell oder nach den Umständen des Einzelfalles Rechte gewähren, die über diesen Rahmen hinausgehen: die Informationsfreiheit des Art. 5 Abs. 1 jedenfalls erschließt diese Informationsquellen nur nach Maßgabe ihrer Zugänglichkeit.

Das bedeutet etwa für den Zugang zu Museen, Bibliotheken, Galerien und Sammlungen, daß sich nur derjenige auf die Informationsfreiheit berufen kann, dem der Zugang verweigert wird, obwohl die öffentliche Zugänglichkeit durch Gesetz, auf Grund eines Gesetzes oder durch rechtlich relevante Übung hergestellt worden ist. Das gleiche gilt für staatliche Register, Bücher und Verzeichnisse, wenn dem einzelnen die Einsicht verweigert wird, obwohl ansonsten — „im allgemeinen“ — jedermann, ohne sich auf besondere rechtliche oder berechtigte Interessen berufen zu müssen, ungehindert Zugang findet[90]. Es zeigt sich also, daß die Informationsfreiheit in diesem Bereich eine untergeordnete Rolle spielt.

---

[89] Vgl. *Obermayer*, S. 173; *Forsthoff*, Lehrbuch, S. 341.

[90] In Betracht kommen z. B. das Handelsregister (§ 9 Abs. 1 HGB), das Güterrechtsregister (§ 1563 Abs. 1 BGB), das Schuldnerverzeichnis (§ 915 Abs. 3 ZPO). Nach § 2 Abs. 8 BBauG kann jedermann die Bauleitpläne, die Er-

2. Die notwendigen Informationsquellen

Dagegen gibt es innerhalb der Staatsorganisation Bereiche, in denen sich die Staatsgewalt notwendig in unmittelbarer Öffentlichkeit aktualisiert. Nach dem Demokratieprinzip muß das Staatsvolk wenigstens dort Zugang haben, wo sich die fundamentalen staatlichen Machtvorgänge vollziehen. Denn dort erreicht die Macht der staatlichen Organe einen derartigen Umfang, daß sie auch in der repräsentativen Demokratie nur dann erträglich ist, wenn sie sich im Medium unmittelbarer Publizität entfaltet.

Das gilt grundsätzlich für die normsetzenden und rechtsprechenden Gremien der Staatsgewalt, also für alle Sitzungen der Parlamente[91] und der Gerichte. Die Vertrauenswürdigkeit und damit die demokratische Legitimation dieser Gewalten steht und fällt mit dem ihnen vorgegebenen Prinzip der unmittelbaren Öffentlichkeit, wobei es keine Rolle spielt, ob die Verfassungsurkunde selbst darüber etwas aussagt[92]. Dieses Minimum staatlicher Publizität gehört zu den wesensbestimmenden Kriterien der Begriffe „Normsetzung" und „Rechtsprechung". Alle Beschränkungen, ob sie durch das Gesetz oder auf Grund eines Gesetzes erfolgen, sind als Ausnahmen vom Grundsatz der unmittelbaren Öffentlichkeit jeweils nur insoweit zulässig, als Rechte Dritter oder überragende Interessen der Allgemeinheit es dringend erfordern. Die unmittelbare Öffentlichkeit wird in diesen Bereichen nicht nach Maßgabe des einfachen Gesetzes garantiert, sondern umgekehrt: die in den Gesetzen normierten Beschränkungen sind nur nach Maßgabe des — Normsetzung und Rechtsprechung bedingenden — Prinzips unmittelbarer Öffentlichkeit zulässig. Soweit und solange daher die unmittelbare Öffentlichkeit nicht ausgeschlossen ist, kann jedermann sich nach Maßgabe des vorhandenen Platzes Zugang zu den Verhandlungsräumen verschaffen. Wird ihm der Zutritt — etwa auf Grund sitzungspolizeilicher Maßnahmen — untersagt, steht ihm der Rechtsweg offen[93].

---

läuterungsberichte und die Begründungen einsehen oder „über ihren Inhalt Auskunft verlangen".

[91] Auch die normsetzenden Gremien der Gebietskörperschaften gehören hierher, vgl. z. B. Art. 52 Abs. 2 BayGO, 46 Abs. 2 BayLkrO, 43 Abs. 2 Bay BezO.

[92] Das GG sagt nichts über die Gerichtsöffentlichkeit, anders z. B. die BV (Art. 90). Vgl. im übrigen oben 2. Kapitel A III 3 a u. B II 2 a.

[93] Vgl. §§ 175 Abs. 1, 176 GVG; Beschwerde nach § 304 StPO, doch wird es mit Ende der Verhandlung häufig an einer Beschwer fehlen.

Der Ausschluß der Öffentlichkeit z. B. durch Beschluß (§ 172 GVG) beschränkt die *Zugänglichkeit;* die Verweigerung des Zutritts nach Maßgabe sitzungspolizeilicher Befugnisse (§ 175 Abs. 1 GVG) beschränkt den *Zugang.* Handelt es sich um eine öffentliche Verhandlung, für die nicht *durch Beschluß* die Öffentlichkeit ausgeschlossen worden ist, für die jedoch die Türen zum Sitzungssaal verriegelt sind, so liegt darin ein Verstoß gegen den *Zu-*

VI. Ergebnis

Informationen (Erscheinungen) werden zu Informationsquellen i. S. des Art. 5 Abs. 1 S. 1, wenn sie sich dergestalt darbieten, daß der einzelne sie privat oder öffentlich wahrnehmen kann, ohne durch seine Wahrnehmung oder den Zugang zur Wahrnehmung in „anderweit rechtlich umhegte Positionen" einzubrechen[94]. Handelt es sich um Informationsquellen *außerhalb* der Staatsorganisation, ist der Staat dem einzelnen verpflichtet, seine Wahrnehmung und seinen Zugang — im Rahmen der möglichen Wahrnehmbarkeit und Zugänglichkeit — zu dulden und gegebenenfalls auch zu schützen. Handelt es sich um Informationsquellen *innerhalb* der Staatsorganisation, ist der Staat dem einzelnen verpflichtet, ihm Wahrnehmung und Zugang zu gewähren im Rahmen der *vom* Staat geschaffenen oder der *dem* Staat geschaffenen — ihm eigenen — Wahrnehmbarkeit und Zugänglichkeit.

Der einzelne hat weder gegenüber dem Staat noch gegenüber privaten Dritten ein Recht darauf, daß ihm oder der Allgemeinheit Erscheinungen zugänglich gemacht werden, die inhaltlich (materiell) für seine oder für die öffentliche Wahrnehmung bestimmt sind. Die Informationsfreiheit wirkt daher insofern *formell,* als sie einerseits die Wahrnehmung und den Zugang zur Wahrnehmung ohne Rücksicht auf den Inhalt der wahrzunehmenden Erscheinungen schützt, als sie andererseits aber nur nach Maßgabe der den Erscheinungen eigenen oder verliehenen Wahrnehmbarkeit und Zugänglichkeit besteht.

Das alles bedeutet einmal, daß die Informationsfreiheit niemandem „mehr" oder „weniger" Rechtsmacht einräumt[95]. Sie ist das verfassungskräftig garantierte Minimum einer rein rezeptiven geistigen Integration des Individuums und begreift daher nur die Wirkungen der Erscheinungen auf den einzelnen Menschen, wobei sie keinen Unterschied macht, ob der einzelne nur sein Recht des freien Nehmens zur Verfügung hat oder ob er sich auf sonstige Rechte oder berechtigte Interessen berufen kann. Das bedeutet ferner: wie der Staat nach dem Publizitätsprinzip (2. Kapitel) nur der Allgemeinheit zur Publizität, nicht aber dem einzelnen zur Informationserteilung verpflichtet ist, ebenso kann auch die Informationsfreiheit grundsätzlich niemandem ein subjektives öffentliches Recht auf Informationsleistung gewähren. Freilich heißt das nicht, daß es ein solches Recht auf Information überhaupt nicht gebe; subjektive öf-

gang, da ja die Verhandlung, wenn auch nicht tatsächlich, so doch rechtlich öffentlich zugänglich ist.

[94] Vgl. oben FN 27.

[95] Die Zulassung nach § 175 Abs. 2 GVG z. B. folgt nicht aus der Informationsfreiheit, sondern aus der Äußerungsfreiheit, Wissenschaftsfreiheit usw.

fentliche Rechte auf Zugang, Einsicht, Auskunft können aus allen möglichen Rechtspositionen hervorgehen, im einzelnen zum Beispiel aus der Eigentumsgarantie des Art. 14, aus der Rechtswegegarantie des Art. 19 Abs. 4, aus der Wissenschaftsfreiheit des Art. 5 Abs. 3, aus der Äußerungsfreiheit des Art. 5 Abs. 1, ja sogar aus dem Recht des freien Nehmens, soweit es sich um Hilfs-[96] oder Surrogationsansprüche[97] handelt. Grundsätzlich aber ist die Informationsfreiheit nicht Rechtsgrundlage für einen allgemeinen Auskunftsanspruch.

---

[96] z. B. sind die Gerichte verpflichtet, den Ort und den Zeitpunkt einer öffentlichen Verhandlung bekanntzugeben. Tun sie es nicht, so müssen sie jedem einzelnen Auskunft geben, damit er sich Zugang verschaffen kann.

[97] Auskunft statt Einsicht in ein — an sich — öffentlich zugängliches Register; vgl. § 2 Abs. 8 BBauG.

Fünftes Kapitel

Das subjektive öffentliche Recht auf Information als Bestandteil der Äußerungsfreiheit

A. Bestandsaufnahme

I. Das Wesen des Informationsrechts

1. Das Informationsrecht im Allgemeinen

Während die Informations*freiheit* nur die Wahrnehmung des Wahrnehmbaren und den Zugang zum Zugänglichen gewährleistet, richtet sich das Informations*recht* auf die Herstellung der Wahrnehmbarkeit und der Zugänglichkeit. Es ist das subjektive öffentliche Recht auf „Leistung von Information"[1] und umfaßt alle nicht „allgemein zugänglichen" Informationsquellen, die sich dem einzelnen gegenüber dem Staat erschließen: so das Recht auf Zugang zu nicht öffentlichen Verhandlungen[2], das Recht auf Einsicht in nicht allgemein zugängliche Akten, insbesondere aber das Recht auf Auskunft.

Es mag begrifflich von Bedeutung sein, ob der Bürger Zugang, Einsicht oder lediglich Auskunft verlangt. Denn im einen Fall handelt es sich um ein „Gewährenlassen", im anderen Fall fordert der Bürger ein positives Tun[3]. Beide Fallgruppen sind aber in der Tat „so eng miteinander verwandt, daß sie sich kaum voneinander trennen lassen"[4]. Das Auskunftsverlangen kann sich gegenüber der Akteneinsicht und der unmittelbaren Teilnahme als ein Weniger darstellen[5], nämlich dann, wenn der Bürger statt der Einsicht oder des Zutritts lediglich Auskunft über den Akteninhalt oder Aufklärung über den Geschehensablauf einer Sitzung beansprucht. Das Auskunftsverlangen kann aber auch ein plus oder aliud bedeuten, wenn die fraglichen Erscheinungen weder eine schriftliche Fassung erhalten haben noch Gegenstand eines förmlichen Verfahrens geworden sind[4]. Oft ist es auch nur „eine zufällige Frage, ob eine Tat-

[1] *v. Mangoldt-Klein*, S. 240.
[2] Vgl. § 175 Abs. 2 GVG.
[3] Vgl. *Palandt*, § 716, Anm. 1.
[4] *Perschel*, JuS 1966, 232.
[5] Vgl. *Erdsiek*, NJW 1960, 616; vgl. *Perschel*, a.a.O.

sachenauskunft oder ob Akteneinsicht begehrt wird", ob der Antragsteller sich über die Einzelheiten eines Verwaltungsverfahrens dadurch informiert, „daß er sich den papierenen Niederschlag dieses Verfahrens ansieht und daraus die gewünschten Einzelheiten entnimmt, oder dadurch, daß er die Einzelheiten von der Behörde erfragt"[4].

2. Der Auskunftsanspruch im Besonderen

Der Auskunftsanspruch, ob minus, plus oder aliud, bildet die „niedrigste Einheit" des Informationsbegehrens, weil individuelle Auskünfte auch dort möglich sind, wo andere Formen der Informationserteilung — der Zutritt, die Einsicht — aus rechtlichen oder tatsächlichen Gründen nicht in Betracht kommen. Deshalb ist es notwendig, den Begriff der „Auskunft" in seinem Umfang abzustecken.

a) Auskunft und Zusage

Einem Beschluß des 44. Deutschen Juristentages zufolge wird die Auskunft heute allgemein als „die individuelle Tatsachenmitteilung oder unverbindliche Rechtsauskunft" bezeichnet und damit deutlich abgegrenzt von der „Zusage" oder „Zusicherung" als der „hoheitlichen Selbstverpflichtung der Verwaltung gegenüber bestimmten Erklärungsempfängern"[6]. Wesentliches Merkmal der Zusage ist demnach der Wille der Behörde, „sich schon im Zeitpunkt der Äußerung hinsichtlich einer bestimmten Verwaltungsgebarung verbindlich festzulegen, während bei der Auskunft ein solcher auf Selbstverpflichtung gerichteter Wille der Verwaltungsbehörde fehlt"[7]. Die Auskunft wird deshalb auch als „Wissenserklärung", die Zusage aber als „Willenserklärung" der Behörde gekennzeichnet[8].

b) Auskunft und „Meinung"[9]

Als reine „Wissenserklärung" bezieht sich die Auskunft auf die mitteilungswürdigen Tatsachen, nicht aber auf das bloße und deshalb unverbindliche „Meinen" der Behördenangehörigen. Das „Kein Kommentar" des Pressereferenten ist deshalb rechtlich unangreifbar, soweit den Journalisten damit wirklich nur bloße „Meinungen" vorenthalten wer-

---

[6] NJW 1962, 1855 f.; vgl. ferner *Beinhardt*, DÖV 1965, 481; *Obermayer*, NJW 1962, 1465 ff.

[7] *Beinhardt*, DÖV 1965, 481 f.

[8] *Beinhardt*, DÖV 1965, 481 (FN 13).

[9] „Meinen" und „Meinung" hier nicht im Sinne der Denk- und Meinungsfreiheit (vgl. 3. Kapitel B II 1), sondern mehr im Sinne Kants als eines objektiv unzureichenden Fürwahrhaltens.

den. Die Abgrenzung der Tatsachen vom unverbindlichen subjektiven Bewerten und Beurteilen kann jedoch nicht nach subjektiven Maßstäben, sondern allein nach der objektiven Bedeutung des „Gemeinten“ vollzogen werden. Denn wenn die bloße Meinung eines Behördenangehörigen geeignet ist, sich zur Willensbildung der Behörde zu aktualisieren, kann sie bereits eine mitteilungspflichtige Tatsache sein[10].

II. Die Diskussion um das Informationsrecht

1. Zwei verschiedene Fallgruppen

In der Diskussion um das Informationsrecht lassen sich die Fallgruppen danach unterscheiden, ob sich das Informationsinteresse des auskunftsbegehrenden Bürgers auf den geistigen Wert der Information beschränkt oder ob es darüber hinausgeht. In die erste Kategorie gehört das Informationsrecht, das der einzelne aus bloßer Neugier, aus historischen, politischen, publizistischen oder wissenschaftlichen Interessen geltend macht: das Informationsrecht des unbeteiligten Privatiers, des Staatsbürgers, des Publizisten, des Wissenschaftlers. Zur zweiten Kategorie zählen wir die Information, die der einzelne zur Verteidigung seiner Ehre, seines Vermögens oder anderer Rechtspositionen beansprucht.

2. Die Rechtsprechung

Den rechtsuchenden Bürger interessiert die Information erfahrungsgemäß immer nur dann, wenn sie ihm mehr als die Befriedigung nur geistiger Bedürfnisse verspricht, wenn es um seine Ehre oder um andere „greifbare“ — meist vermögenswerte — Rechtspositionen geht. Deshalb ist es nicht verwunderlich, daß sich die Rechtsprechung auf Fallgestaltungen der zweiten Kategorie konzentriert. Dabei handelt es sich insbesondere um den „Denunziantenfall“[11] und seine Variationen, um das Ver-

---

[10] Jedenfalls unterliegt das Presseinterview nur insoweit dem Informationsrecht, als es nicht Privatmeinungen des interviewten Beamten oder Politikers zum Gegenstand hat; unzutreffend daher die Schlußfolgerung *Willms* (vgl. ArchPR 1965, 513), wonach bei Anerkennung des journalistischen Informationsanspruchs das gezielte Presseinterview mit einem bestimmten Journalisten — im Hinblick auf die davon ausgeschlossenen anderen Journalisten — nicht mehr möglich sei.

[11] Vgl. die Zusammenstellung bei *Perschel*, JuS 1966, 232. Der Denunzierte verlangt von der Behörde Auskunft über den Namen (vgl. BVerwG, DÖV 1965, 488; OVG Münster ZBR 1964, 287) oder Akteneinsicht (VGH Kassel, JZ 1965, 319; BayVGH n. F. 13, II, 80), um ein Offizialverfahren oder ein Privatklageverfahren in Gang zu bringen. Der Denunzierte erstattet Strafanzeige gegen Unbekannt, wobei dann die Staatsanwaltschaft gemäß §§ 160, 161 StPO Auskunft oder Aussagegenehmigung von der Behörde ersucht (vgl. OVG Ber-

langen nach Einsicht in Personal- und Prüfungsakten[12] oder sonstige die Person des Antragstellers betreffende amtliche Unterlagen[13], um das Auskunft- oder Einsichtbegehren innerhalb eines Benutzungsverhältnisses[14], um die Geltendmachung von Mitwirkungsrechten[15] und schließlich um die Akteneinsicht im gerichtlichen Verfahren[16].

a) Die drei Leitsätze der Rechtsprechung

Die zahlreichen Entscheidungen, die zu diesen Fragen ergangen sind, lassen sich im Ergebnis auf drei Leitsätze zurückführen:

(1) Weder das Grundgesetz noch die Länderverfassungen[17] noch irgendein Gesetz normieren ein allgemeines staatsbürgerliches Informationsrecht[18].

(2) Wo der Gesetzgeber ein Informationsrecht anerkennen will, hat er es ausdrücklich getan[19]. Sofern daher nicht einer der gesetzlich geregelten Sonderfälle vorliegt, steht die Informationserteilung im pflichtmäßigen Ermessen der Behörde.

---

lin, NJW 1955, 1940). Das gleiche gilt für den Fall, daß der Denunzierte Privatklage gegen den vermuteten Denunzianten erhebt (vgl. VG Freiburg, NJW 1956, 1941).

[12] Vgl. § 90 BBG, § 56 BRRG, § 29 Soldatengesetz; vgl. Art. 100 BayBG, Art. 95 BV; Art. 33 Abs. 5 GG. Strittig ist insbesondere die Frage, ob die Prüfungsakten als Teil der Personalakten gelten (verneinend BVerwGE 7, 153; 14, 31). Für Angestellte des öffentlichen Dienstes vgl. § 810 BGB (vgl. BayVGHE n. F. 13, II, 80).

[13] Vgl. BVerwG, JZ 1966, 77 (Bauaufsichtsakten), VGH Stuttgart, VRspr. 10, 158 (Entziehung des Doktorgrades).

[14] z. B. Post: Klage auf Benennung eines Postbeamten, der ein Telegramm unrichtig behandelt (BVerwGE 10, 274; OVG Lüneburg, DVBl. 1958, 323) oder die Zustellung eines Einschreibebriefes verzögert und dadurch beim Postbenutzer einen Schaden verursacht (OVG Münster VRspr. 12, 233).

[15] Vgl. *Perschel*, JuS 1966, 233: Akteneinsichtsverlangen des Personalrats auf Grund von § 57 Abs. 2 PersVG; Akteneinsichtsverlangen von Eltern auf Grund ihres Erziehungsrechts (z. B. Abiturarbeiten, Schülerberichte).

[16] Vgl. § 99 VwGO; vgl. dazu die Entscheidung des OVG Münster vom 20. 10. 61 (NJW 1963, 1797), wonach aus den in § 99 Abs. I Satz 2 VwGO genannten Gründen zwar die Vorlegung von Verwaltungsvorgängen, nicht aber die Einsicht in vorgelegte Vorgänge verweigert werden kann (a. A. noch VG Bremen NJW 1958, 1795); vgl. auch *Eyermann-Fröhler*, § 100, 2. Vgl. auch die Entscheidung des OVG Lüneburg vom 4. 7. 63 (NJW 1963, 1798), wonach § 299 Abs. 2 ZPO im Verwaltungsgerichtsverfahren keine Anwendung findet.

[17] Für die BV vgl. BayVfGH, 4. 5. 1960, NJW 1960, 2139.

[18] z. B. BVerwG DÖV 1965, 488; BVerwG DÖV 1961, 827; HessVGH JZ 1965, 319; OVG Münster DÖV 1959, 391; Koblenz AS 3, 134; Wüba VGH DVBl. 1956, 487. Unter ausdrücklicher Ablehnung des Art. 5 Abs. 1 Satz 1 als Rechtsgrundlage: OVG Münster a.a.O., OVG Koblenz a.a.O.; neuerdings BVerwG DVBl. 1966, 575 f. (576).

[19] Vgl. oben FN 12; vgl. auch § 34 FGG, § 299 Abs. 2 ZPO, § 175 Abs. 2 GVG.

(3) Die Ermessensentscheidung muß gegenüber dem privaten Interesse des Antragstellers das „öffentliche Interesse an der Geheimhaltung“[20] oder das übergeordnete Privatinteresse eines Dritten[21] berücksichtigen.

b) Differenzierungen innerhalb des dritten Leitsatzes

Darin stimmt die Rechtsprechung mit den Beschlüssen des 44. Deutschen Juristentages[22] und auch mit dem Musterentwurf eines Verwaltungsverfahrensgesetzes[23] überein. Freilich erweisen sich nicht alle Gerichte im gleichen Maße informationsfeindlich, aber soweit sich Nuancierungen abzeichnen, bewegen sie sich im Ermessensrahmen des dritten Leitsatzes[24]. Manche Gerichte geben noch deutlich zu erkennen, daß sie vom Grundsatz eines „öffentlichen Interesses an der Geheimhaltung“ ausgehen[25], doch haben immerhin das OVG Berlin und im Anschluß daran das VG Freiburg schon in ihren Entscheidungen vom 30. 3. 1955[26] und vom 27. 6. 1956[27] den Ermessensspielraum sehr stark eingeschränkt und die kollidierenden Interessen zu Gunsten des denunzierten Klägers abgewogen: „Denn eine Verwaltung“, sagt das OVG Berlin, „welche die Bevölkerung bei der für notwendig gehaltenen Mithilfe in Angelegenheiten der Dienstaufsicht von strafrechtlicher Verantwortung freistellte, würde den Mitmenschen der üblen Nachrede und schließlich auch der Denunziation schutzlos preisgeben und damit nicht nur die Würde der Person antasten, die zu achten und zu schützen Art. 1 Abs. 1 GG zur Verpflichtung aller staatlichen Gewalt erhoben hat, sondern auch

---

[20] So ausdrücklich z. B. VGH Kassel JZ 1965, 319; OVG Münster MDR 1963, 710, ZBR 1964, 288.

[21] So auch das Interesse des Denunzianten an der vertraulichen Behandlung.

[22] Vgl. NJW 1962, 1855: „Es gibt keine allgemeine Auskunftspflicht außerhalb von anhängigen Verwaltungsverfahren.“

[23] § 22: „Die Beteiligten haben einen Anspruch auf Akteneinsicht nur insofern, als Rechtsvorschriften ihn zuerkennen. Im übrigen kann ihnen die Behörde nach pflichtgemäßen Ermessen Einsicht in ihre Akten gewähren.“ Vgl. dazu auch Begründung, S. 126; vgl. auch *Perschel*, JuS 1966, 233 (FN 31).

[24] Selbst wo nicht ausdrücklich von der Ermessensfreiheit der Behörden gesprochen wird, bedienen sich die Gerichte des im dritten Leitsatz aufgezeichneten Schemas, indem sie die beteiligten Interessen abwägen; so die von *Perschel* hervorgehobene Passage aus der Entscheidung des OVG Hamburg (VRspr. 11, 278): „Das Recht auf Einsicht besteht jedoch nur dann und nur insoweit, als es im Einzelfall der Erziehung des Kindes ... dient und der Erziehungsberechtigte im Einzelfall zur Durchführung schutzwürdiger Erziehungsmaßnahmen auf die Einsicht angewiesen ist.“

[25] Vgl. insbesondere die oben FN 20 genannten Entscheidungen. Dazu *Perschel*, JuS 1966, 233 (FN 32): „Die verräterische Grundsatzformulierung wirft ein bezeichnendes Licht auf deutsches Verwaltungsrechtsdenken.“

[26] OVG Berlin, NJW 1955, 1940 f.

[27] VG Freiburg, NJW 1956, 1941 f.

an dem Prinzip des Rechtsstaats rütteln, der jedem den Rechtsweg zum Schutze seiner Ehre gewährleistet."

Diese Überlegungen hat nun das Bundesverwaltungsgericht in seinem Urteil vom 30. 4. 1965[28] aufgegriffen; darin will es — unter Berufung auf „rechtsstaatliche Grundsätze", insbesondere aber auf Art. 1 Abs. 1 GG — die Preisgabe des Denunzianten trotz zugesicherter vertraulicher Behandlung wenigstens dann zulassen, „wenn sie entweder zum Schutze höherwertiger Rechtsgüter geboten war oder hinreichende Anhaltspunkte dafür bestanden, daß die Auskunftspersonen die Klägerin bewußt wahrheitswidrig oder in leichtfertiger Weise belastet" haben.

Auch der Hessische VGH schwenkt mit seinem Urteil vom 23. 7. 1964[29] auf diese Linie ein. Zwar weist er das Einsichtsverlangen des denunzierten Klägers zurück und empfiehlt ihm stattdessen, Strafantrag gegen Unbekannt zu stellen und sich zum Nachweis auf die Behördenakten zu berufen. Doch in den Gründen macht das Gericht eine „wichtige hypothetische Ausnahme"[30] und wendet sich damit gegen eine erst im Jahre 1960 ergangene Entscheidung des Bayerischen Verfassungsgerichtshofes[31]: Wenn die Strafverfolgungsbehörde, so sagt der Hessische VGH, den Kläger mangels öffentlichen Interesses auf den Privatklageweg verweisen sollte, „könnte möglicherweise eine andere Beurteilung Platz greifen, weil eine Privatklage gegen Unbekannt nicht erhoben werden kann"[32]. Damit erkennt das Gericht an, daß Art. 19 Abs. 4 auch dann eingreifen kann, wenn der Bürger nicht unmittelbar durch die öffentliche Gewalt, sondern durch eine „private" Handlung — die Denunziation — in einem seiner Rechte — in seiner Ehre — betroffen worden ist. Die Behörde verletzt das „formelle Hauptgrundrecht"[33] des Art. 19 Abs. 4, wenn sie „durch Handlungen oder Unterlassungen den Rechtsschutz praktisch sperrt oder unwirksam macht"[34].

Perschel und *Dagtoglou* haben im Anschluß an die Entscheidungen des Bundesverwaltungsgerichts und des Hessischen VGH das Problem klar herausgestellt[35]: die doppelte Berufung auf das öffentliche Interesse, bemerken sie, würde zu einem circulus vitiosus, zu einer „effektiven Sperrung des Rechtswegs schlechthin" führen: „Kein öffentliches Interesse an der Strafverfolgung des Informanten, dafür aber ein öffentliches Interesse an der Geheimhaltung seines Namens — fürwahr eine unheimliche

---

[28] BVerwG, DÖV 1965, 489.
[29] Hess.VGH, JZ 1965, 319 ff.
[30] *Dagtoglou*, JZ 1965, 321.
[31] BayVfGH, 4. 5. 1960, NJW 1960, 2139.
[32] Hess.VGH, JZ 1965, 319 ff.
[33] Vgl. *Dürig*, MD, Art. 19 Abs. 4, RN 2.
[34] *Dagtoglou*, JZ 1965, 321.
[35] *Perschel*, JuS 1966, 234; *Dagtoglou*, a.a.O.

Folgerichtigkeit, die einem auf Spitzeldienste angewiesenen Polizeistaat alle Ehre machen, sich aber kaum mit dem u. a. in Art. 19 Abs. 4 verbürgten rechtsstaatlichen Gehalt des Grundgesetzes vertragen dürfte, weil der Betroffene sich dann jeder Möglichkeit gerichtlichen Ehrenschutzes durch die geheimhaltende Behörde beraubt sähe[36]."

c) *Ergebnis*

Die Aufweichungserscheinungen, die vereinzelt in der sonst geschlossenen Front der Rechtsprechung auftreten, beschränken sich im Ergebnis auf den dritten Leitsatz; sie berühren das Wie der Interessenabwägung und ändern nichts am Ob der Ermessensfreiheit — ein Umstand, der eng damit zusammenhängt, daß sich die Rechtsprechung, soweit ersichtlich, fast ausschließlich mit solchen Informationsbegehren beschäftigt, die der zweiten Fallgruppe zugehören: das Interesse des auskunftbegehrenden Staatsbürgers erschöpft sich nicht in der geistigen Substanz der Information, sondern begreift Auskunft und Einsicht als ein Mittel zur Verteidigung anderweitiger Rechtspositionen, als ein Mittel zu einem Zweck, der mit dem geistigen Wert der Information unmittelbar nichts zu tun hat. Wenn sich die Gerichte deshalb mit Menschenwürde (Art. 1 Abs. 1 GG) und Rechtsstaatsprinzip (Art. 19 Abs. 4 GG) auseinandersetzen, sehen sie *primär* den konkreten Bezugspunkt des Informationsbegehrens, die verletzte Ehre oder eine sonst bedrohte Rechtsposition, die zu verteidigen sich der Bürger bemüht. Erst *sekundär* taucht die Frage auf, ob ein Informationsrecht überhaupt denkbar ist, das sich auf nichts anderes stützt als auf den geistigen Wert der Information: ob die in Art. 1 Abs. 1 GG deklarierte Menschenwürde nicht erst im Zusammenhang mit der ehrverletzenden Denunziation, sondern allein schon dadurch betroffen ist, daß die Behörden dem Bürger die Kenntnisnahme einer Erscheinung verwehren, die nach ihrem Inhalt für seine oder für die öffentliche Wahrnehmung bestimmt ist.

Wenn wir daher zwei Fallgruppen unterscheiden, bedeutet das, daß es auch zwei verschiedene Wege gibt, die an das Problem eines „allgemeinen" — ausschließlich in der Freiheit des Geistes wurzelnden — Informationsrechts heranführen. Den konkreten Fallgestaltungen folgend, konzentrieren sich die Entscheidungsgründe der Rechtsprechung regelmäßig auf den jeweils aktuellen besonderen Bezugspunkt und befassen sich nur am Rande mit der verfassungsrechtlichen Gesamtschau, wobei sie den Gedanken an ein verfassungsmäßig verbürgtes „allgemeines staatsbürgerliches Informationsrecht"[37] gewöhnlich mehr oder weniger

---

[36] *Perschel*, JuS 1966, 234.

[37] BayVfGH, 4. 5. 1960, NJW 1960, 2139.

pauschal — „immer schroff“[38] — zurückweisen. Von den zahlreichen Interessenlagen, die sich innerhalb der ersten Fallgruppe ergeben und die alle ausschließlich auf die geistige Substanz der Information bezogen sind, haben die Gerichte — in sich freilich folgerichtig — regelmäßig nur die Situation des passivrezeptiven Neugierwesens berücksichtigt und damit einzig die *Informationsfreiheit* des Art. 5 Abs. 1 Satz 1 GG als geeignete Rechtsgrundlage abgelehnt[39]. Was es innerhalb der ersten Fallgruppe sonst noch alles gibt — die Äußerungsfreiheit im Allgemeinen, die Pressefreiheit und die Wissenschaftsfreiheit im Besonderen — das ist in der Rechtsprechung bisher nicht ausdrücklich daraufhin untersucht worden, ob und gegebenenfalls unter welchen Voraussetzungen es ein Recht *auf* Information gewährt. Darin liegt der Grund, daß die Rechtsprechung die Maxime der beiden ersten Leitsätze bislang stets kritiklos übernehmen konnte.

3. Die Literatur

Die Lehre hat in Übereinstimmung mit der Rechtsprechung zunächst nur innerhalb des dritten Leitsatzes Differenzierungen zugelassen. Doch werden heute auch die beiden ersten Leitsätze diskutiert.

a) Differenzierungen innerhalb des dritten Leitsatzes

Wenn früher die Informationserteilung vielfach als eine Frage des Entgegenkommens, als bloße Anstandspflicht und Billigkeitsentscheidung empfunden worden ist[40], besteht heute Einigkeit darüber, daß das Ermessen der Behörden nicht völlig frei sein kann: „Eine demokratische, nach rechtsstaatlichen Grundsätzen geführte Verwaltung darf die Akteneinsicht nicht grundsätzlich verweigern“, heißt es in einem Aufsatz *Leppers* über die Benutzung der staatlichen Archive[41].

aa) Informationspflicht bei berechtigtem Interesse (Lepper)

Die Verwaltung „muß in jedem Fall prüfen“, so *Lepper*, „ob ein berechtigtes Interesse desjenigen besteht, der die Einsichtnahme beantragt, ob ihm ein öffentliches Interesse entgegensteht, das die Einsicht in die Akten verbietet oder doch als untunlich erscheinen läßt“.

---

[38] *Perschel*, S. 235 (FN 53).

[39] z. B. OVG Münster, DÖV 1959, 391; OVG Koblenz AS 3, 134.

[40] Vgl. bei *v. Köhler*, NJW 1956, 1462; vgl. neuerdings *Kratzer*, BayVBl. 1965, 16, der nicht einmal den Beteiligten im Verwaltungsverfahren einen Anspruch auf Akteneinsicht zugestehen will.

[41] *Lepper*, DVBl. 1963, 315 ff. (318).

Im Gegensatz zur Rechtsprechung bezieht *Lepper* neben den Fallgestaltungen der zweiten ausdrücklich auch solche der ersten Kategorie in den Ermessensrahmen ein, stellt aber an die geistigen Bedürfnisse des einsichtbegehrenden Bürgers hohe Anforderungen: „Ausgeschlossen von der Benutzung sind Privatpersonen, die kein berechtigtes Interesse dartun. Eine ‚persönliche' oder ‚historische' Neugierde, die sich nicht in einem ernsthaften Forschungsvorhaben verdichtet, begründet nicht ein berechtigtes Interesse. Ebenso verbietet sich eine Freigabe von Archivalien an Privatpersonen zu propagandistischen und politischen Zwecken. Die Aufklärung von politischen Straftaten oder Unregelmäßigkeiten auf Grund der Durchsicht von amtlichen Akten obliegt allein den dafür zuständigen Dienststellen . . .[42]."

bb) Informationsrecht bei berechtigtem Interesse (Erdsiek)

Der Begriff eines „berechtigten Interesses" dient auch *Erdsiek*[43] als Anknüpfungspunkt. Er geht davon aus, daß unter der Herrschaft des Grundgesetzes und des von der Rechtsprechung entwickelten Persönlichkeitsrechts auch das Verhältnis zwischen Bürger und Staat in mancher Beziehung neu durchdacht werden müsse, da „der Staat nunmehr gehalten ist, sein verwaltungsmäßiges Handeln jeweils gegenüber den Freiheitsrechten des einzelnen zu verantworten". Ein Auskunftsrecht des einzelnen sei daher „bei Darlegung eines berechtigten Interesses zu bejahen, falls er der Auskunft zur Geltendmachung oder Verteidigung eines Rechts bedarf", wobei dieses Recht nur dann zurücktreten müsse, „wenn übergeordnete Normen oder höherrangige Rechtsgüter oder Interessen entgegenstehen".

Obwohl *Erdsiek* betont vorsichtig formuliert[44] und ausdrücklich nur Fallgestaltungen der zweiten Kategorie berücksichtigt, wird er als Außenseiter behandelt[45]. Insbesondere *Lepper* widerspricht ihm mit dem Hinweis, daß „die unbestreitbare Verpflichtung des Staates zu rechtsstaatlichem Handeln" nicht „zur vollen Publizität der Verwaltungstätigkeit" zwinge. „Dort, wo die Verwaltung einer Kontrolle bedarf, geschieht das durch das Parlament und eine fast lückenlose Gerichtsbarkeit. Der Staatsbürger ist nicht zur Kontrolle der Verwaltung berufen und benötigt daher keinen Rechtsanspruch auf Einblick in den Verwaltungsbereich. Fühlt er sich in seinen Rechten verletzt, steht ihm der Klageweg offen[46]."

---

[42] *Lepper*, DVBl. 1963, 319.
[43] *Erdsiek*, NJW 1960, 616.
[44] Das empfindet auch der Hess. VGH (vgl. DÖV 1962, 757).
[45] *Lepper*, DVBl. 1963, 317; Hess. VGH, DÖV 1962, 757.
[46] *Lepper*, DVBl. 1963, 317.

Diese Argumentation muß überraschen, da *Erdsiek* keineswegs die „volle Publizität der Verwaltungstätigkeit" gefordert hat und seine Schlußfolgerungen eben zu dem Ergebnis führen, zu dem auch *Lepper* kommt, wenn er den „Kreis der für eine Benutzung von Archiven infrage kommenden Personen" ausdrücklich auch auf den Bürger ausdehnt, „der Unterlagen für die Verfolgung von eigenen Rechtsansprüchen benötigt"[47]. Nicht das Ergebnis ist es also, woran *Lepper* sich stößt, sondern die Begründung und darin eigentlich nur der Umstand, daß *Erdsiek* „den Begriff Rechtsanspruch verwendet"[48].

cc) Informationspflicht und Informationsrecht

Die beiden Auffassungen stimmen darin überein, daß die Behörden jeweils in concreto das private Interesse des auskunftbegehrenden Bürgers an etwaigen öffentlichen oder anderweitigen privaten Geheimhaltungsinteressen zu messen und für den Fall, daß die Interessenabwägung zu Gunsten des Bürgers ausfällt, die Information auch zu erteilen haben[49]. Während aber *Erdsiek* unter der Voraussetzung eines solchermaßen „berechtigten Interesses" den Bürger auch wirklich als *berechtigt* ansieht, hält *Lepper*, so scheint es, lediglich die Behörden für *verpflichtet*. Er nimmt damit eine Differenzierung vor, die heute im Hinblick auf Art. 19 Abs. 4 GG nicht mehr vertretbar ist. Wenn nämlich das „berechtigte Interesse" des Bürgers und demzufolge die Informationspflicht der Behörde bejaht werden, sind die beiden ersten der drei[50] klassischen Merkmale des subjektiven öffentlichen Rechts gegeben: nämlich erstens ein Rechtssatz[51], der zweitens dem Schutz von Individualinteressen zu dienen bestimmt ist. Damit aber ist im Hinblick auf Art. 19 Abs. 4 GG gleichzeitig auch das dritte Merkmal erfüllt: wo der einzelne bewußt begünstigt wird, soll er sich auch auf die Begünstigung berufen können[52].

---

[47] *Lepper*, DVBl. 1963, 319.

[48] *Lepper*, DVBl. 1963, 318.

[49] Die beiden Auffassungen unterscheiden sich nur scheinbar dadurch, daß *Erdsiek* den Begriff des berechtigten Interesses und das Fehlen überragender öffentlicher oder anderweitiger privater Interessen als zwei selbständige Tatbestandsmerkmale behandelt, während *Lepper* den Begriff des berechtigten Interesses von vorneherein aus der Gegenüberstellung beider Interessenlagen gewinnt.

[50] *Bühler*, Rechte, S. 224; derselbe, Gedächtnisschrift, S. 269 ff. (274); *Bachof*, DRZ 1950, 344; vgl. auch *Buschlinger*, DÖV 1964, 797 ff. (799).

[51] Ein *zwingender* Rechtssatz ist Voraussetzung für das *materielle subjektive* öffentliche Recht. Soweit der Rechtssatz nicht zwingend ist, weil er der Behörde Ermessenfreiheit einräumt, kommt ein *formelles* subjektives öffentliches Recht in Betracht, vgl. *Bachof*, Gedächtnisschrift, S. 295; *Buschlinger*, DÖV 1964, 799.

[52] *Bachof*, Gedächtnisschrift, S. 299; *Buschlinger*, DÖV 1964, 799 mit zahlreichen Nachweisen; vgl. auch *Dürig*, MD, Art. 19 Abs. 4, RN 36 (dd).

Soweit es sich nicht um einen zwingenden Rechtssatz handelt, sondern um eine Norm, deren Rechtsfolgen an unbestimmte Rechtsbegriffe oder an das pflichtmäßige Ermessen der Behörden geknüpft sind, besteht das subjektive öffentliche Recht nach Maßgabe des vorgegebenen Beurteilungsspielraumes oder Ermessensrahmens.

dd) Ermessen und unbestimmter Rechtsbegriff

Unter Berücksichtigung des Art. 19 Abs. 4 GG bleiben für die Auseinandersetzung eigentlich nur die beiden Fragen, innerhalb welches Rahmens die Interessenbewertung vollzogen wird und welche Maßstäbe dabei anzulegen sind:

(1) Die Frage *nach dem Rahmen* stellt uns vor die Alternative, die Entscheidung über das Ob der Informationserteilung[53] entweder im Bereich des Ermessens oder im Bereich des unbestimmten Rechtsbegriffes anzusiedeln. Weder *Lepper* noch *Erdsiek* nehmen ausdrücklich dazu Stellung, doch lassen einzelne Formulierungen erkennen, daß *Lepper* wohl an Ermessensfreiheit denkt, während *Erdsiek*, man möchte meinen, die Entscheidung an die Kriterien des unbestimmten Rechtsbegriffs binden will. Damit aber stünde *Erdsiek* nicht allein, denn sowohl in der Rechtsprechung[54] als auch in der Literatur[55] finden sich Formulierungen, die den „Ermessensrahmen" so weit einschränken, daß die Behörde eigentlich nur noch insoweit „frei" ist, als sie „sachverständig beurteilen" kann[56], ob der konkrete Lebenssachverhalt die Tatbestandsmerkmale eines „berechtigten" — und damit eines gegenüber den öffentlichen oder anderweitigen privaten Belangen zu begünstigenden — Individualinteresses erfüllt. Freilich sei zugestanden, daß weder die Literatur noch die Rechtsprechung sich bisher ausdrücklich — für den Fall des Informationsrechts — mit der Abgrenzung der Ermessensfreiheit vom unbestimmten Rechtsbegriff beschäftigt hat[57].

(2) In der Frage nach der *Ausfüllung des „Ermessensrahmens"*, der Ermessensbetätigung oder des Beurteilungsmaßstabes, heben sich die Auffassungen deutlicher voneinander ab. Wenn nach *Erdsiek* das Informa-

---

[53] Zu unterscheiden vom Wie der Informationserteilung: Auskunft, Einsicht, Teileinsicht usw.

[54] Insbesondere OVG Berlin, NJW 1955, 1940 f., vgl. oben FN 26.

[55] Vgl. *v. Köhler*, NJW 1956, 1462; *Perschel*, JuS 1966, 235; *Dagtoglou*, JZ 1965, 320.

[56] Vgl. *Obermayer*, S. 131.

[57] Das eine schließt das andere nicht aus, vielmehr sind Ermessen und unbestimmter Rechtsbegriff häufig miteinander verbunden, vgl. *Obermayer*, S. 130 ff.

tionsrecht — „zur Geltendmachung oder Verteidigung eines Rechts" — *nur für den Fall* zurücktreten muß, daß „übergeordnete Normen oder höherrangige Rechtsgüter oder Interessen entgegenstehen", so bedeutet das einmal, daß nicht — wie die Lehre in Anlehnung an die Rechtsprechung es vielfach fordert — das Individualinteresse des auskunftbegehrenden Bürgers in concreto gegenüber den Geheimhaltungsinteressen überwiegen muß, damit der Informationsanspruch begründet ist, sondern umgekehrt: die Belange des Staates, der Allgemeinheit oder betroffener Dritter müssen sich im konkreten Fall gegenüber dem Informationsinteresse als so schutzwürdig erweisen, daß ihnen der Vorzug eingeräumt werden kann. Das aber heißt: die Vermutung spricht für das Informationsrecht.

b) *Zweifel am zweiten Leitsatz*

Diese Schlußfolgerung ist in der Literatur nicht neu. Was *Erdsiek* nur am Rande skizziert, hat vor ihm *von Köhler* — allerdings nur für Akten über die Person des Antragstellers — unmißverständlich zum Ausdruck gebracht: daß nämlich heute „die Fragestellung richtig lauten muß, warum ist die Behörde berechtigt, die Akten geheimzuhalten, nicht etwa, weshalb ist der Antragsteller berechtigt, in die über ihn geführten Akten Einsicht zu nehmen"[58]? Auch *Perschel* wählt diesen Ausgangspunkt und fordert für die Güterabwägung, daß die Geheimhaltung nicht als Normalfall, sondern als Ausnahme angesehen werden muß. Für die Denunziation kommt *Perschel* mit „dieser umgekehrten Betrachtungsweise" denn auch zu dem Ergebnis, daß nur wenige Fälle übrigbleiben, „in denen die Zusicherung der Vertraulichkeit und damit die Geheimhaltung eines Informanten im Interesse eines überragend wichtigen Rechtsgutes berechtigt ist"[59]. Diese Auffassung, die neben *Perschel* insbesondere *Dagtoglou* klar herausstellt[60], bringt den zweiten Leitsatz in Gefahr. Dem argumentum e contrario, dessen sich Rechtsprechung und Literatur vorzugsweise bedienen, „könnte man entgegenhalten", schreibt *Dagtoglou*, „daß gerade die erhebliche Zahl der besonderen, weite Rechtsgebiete umfassenden gesetzlichen Verankerungen des Rechts auf Akteneinsicht auf eine Tendenz des Gesetzgebers hinweist, die Akteneinsicht grundsätzlich ... zu gewähren". Der Analogieschluß aus den besonderen Regelungen[61] auf den gesetzlich ungeregelten Fall sei zwar unzulässig, das gleiche gelte aber für das „unbedingte argumentum e contrario".

---

[58] *v. Köhler*, NJW 1956, 1460 ff. (1463).
[59] *Perschel*, JuS 1966, 236.
[60] *Dagtoglou*, JZ 1965, 320.
[61] Vgl. § 34 FGG, § 810 BGB.

c) Zweifel am ersten Leitsatz

Die Ablehnung des argumentum e contrario hat eine Entwicklung angebahnt, die unvermeidlich auf die Frage ausmündet, „ob es überhaupt eines besonderen Grundes bedarf, um das Auskunfts- oder Einsichtsverlangen zu rechtfertigen“[62], ob und gegebenenfalls unter welchen Voraussetzungen es ein Informationsrecht gibt, das sich auf nichts anderes stützt als *auf den geistigen Wert* der Information. Die Rechtsprechung hat sich, wie oben dargestellt worden ist, bisher kaum mit Fallgestaltungen dieser Kategorie beschäftigt[63]; sie hat sich damit begnügen können[64], die Informationsfreiheit des Art. 5 Abs. 1 Satz 1 GG als Rechtsgrundlage eines solchen allgemeinen staatsbürgerlichen Informationsrechts pauschal zurückzuweisen. Die Literatur hingegen wird auf die Dauer nicht umhinkommen, die Frage nach dem Informationsrecht in die Dimensionen des Art. 1 Abs. 1 und des Art. 5 GG, der Menschenwürde und der geistigen Freiheit des Menschen, hineinzutragen und damit auch den ersten Leitsatz auf seine Gültigkeit zu untersuchen.

4. Vom besonderen zum allgemeinen Informationsrecht

Der Durchgriff auf die Verfassung ist in der Diskussion freilich nicht neu; doch alle Bemühungen dieser Art vermitteln jeweils nur Teilansichten vom eigentlichen Kern der Frage — sei es, daß sie, im Problemkreis der zweiten Fallgruppe befangen, das Informationsbedürfnis des ausschließlich geistig interessierten Bürgers überhaupt nicht oder nur am Rande sehen, sei es auch, daß sie es nur unter bestimmten Vorzeichen betrachten, nicht also das Allgemeine daran, sondern nichts als das Besondere hervorheben.

Im Gegensatz zur Rechtsprechung hat sich die Literatur im Bereich der ersten Fallgruppe nicht nur mit der Informationsfreiheit des Art. 5 Abs. 1 GG befaßt, sondern sie hat sich auch mit dem „gesteigerten Informationsrecht“ des Wissenschaftlers[65] und — bei weitem am gründlich-

---

[62] *Perschel*, JuS 1966, 235.

[63] Abgesehen von einigen — meist unrühmlichen — Ausnahmen, wie z. B. der Entscheidung des LVG Braunschweig (25. 1. 1950, DVBl. 1951, 441) mit dem Ergebnis: Pressevertreter haben ein im Verwaltungsrechtsweg verfolgbares Recht auf Teilnahme an den Sitzungen einer Stadtvertretung am Pressetisch, *aber* nicht auf Zulassung zu Pressekonferenzen; kritisch dazu *Reschke*, DVBl. 1951, 444.

[64] Nicht hierher gehören die Entscheidungen zu § 839 BGB, weil es darin nicht um das Ob der Informationserteilung, sondern um das Wie (wahrheitsgemäß, sachgemäß) geht, vgl. BGH NJW 1955, 1835. Verfehlt daher der Versuch *Beinhardts* (DÖV 1965, 480 ff.), ein „öffentlich-rechtliches Aufklärungsrecht des einzelnen“ „als Korrelat der amtshaftungsrechtlichen Auskunftspflicht“ aus dem Sozialstaatsprinzip des Art. 20 Abs. 1 abzuleiten.

[65] Ablehnend Hans H. *Klein* (DÖV 1962, 41 ff., 44) und *Lepper* (DVBl. 1963, 317), dagegen *Ridder-Stein* (DÖV 1962, 361 ff., 364).

sten — mit dem Informationsanspruch der Presse auseinandergesetzt[66]. Anstatt aber den Zusammenhang aufzuzeigen, in dem Fallgestaltungen dieser Kategorie notwendig stehen, behandelt die Lehre den Informationsbedarf des Wissenschaftlers wie den der Presse ausschließlich als Spezialprobleme der Wissenschaftsfreiheit und der Pressefreiheit. Mögen die Ergebnisse richtig oder falsch sein, der gemeinsame Ausgangspunkt, die Freiheit geistiger Entfaltung als Bestandteil menschlicher Würde, ist in der Literatur wie in der Rechtsprechung immer im Hintergrund geblieben.

Deshalb erscheint es verdienstvoll, wenn *Dagtoglou* den presserechtlichen Informationsanspruch nunmehr heraushebt aus der Diskussion der Spezialisten und das Besondere an ihm als „Verbesonderung" des Allgemeinen begreift. „Das neuerdings durch die Landespressegesetze und die Modellentwürfe eines Landespressegesetzes gewährte Recht der Presse, von den Behörden Auskünfte zu verlangen ..., bringt", so schreibt *Dagtoglou,* „den Willen des Gesetzgebers zum Ausdruck, die Geheimhaltung nur auf die Fälle zu beschränken, in denen diese durch ein schwerwiegendes öffentliches Interesse geboten ist[67]." Freilich besage die gesetzliche Anerkennung des berechtigten Informationsinteresses der Presse nichts darüber, ob auch das Interesse des *Privaten* an der Akteneinsicht berechtigt ist. Die für die Presse durch den Gesetzgeber „global anerkannte Berechtigung des Informationsanspruchs" müsse jedoch „für den einzelnen Bürger in concreto geprüft werden".

B. Der Rechtsgrund des Informationsrechts

Der Tatbestand des subjektiven öffentlichen Rechts setzt voraus: *erstens* eine Norm des objektiven Rechts, die *zweitens* zum Schutz der Individualinteressen des einzelnen und *drittens* dazu bestimmt ist, daß sich der einzelne gegenüber der öffentlichen Gewalt auch darauf berufen kann[1].

I. Die Informationspflicht

Die erste Voraussetzung erfüllt eine Norm des objektiven Verfassungsrechts, die ausschließlich auf den geistigen Wert der Information ausgerichtet ist. Es ist die Verfassungsentscheidung für die Information des Individuums, wie sie im zweiten Kapitel begründet worden ist.

---

[66] Vgl. unten B II 2.

[67] *Dagtoglou,* JZ 1965, 320.

[1] Vgl. oben A bei FN 50.

1. Das Ob der Informationspflicht

Nach dieser Verfassungsentscheidung muß der Staat die freie geistige Kommunikation achten und schützen; er darf also nur unter besonderen Umständen in sie eingreifen: hindernd immer dann, wenn die Rechte Dritter (Intimsphäre), der Bestand des Staates (Staatsgeheimnis) oder die Funktionsfähigkeit seiner Organe (Amtsgeheimnis) bedroht sind; fördernd immer dann, wenn wirtschaftliche, soziale oder politische Konstellationen das freie Spiel der Kräfte und damit die Freiheit des Informationsaustausches stören. Dieser Verpflichtung entsprechen im subjektiven Bereich die Rechte des freien Gebens und des freien Nehmens in ihrer Bedeutung als Freiheitsrechte.

Darüber hinaus muß der Staat aber selbst Informationen erteilen: er muß grundsätzlich alle Erscheinungen, die sich innerhalb seines Organisationsbereiches vollziehen, vor Aug und Ohr des Staatsvolks dartun. Diese Verpflichtung erfüllt er, indem er die Öffentlichkeit entweder *unmittelbar* oder *mittelbar* — über die allgemeinen (staatsfreien) Kommunikationsmittel — teilhaben läßt[2].

2. Das Wie der Pflichterfüllung

Der Staat hat grundsätzlich zwei Möglichkeiten, die Erscheinungen seines Herrschaftsbereiches an die Öffentlichkeit gelangen zu lassen.

a) Mit den Formen unmittelbarer Publizität

Er wendet sich an das einzelne Individuum und gestattet ihm — unter Ausschöpfung aller technischen Möglichkeiten — Zugang zu allen staatlichen Bereichen, Einsicht in alle staatlichen Schriftstücke und Auskunft über alle Erscheinungen, die nicht räumlich zugänglich und nicht optisch wahrnehmbar sind; das würde bedeuten, daß der Staat alle Erscheinungen, die materiell für die Öffentlichkeit bestimmt sind, tatsächlich auch der unmittelbaren Wahrnehmung jedes einzelnen Individuums zugänglich macht: daß also die formelle und die materielle Publizität in ihrem Umfang identisch sind.

(1) Da die allgemeine räumliche Zugänglichkeit und die allgemeine optische Wahrnehmbarkeit in den meisten Fällen schon aus technischen Gründen[3] oder im Hinblick auf die Funktionsfähigkeit der staatlichen Organe[4] nicht möglich sind, fände dieses System staatlicher Publizität seine eigentliche Bedeutung in der Anerkennung eines allgemeinen staatsbür-

---

[2] Vgl. oben 2. Kapitel B I u. B II 2 b.

[3] z. B. die beschränkte Aufnahmefähigkeit eines Gerichtssaales.

[4] z. B. die Sachlichkeit der Beweisführung.

gerlichen Rechts auf Einsicht und Auskunft. Eine derartig umfassende — gegenüber jedermann bestehende — Informationspflicht können die Behörden freilich nur dann befriedigend erfüllen, wenn sie sowohl personell als auch nach ihrem technischen Apparat darauf eingerichtet sind. Diese Voraussetzungen sind aber weder in der Bundesrepublik noch sonst in einem Staat gegeben.

In der Literatur wird gelegentlich auf das Ausland verwiesen[5], doch handelt es sich bei diesen Normierungen regelmäßig nur um eine teilweise Anerkennung dessen, was wir unter dem allgemeinen staatsbürgerlichen Auskunftsanspruch verstehen. Selbst das Beispiel Schweden mit seiner — für deutsche Verhältnisse in der Tat „verblüffenden"[6] — allgemeinen Aktenöffentlichkeit vermag die Anforderungen nicht zu erfüllen. Denn abgesehen von den inhaltsbezogenen (materiellen) Beschränkungen[7], ist das Recht auf Akteneinsicht insbesondere formell eng begrenzt durch den authentisch interpretierten Begriff des „official document"[8]. Ein Auskunftsanspruch ist nach der schwedischen Verfassung und nach dem schwedischen Pressegesetz deshalb nur innerhalb der materiellen und formellen Schranken des Rechts auf Akteneinsicht möglich, nicht aber dort, wo die Begriffskriterien des „official document" nicht oder noch nicht vorliegen, wo die Erscheinungen schriftlich überhaupt nicht oder noch nicht fixiert worden sind.

(2) Die Anerkennung eines umfassenden allgemeinen staatsbürgerlichen Informationsrechts folgt aber nicht unmittelbar aus der Verfassung; der Gesetzgeber müßte ein solches Recht normieren. Selbst wenn er es aber täte, wäre die Realisierung praktisch nur unter einer von zwei Bedingungen denkbar: entweder die Mehrheit der Staatsbürger macht von diesem Recht keinen Gebrauch, oder aber der Staat schafft Einrichtungen — etwa nach dem von Karl *Steinbuch* projektierten Muster einer

---

[5] Vgl. *Hämmerlein*, DVBl. 1963, 176 f.

[6] *Perschel*, JuS 1966, 235, mit zahlreichen Literaturhinweisen (a.a.O., FN 55).

[7] Vgl. *(Thorelli)* The Freedom of the Press Act, Chapter 2, Art. 1 Abs. 1 Satz 2: „This right shall be subject only to such restrictions as are demanded out of consideration for the security of the realm and its relations with foreign powers, or in connection with official activities for inspection, control or other supervision, or for the prevention and prosecution of crime, or to protect the legitimate economic interest of the State, communities and individuals, or out of consideration for the maintenance of privacy, security of the person, decency and morality."

[8] Vgl. *(Thorelli)* The Freedom of the Press Act, Chapter 2, Art. 2 Abs. 1: „The term ‚official documents' refers to all documents kept by a State or local governmental authority, whether received or prepared by such authority." Dieser Grundsatz wird in den folgenden Artikeln sorgfältig differenziert mit Wendungen wie „... shall not be deemed to be an official document..." (Art. 4) oder „... shall not be deemed to have been received... to be prepared" (Art. 5) usw.

zentralen „Informationsbank“[9] — mit deren Hilfe das Informationsbedürfnis einer wahrhaft informierten Gesellschaft tatsächlich auch befriedigt werden kann. Auf den Eintritt der ersten Bedingung wollen wir nicht, auf den der zweiten dürfen wir — noch nicht — vertrauen.

b) Mit den Formen mittelbarer Publizität

Als zweite Möglichkeit zur Erfüllung seiner Informationspflicht bieten sich dem Staat die Formen mittelbarer Publizität. Das heißt: der Staat leitet die Informationen nicht unmittelbar an das einzelne Individuum und nicht unmittelbar an die Öffentlichkeit, sondern er läßt sie dorthin gelangen, von wo aus sie frei von jeder staatlichen Einflußnahme an die Öffentlichkeit weitergegeben werden.

Diese Vermittlungsfunktion im Bereich zwischen dem einzelnen Individuum als dem „Endverbraucher“ und dem Staat als dem Produzenten der Information kann nur durch natürliche oder juristische Personen ausgeübt werden, die drei Voraussetzungen erfüllen:

(1) Sie müssen in der Lage sein, aus eigener Initiative, nach eigener Auswahl und in beliebiger Intensität Informationen einzuholen und der öffentlichen Wahrnehmung zugänglich zu machen. Sie dürfen nicht Sprachrohr des Staates, sie müssen Initiator der Informationserteilung, Mittler und nicht Mittel sein.

(2) Sie müssen aus diesem Grunde rechtlich und tatsächlich vom Staat unabhängig sein.

(3) Da sie über das Nehmen und Geben der vom Staat zu beziehenden Informationen frei entscheiden, müssen sie in ihrer Gesamtheit so strukturiert sein, daß das freie Spiel der Kräfte voll zur Wirkung kommt.

Wenn wir die erste Voraussetzung als die zu ermittelnde Unbekannte eliminieren, bleiben zwei wesensbestimmende Kriterien für den vom Staat anzuerkennenden Informations*mittler*. Was das erste Kriterium betrifft, so mögen Presse und Rundfunk es erfüllen oder nicht[10]. Was aber das zweite angeht, so steht eindeutig fest, daß weder die Presseunternehmen noch die Rundfunkanstalten noch beide zusammen eine wirklich polypolistische Struktur aufweisen. „Presse“ und „Rundfunk“ können zwar, soweit sie Rechtspersönlichkeiten sind, Träger eines dem materiellen Informationsprinzip entsprechenden Informationsrechts sein, können es aber nur in Gemeinschaft mit anderen sein, nämlich mit allen

---

[9] *Steinbuch*, Gesellschaft, S. 282; vgl. auch *Lohmar*, Zeit, Nr. 22, 27. 5. 1966, S. 31.

[10] Für den Rundfunk sehr fraglich, vgl. dazu insbesondere *Bettermann*, DVBl. 1963, 41 ff.

jenen Rechtssubjekten, die geeignet und gewillt sind, Informationen an die Öffentlichkeit zu tragen: die also nicht nur als passiv-rezeptive Individuen, sondern *unmittelbar* zum Zwecke der *publikativen* geistigen Wirksamkeit nach außen Informationen empfangen. Nicht nur „Presse" und „Rundfunk", nicht nur die darin tätigen Journalisten und Redakteure, sondern alle Publizisten, gleich welcher Publikationsmittel sie sich bedienen, müssen grundsätzlich aktivlegitimiert sein, damit der Staat seiner Informationspflicht in den Formen der mittelbaren Publizität gerecht wird.

c) Das Nebeneinander von unmittelbarer und mittelbarer Publizität

Die Praxis zeigt, daß die beiden Möglichkeiten staatlicher Informationserteilung einander nicht ausschließen, daß sie vielmehr nebeneinander stehen und sich gegenseitig ergänzen. Wenn wir von dem Grundsatz ausgehen, daß der Staat alles, was materiell für die Öffentlichkeit bestimmt ist, tatsächlich auch auf die eine oder andere Weise der öffentlichen Wahrnehmung zugänglich machen muß, kommen wir zu dem Ergebnis: das Gebot *mittelbarer Publizität* gilt überall dort, wo die entweder zwingend aus der Natur staatlichen Handelns folgende[11] oder vom Staat freiwillig beachtete[12] *unmittelbare* Publizität nicht ausreicht, das materielle Publizitätsprinzip zu erfüllen. Daraus aber folgt für das Informationsrecht: wo der Staat es nicht jedem beliebigen Individuum einräumt, muß er es — nach Maßgabe des materiellen Publizitätsprinzips — zumindest jenen Personen gewähren, die in ihrer Gesamtheit allein dazu imstande sind, die Informationsvermittlung zu bewältigen.

II. Das Informationsrecht

Die Frage nach der ersten Voraussetzung eines subjektiven öffentlichen Informationsrechts haben wir dahin beantwortet, daß das Publizitätsprinzip den Staat verpflichtet, wenn nicht jedem beliebigen Bürger, so doch denjenigen Personen einen Informationsanspruch einzuräumen, die Informationen begehren, um sie, in welcher Form auch immer, an die Öffentlichkeit weiterzugeben. Da dieser Informationsanspruch weder in der Verfassung noch in einem einfachen Gesetz ausdrücklich normiert worden ist, geht es nunmehr um die Frage, ob und gegebenenfalls unter welchen Voraussetzungen die bezeichneten Personen unmittelbar aus der Verfassung berechtigt sind. Es ist die Frage nach dem zweiten — und dem dritten — Tatbestandsmerkmal des subjektiven öffentlichen Rechts.

---

[11] Vgl. oben 4. Kapitel C V 2.

[12] Vgl. oben 4. Kapitel C V 1; vgl. auch Einrichtungen wie den „Tag der offenen Tür" usw.

1. Das Informationsrecht als Bestandteil der Äußerungsfreiheit

Gehen wir mit der herrschenden Lehre[13] davon aus, daß nach der Gesamtkonzeption des Grundgesetzes jede normierte *gewollte* Begünstigung eines Individualinteresses den Interessenten auch wirklich berechtigt, so konzentriert sich das Problem auf die Frage, ob die in der Verfassung wurzelnde Informationsleistungspflicht sich in der Äußerungsfreiheit des Art. 5 Abs. 1 zum Schutze der darin berücksichtigten Individualinteressen verdichtet. Im einzelnen ist also zu prüfen, ob *erstens* neben den Interessen der Allgemeinheit auch konkret bestimmbare Individualinteressen begünstigt werden, ob diese Individualinteressen *zweitens* nicht nur zufällig (Rechtsreflex), sondern mit Absicht begünstigt werden.

a) Die begünstigten Interessen

(1)Die Interessen der *Allgemeinheit* gehen dahin, daß die staatsbezogenen Erscheinungen, die ihrem Inhalt nach für die öffentliche Wahrnehmung bestimmt sind, tatsächlich an die Öffentlichkeit gelangen. Diese Interessen werden durch die Informationsleistungspflicht insofern begünstigt, als dadurch gewährleistet ist, daß die Gesamtheit der publizierenden Personen — als eine unbeschränkte Vielzahl tatsächlich unabhängiger Rechtssubjekte — aus dem *Übermaß* staatsbezogener Informationen in eigener Verantwortung, aus eigener Initiative und in beliebiger Intensität *diejenige Auswahl* an die Öffentlichkeit vermittelt, die dem Informationsbedürfnis der Allgemeinheit am ehesten entspricht.

(2) Die Interessen der *publizierenden Personen* gehen dahin, daß sie so frei wie möglich nach außen — in die Öffentlichkeit — wirken können. Diese Interessen werden durch die Informationsleistungspflicht insofern begünstigt, als der *aktiv* am *öffentlichen* Kommunikationsgeschehen beteiligte Bürger gegenüber dem *nur passiv* oder nur am *privaten* Kommunikationsgeschehen beteiligten Bürger ein gesteigertes Interesse an den Informationsleistungen des Staates hat. Denn das Maß der ihm zur Verfügung stehenden Informationen bestimmt das Maß seiner publizistischen Wirksamkeit. Je intensiver er sich am Kommunikationsgeschehen beteiligt, desto größer ist auch sein Informationsbedarf, ein Umstand, der etwa in der Diskussion um das Zeugnisverweigerungsrecht der Publizisten und um das Redaktionsgeheimnis bestätigt wird[14], der insbesondere aber darin begründet liegt, daß der Publizist seiner erhöhten straf-

---

[13] Vgl. *Dürig*, MD, Art. 19 Abs. 4, RN 36 a. E.; vgl. auch oben A, FN 52 und B FN 1.

[14] Vgl. oben 3. Kapitel B III.

rechtlichen[15] und zivilrechtlichen[16] Verantwortlichkeit nur dann gerecht zu werden vermag, wenn er sich in erhöhtem Maße informieren kann.

b) Die Art der individuellen Begünstigung

Die Informationsleistungspflicht *berechtigt* das am öffentlichen Kommunikationsgeschehen aktiv beteiligte Individuum, wenn sie es nicht nur „zufällig-tatsächlich", also in einer Weise begünstigt, die in der Rechtsordnung nicht bezweckt ist, wenn sie vielmehr „eine gewollte Begünstigung, eine gewollte Befriedigung eines Individualinteresses" normiert[17]. Entscheidend kommt es daher darauf an, ob die Informationsleistungspflicht in ihrem Rechtsgrund zumindest auch den Individualinteressen, also dem *gesteigerten* Informationsinteresses des Publizisten zu *dienen bestimmt* ist.

(1) Die Tendenz einer durchgreifenden Subjektivierung des Staat-Bürger-Verhältnisses, die sich heute überall im öffentlichen Recht abzeichnet[18], wird vielfach damit begründet, daß der Gesetzgeber sich des subjektiven Rechts als einer rechtstechnischen Figur bediene, als eines „Vehikels" zur „Auslösung des (objektiven) Rechts- und Institutionenschutzes"[19]. Nicht die Individualinteressen, sondern die Interessen der Allgemeinheit stehen danach im Vordergrund.

Aus dieser Sicht erscheint das gesteigerte Informationsbedürfnis des aktiv am Kommunikationsgeschehen beteiligten Bürgers zunächst nur als Triebfeder, die der Allgemeinheit zur Befriedigung ihres allgemeinen Informationsbedürfnisses nutzbar ist. Das würde bedeuten, daß der Publizist nur im Hinblick auf die Interessen der Allgemeinheit begünstigt wird: daß er in den Dienst der Allgemeinheit gestellt, mit der Wahrnehmung „öffentlicher Interessen", der Erfüllung „öffentlicher Aufgaben"

---

[15] Vgl. z. B. §§ 186, 187, 187 a StGB.

[16] Vgl. die Rechtsprechung des BGH zum immateriellen Schadensersatz bei Persönlichkeitsverletzungen, BGH 14. 2. 1958 (Herrenreiter), NJW 1958, 827 ff.; vgl. auch die erhöhte Sorgfaltspflicht in einzelnen der neuen Landespressegesetze (z. B. § 6 Saarl. PG).

[17] *Dürig*, MD, Art. 19 Abs. 4, RN 34; vgl. auch oben FN 13 bzw. A FN 52.

[18] Vgl. z. B. die Anerkennung des Fürsorgeanspruchs, BVerwGE 1, 159 = NJW 1954, 1541. Vgl. im übrigen *Forsthoff*, Lehrbuch, S .172 ff., *Bachof*, Entwicklungstendenzen, S. 12. *Bachof* (a.a.O., S. 18) sieht im Zusammenhang damit die Zurückdrängung des Begriffs des Verwaltungsaktes aus seiner bisherigen zentralen Stellung im Verwaltungsrechtssystem, die zunehmende Verrechtlichung früher für rechtsfrei erachteter „Innenräume" der Verwaltung, vor allem bei den besonderen Gewaltverhältnissen, die Verrechtlichung auch der Leistungsverwaltung und schließlich die verstärkte Einengung des Verwaltungsermessens.

[19] *Bachof*, Entwicklungstendenzen, S. 13.

betraut, ja zur „öffentlichen Magistratur", zum „Privatbeamten der Öffentlichkeit" gemacht wird[20].

Begünstigungen dieser Art sind jedoch an die Normsetzung des Gesetzgebers gebunden und folgen nicht unmittelbar aus der Verfassung und insbesondere nicht aus der naturgegebenen Individualität des Begünstigten. Weder der überpositive Menschenwürdegehalt des Art. 1 Abs. 1 noch die Menschenrechtsqualität des Art. 5 Abs. 1 kommen als Rechtsgrundlage in Betracht. Danach würde die im objektiven Verfassungsrecht begründete Informationsleistungspflicht den am öffentlichen Kommunikationsgeschehen aktiv beteiligten Bürger nicht berechtigen.

(2) Doch sehen wir das Publizitätsprinzip und die staatliche Informationsleistungspflicht am Scheitelpunkt einer Entwicklung, die aus dem klassisch-liberalistischen Nachtwächterstaat die moderne egalitäre Massendemokratie hervorgebracht und mit der Zweckrichtung des Staates auch die Interessenrichtung des Individuums verändert hat. Die individuelle Freiheit ist nicht mehr *nur* die Freiheit *vom* Staat; es ist die Freiheit im Staat, die nicht denkbar ist ohne das Recht auf soziale und politische Mitbestimmung. Dieser Staat steht und fällt mit der Ausübung individueller Freiheit, er steht und fällt mit der freien Entfaltung individueller Geistigkeit.

Die Äußerungsfreiheit aber ist gerade darauf ausgerichtet, daß das Individuum in beliebiger Intensität an der öffentlichen Meinungsbildung mitwirkt und damit die fundamentalen Interessen der Allgemeinheit aus *ureigenem* Interesse wahrnimmt — ein Vorgang, dem die Rechtsprechung zu § 193 StGB mittlerweile längst Rechnung getragen hat[21], den die presserechtliche Literatur freilich noch immer hartnäckig dahin zu erklären sucht, daß nicht das publizierende Individuum eigene Interessen wahrnehme, sondern die Presse zur Wahrnehmung öffentlicher Interessen privilegiert sei[22].

Die Verfassungsentscheidung für die Information verdichtet sich in der Äußerungsfreiheit des Art. 5 Abs. 1 dahin, daß der Staat die Informationen nicht einfach nur publizieren muß, sondern daß er sie durch die Kanäle der *staatsfreien* Kommunikation, daß er sie gerade durch die sich am öffentlichen Kommunikationsgeschehen aktiv beteiligenden Individuen in die Öffentlichkeit tragen muß. Die Begünstigung des Publizisten

---

[20] Vgl. dazu die kritische Darstellung *Dagtoglous*, S. 16 ff.; vgl. *Thiele*, S. 15; *Sänger*, S. 100; vgl. im übrigen oben 2. Kapitel C FN 38.

[21] Vgl. oben 2. Kapitel C FN 38.

[22] Zutreffend z. B. *Rehbinder*, S. 126, mit Bezug auf *Dovifat*, S. 112 f.: „... denn die öffentliche Aufgabe der Presse ist, und das wird auch von publizistischer Seite betont, nur eine allgemeine demokratische, eine staatsbürgerliche Aufgabe." Vgl. oben 2. Kapitel C FN 38, 3. Kapitel B III 3, unten B II 2.

ist daher nicht bloß zufällig-tatsächlicher Natur: sie folgt unmittelbar aus dem Zweck der Norm.

c) Der Kreis der berechtigten Personen

Die Informationsleistungspflicht des Staates löst für den einzelnen ein subjektives öffentliches Recht aus, wenn er am Kommunikationsgeschehen in einer Weise mitwirkt, die grundsätzlich geeignet ist, Erscheinungen des staatlichen Bereiches als Informationen — als nackte Tatsachen, als Erkenntnisse, als bloße Meinungen — an die Öffentlichkeit zu vermitteln: wenn also die Interessen der Allgemeinheit an der Informationsvermittlung und die Individualinteressen des Informationsvermittlers derart miteinander verknüpft sind, daß wechselseitig die einen durch die anderen begünstigt werden. Das aber ist der Fall, wenn, wie wir festgestellt haben, der einzelne *aktiv* und *öffentlich* am Kommunikationsgeschehen beteiligt ist oder sich zu beteiligen beabsichtigt.

(1) Aktiv und öffentlich beteiligt ist grundsätzlich jedes Individuum, das geistige Wirkungen an ein Publikum, an „einen größeren, durch persönliche Beziehungen nicht zusammenhängenden Personenkreis“[23] abgibt. Dazu gehören außer den Publizisten im eigentlichen Sinne auch der Wissenschaftler[24], der Versammlungsredner[25], der Flugblattverfasser, ja selbst der Leserbriefschreiber — also zumindest theoretisch ein sehr weiter Kreis.

(2) Wenn diese großzügige Ausweitung der Aktivlegitimation Bedenken zuläßt, dann nicht deshalb, weil zu viele Leute öffentlich diskutieren, Flugblätter verfassen oder Leserbriefe schreiben, sondern deshalb, weil zu viele sich, so scheint es, darauf berufen könnten, daß sie zu einem dieser Zwecke staatlicher Informationen bedürften, obwohl sie in Wirklichkeit weder bereit noch in der Lage sind, in der bezeichneten Weise publizistisch tätig zu werden.

Dieser Gefahr ist vorgebeugt, wenn die Erfüllung der Informationsleistungspflicht im einzelnen von bestimmten formellen Voraussetzungen abhängig gemacht wird, so etwa davon, daß der auskunftbegehrende Bürger sein gesteigertes Informationsinteresse nicht nur einfach *darlegt*[26], sondern auch beweist. Zwar können die verpflichteten Behörden nicht

---

[23] Vgl. *Schönke-Schröder*, § 186, RN 19.

[24] Soweit er publiziert; im übrigen ist Art. 5 Abs. 3 maßgeblich, dessen Zusammenhang mit der Äußerungsfreiheit des Art. 5 Abs. 1 einer eigenen Untersuchung bedürfte.

[25] Auch wenn er nur in der öffentlichen Diskussion das Wort ergreift, z. B. in der Bürgerversammlung, vgl. Art. 18 BayGO.

[26] Vgl. z. B. § 12 GBO; zur Abgrenzung von der Glaubhaftmachung vgl. OLG Jena, OLG 25, 368.

darauf bestehen, daß der Antragsteller den vollen Beweis erbringt, doch muß er zumindest *glaubhaft* machen[27], daß er die gewünschten Informationen unmittelbar im Zusammenhang mit seinem Kommunikationsbeitrag benötigt. Das bedeutet für den Gelegenheitspublizisten, daß er der Behörde nicht nur über die Gelegenheit seiner publizistischen Aktion, sondern auch über den *konkreten* Bezugspunkt von Information und Publikation ein gewisses Maß von Wahrscheinlichkeit vermitteln muß. Für den eigentlichen Publizisten aber heißt das, daß er, da die Vermutung für ihn spricht, sein gesteigertes Informationsinteresse nur *abstrakt* mit dem Hinweis auf seine publizistische Tätigkeit glaubhaft zu machen braucht. Das gilt insbesondere für den Journalisten.

2. Das Informationsrecht als Bestandteil der Pressefreiheit

Mit der kommunikativen Intensität einer Publikation wächst notwendig das Informationsbedürfnis des Publizisten. Es ist daher selbstverständlich, daß das Recht auf Information seine eigentliche Bedeutung dort findet, wo der Meinungsbildungsprozeß die höchste Intensitätsstufe erreicht: im Einzugsgebiet der modernen Massenkommunikationsmittel, insbesondere aber der politischen periodischen Presse. Die Literatur hat sich mit dem Informationsrecht des Journalisten daher auch ausgiebig beschäftigt.

a) Der Stand der Meinungen

(1) Die Diskussion um den Rechtsgrund des presserechtlichen Informationsanspruchs, die nunmehr mit den Gesetzesinitiativen von FDP und SPD im vierten deutschen Bundestag und mit der Verabschiedung der neuen Landespressegesetze den Höhepunkt überschritten hat, läßt sich bis auf die Zeit vor dem Inkrafttreten des Grundgesetzes zurückverfolgen. Schon bei den Beratungen zu Art. 7 des Herrenchiemsee-Entwurfs hatte sich nämlich der Grundsatzausschuß in seiner 26. Sitzung mit einer Eingabe der „Aktionsgruppe Heidelberg" befaßt[28], wonach das Informationsrecht von Presse und Rundfunk in der Verfassung ausdrücklich normiert werden sollte. „Presse und Rundfunk", so lautete der Vorschlag, „haben ... das Recht, bei politischen Vertretungen, Behörden und allen sonstigen vom Volk gestellten Organen Auskünfte zu verlangen, die dieser Unterrichtung dienen. Solche Auskünfte müssen erteilt werden, soweit es das öffentliche Interesse gestattet und ein schutzwürdiges privates Interesse nicht entgegensteht[28]."

Diese Empfehlung ist bei den Ausschußmitgliedern — unter ihnen der Abgeordnete Heuß — freilich auf wenig Gegenliebe gestoßen. Sie ver-

---

[27] Vgl. § 34 FGG, § 294 ZPO.
[28] JöR 1, 84; Sitzung vom 30. 11. 1948.

wiesen auf die unvermeidlichen Kollisionen mit dem Amtsgeheimnis, auf die Schwierigkeiten der Durchsetzung dieses Anspruchs und schließlich auch darauf, daß jeder Spion ein solches Recht mißbrauchen könnte. Es sollte daher dem künftigen Pressegesetz überlassen bleiben, das Verhältnis zwischen Presse und Behörden zu umschreiben[29].

(2) Auch die verfassungsrechtliche Literatur wollte sich zunächst nicht mit den Vorstellungen von einem einklagbaren Recht auf Information anfreunden. Es bestand zwar von vorneherein Einigkeit darüber, daß mit Rücksicht auf die *Informationsfreiheit* des Art. 5 Abs. 1 Satz 1 Presse, Rundfunk und Film als die allgemein zugänglichen Quellen „ihrerseits aus anderen Quellen gespeist werden" müßten[30], daß sie „gerade im Hinblick auf die öffentliche Meinungsbildung der Information durch Behörden und andere staatliche Stellen"[30] bedürften, daß deshalb die Verfassungsvorschriften über die Informationsfreiheit „auf jeden Fall eine Aufforderung an den Gesetzgeber und auch unmittelbar an die Behörden" darstellten, „den Nachrichtenorganisationen großzügig und wohlwollend Auskunft zu erteilen". Jedoch eine allgemeine behördliche Pflicht zur Auskunftserteilung oder gar ein subjektives öffentliches Recht des Journalisten auf Informationsleistungen wollte die Lehre nicht anerkennen. „Im Widerstreit zwischen der grundrechtlichen Verbürgung der öffentlichen Meinungsfreiheit im allgemeinen und der Pressefreiheit im besonderen und dem im Interesse einer geordneten Verwaltung und sonstigen Betätigung der Staatsgewalt unabweislichen Erfordernis der Geheimhaltung gewisser behördlicher Vorgänge und der Amtsverschwiegenheit der Beamten und öffentlichen Angestellten", schrieb damals *Ridder*[31], „läßt sich sub specie des Verfassungsrechts nur sagen, daß ein generelles Auskunftsverbot für Behörden den Nachrichtenorganisationen gegenüber sicher verfassungswidrig wäre." Selbst den Normierungen in den süddeutschen Pressegesetzen wurde nur ein „beschränkter Wert" bescheinigt, „weil die Entscheidung darüber, was der Allgemeinheit zugänglich gemacht werden darf, bei den Behörden verbleiben muß"[32].

(3) Dieser verfassungsrechtlichen Konzeption haben sich die presserechtlichen Spezialisten sehr bald widersetzt. Waren es zunächst nur wenige Stimmen, die in Art. 5 Abs. 1 „ein weitergehendes Informationsrecht" der Presse begründet sahen[33], so hat sich spätestens nach der 16. Arbeits-

---

[29] JöR 1, 84.

[30] *Ridder*, Meinungsfreiheit, S. 276; *v. Mangoldt-Klein*, S. 242.

[31] *Ridder*, Meinungsfreiheit, S. 276.

[32] *v. Mangoldt-Klein*, S. 242.

[33] Vgl. *Löffler*, Kommentar, S. 69 (RN 31); vgl. auch *Reschke*, DÖV 1950, 365 ff.; im übrigen die Referate und Dikussionsbeiträge der Tagung 1950 bei *Knappstein*.

tagung des „Studienkreises für Presserecht und Pressefreiheit"[34] die wohl herrschende Lehre dahin formiert, „daß sich unmittelbar aus Art. 5 Abs. 1, also nicht erst aus den Pressegesetzen, ein konkreter, erzwingbarer Auskunftsanspruch der Presse" ergebe[35]. Dabei fällt auf, daß diese Lehre nun nicht mehr[36] „so sehr auf die Informationsfreiheit nach Satz 1, als auf die in Satz 2 dieser Vorschrift garantierte Freiheit und öffentliche Aufgabe der Presse"[37] abstellt.

Wer sich aber daran erinnert, daß die herrschende Lehre — wie das 3. Kapitel gezeigt hat — das Wesen der Pressefreiheit eben gerade aus der Funktion der Presse bestimmt, sieht den Zusammenhang, in dem die Bemühungen um das Informationsrecht der Presse und die Diskussion um das Wesen der Pressefreiheit nunmehr stehen: das Informationsrecht dient der Literatur als ein willkommener Anknüpfungspunkt für die Lehre von der „öffentlichen Aufgabe" und der „Institutionalisierung" der Presse. Das Informationsrecht der Presse wird „als essentieller Bestandteil der Pressefreiheit" daraus abgeleitet, daß der Verfassungsgeber „die öffentliche Aufgabe der Presse erkannt" habe[38]. „Die Erfüllung dieser Aufgabe durch die nachrichtendienstliche Tätigkeit wie durch die Kommentierung und Glossierung des Zeitgeschehens", so heißt es bei *Groß*[38], setze das Bundesvolk in die Lage, seine Aufgaben als Verfassungsorgan wahrzunehmen. „Die Presse ist neben den durch Art. 21 GG zur Mitwirkung bei der politischen Willensbildung aufgerufenen Parteien einer der Eckpfeiler des demokratischen Staates. Daraus erklärt sich die Institutionalisierung der Presse in Art. 5 Abs. 1 Satz 2 GG." Die Lehre von der institutionellen Garantie der Presse sei heute weithin anerkannt[39], was insbesondere die neuere höchstrichterliche Richtsprechung zu § 193 StGB beweise, „die nicht nur ‚persönliche Interessen' eines Redakteurs, sondern ‚allgemeine Interessen' als ausreichende Rechtfertigung im Rahmen der Wahrnehmung berechtigter Interessen ansieht"[40]. Deshalb sei das Informationsrecht der Presse unmittelbar in Art. 5 Abs. 1 Satz 2 verankert. Es gehe nicht an, „dieser Bestimmung lediglich einen

---

[34] *Löffler*, NJW 1964, 2291 f.; *Dagtoglou*, JZ 1965, 35 f.; ironisch *Willms* ArchPR 1965, 512.

[35] *Dagtoglou*, JZ 1965, 36.

[36] Wie z. B. noch *Löffler*, Kommentar, S. 69, RN 31; derselbe, NJW 1964, 2277 ff.; dagegen ausdrücklich *Groß*, ArchPR 1965, 490 (vgl. auch 494, FN 23).

[37] *Dagtoglou*, JZ 1965, 36.

[38] *Groß*, ArchPR 1965, 490. Vgl. auch *Geiger*, S. 26 f.

[39] Wobei *Groß* bedenkenlos „die Auffassung des Bundesverfassungsgerichts von der institutionellen Garantie der Presse" heranzieht. Vgl. dazu 3. Kapitel C II.

[40] *Groß*, ArchPR 1965, 490; mit ähnlichen Formulierungen begründet *Lewald* (NJW 1964, 25) „in Ergänzung" der auf der Staatsrechtslehrertagung 1963 gehaltenen Referate die „öffentliche Aufgabe" der Presse, vgl. auch *Heinitz*, S. 9.

Auftrag an den Gesetzgeber zu entnehmen, den Auskunftsanspruch zu regeln". Wenn die Pressefreiheit als „Abwehrrecht" (‚status negativus') unmittelbare Schutzwirkung gegen den Staat" habe, könne man ihr „als Forderungsrecht (‚status positivus') die unmittelbare Wirksamkeit" nicht versagen[38].

(4) Über die Folgen der „Institutionalisierung" sind die „Institutionalisten" durchaus nicht einer Meinung. Obwohl die Mehrheit sich dagegen verwahrt, daß ihre Auffassung dem Staat „qualitative Kriterien" an die Hand gebe, ihn berechtige, den Grundrechtsschutz von der Erfüllung der vorgegebenen öffentlichen Aufgabe abhängig zu machen[41], haben sich doch auch im Hinblick auf den Informationsanspruch Anhänger dieser Lehre gefunden, die den unseriösen Teil der Presse an den Segnungen der institutionellen Garantie nicht teilhaben lassen[42]: „Wenn eine Auskunftspflicht der Behörden festgelegt wird, um dadurch der Presse die Erfüllung ihrer öffentlichen Aufgaben zu erleichtern, so kann die Verpflichtung der Behörden im Grundsatz nicht weiter reichen", schreibt *Thiele*[43], „als die in den Gesetzen normierte öffentliche Aufgabe der Presse, d. h. die Presse kann prinzipiell nur dort und nur insoweit Auskünfte fordern, wie diese von dem Zweck getragen werden, die öffentliche Aufgabe zu erfüllen. Das Informationsrecht der Presse ist — was nicht immer erkannt wird — damit einer gewissen Fernsteuerung ausgesetzt, weil es wesentlich darauf ankommt, wie die Bestimmungen über die öffentliche Aufgabe der Presse in den jetzt zu erlassenden Landesgesetzen lauten werden."

In der Tat gebrauchen die Landesgesetzgeber Formulierungen, die der Theorie der „Fernsteuerung" Auftrieb geben. Wenn sie die öffentliche Aufgabe auf „Angelegenheiten von öffentlichem Interesse" beschränken[44], so wird darin bereits eine Schranke gesehen für das Auskunftbegehren der „reinen Unterhaltungsliteratur"[45]. Wenn es schließlich heißt, die Presse — nicht etwa die Pressefreiheit — „dient der freiheitlichen demokratischen Grundordnung"[46], so werden daraus Konsequen-

---

[41] Vgl. *Groß*, ArchPR 1965, 490 f., *Löffler*, NJW 1964, 2279; vgl. im übrigen die Berichte *Löffler*, NJW 1964, 2291 f. und *Dagtoglou*, JZ 1965, 35 f.

[42] z. B. *Rebmann-Ott-Storz*, § 4, 17; *Ott* bei *Löffler*, NJW 1964, 2292; *Thiele*, S. 24; vgl. ferner *Thiele*, DVBl. 1963, 906 f.; *Erdsiek*, NJW 1963, 1392; Franz *Schneider*, S. 136 f., derselbe, NJW 1963, 665; *Schüle*, S. 23; *v. Mangoldt-Klein*. S. 245; vgl. auch oben 3. Kapitel B III 3.

[43] *Thiele*, S. 24.

[44] z. B. § 3 der Pressegesetze von Saarland und Rheinland-Pfalz.

[45] *Thiele*, S. 24.

[46] z. B. § 1 Abs. 1 Satz 2: Berlin, Saarland, Rheinland-Pfalz; kritisch dazu *Mallmann* bei *Dagtoglou*, JZ 1965, 36, ferner Adolf *Arndt* bei *Löffler*, NJW 1965, 1368.

zen gezogen für das Informationsrecht der „unzuverlässigen", der links- und rechtsradikalen Presse[47].

Die herrschende Lehre distanzierte sich von dieser Interpretation insbesondere mit dem Hinweis, daß der Grundgesetzgeber die Institutionalisierung zwar „wegen des öffentlichen Auftrags der Presse" vorgenommen habe, der öffentliche Auftrag aber „nur Motiv der Sicherung der Pressefreiheit in Art. 5 GG" sei: „Man nahm eben in Kauf, daß die Pressefreiheit auch von Presseunternehmen in Anspruch genommen werden kann, die sich nicht der Erfüllung einer öffentlichen Aufgabe verschrieben haben[48]."

(5) Meinungsverschiedenheiten bestehen schließlich auch in der Frage, ob das Informationsrecht der ausländischen Presse zugutekommt. Für einige Interpreten führt nämlich gerade die „Institutionalisierung" zu dem Schluß, daß diejenigen nicht begünstigt werden, „die nicht dem politischen Volk angehören", daß also „ein ausländisches Presseunternehmen ... den Schutz der öffentlichen Meinungsfreiheit nicht beanspruchen" kann[49]. Dagegen aber bringt die herrschende Lehre vor, „daß auch ausländische Presseerzeugnisse im Inland mit dazu beitragen, die öffentliche Aufgabe der Presse zu erfüllen"[50]. Darüber hinaus aber antworten ihre Anhänger — ohne Rücksicht auf die „Institutionalisierung" — mit der lapidaren Feststellung: „Die Grundrechtsverbürgung des Art. 5 Abs. 1 Satz 2 GG ist ein Menschenrecht[51]."

b) Kritische Anmerkungen

(1) Die Diskussion bestätigt zunächst, daß die Anhänger dieser herrschenden — institutionellen — Auffassung vom Wesen der Pressefreiheit mitunter recht willkürlich argumentieren. Sehen wir davon ab, daß sie die *unseriöse* Presse berechtigen, weil, wie sie sagen, die „Institutionalisierung" ohne Rücksicht darauf vorgenommen worden sei, ob die Presse tatsächlich öfffentliche Aufgaben erfülle oder nicht, daß sie andrerseits aber die *ausländische* Presse berechtigen, weil, wie es heißt, auch sie im Inland öffentliche Aufgaben erfülle. Größere Beachtung verdient der Umstand, daß diese Lehre offenbar immer dort auf die individualrechtliche Seite der Pressefreiheit ausweicht, wo die konsequente „Institutionalisierung" zu unliebsamen Ergebnissen führt.

Mit der „institutionellen Garantie" kann nicht die Berechtigung des Ausländers, ja nicht einmal die Aktualität eines subjektiven öffentlichen

[47] *Rebmann-Ott-Storz*, § 4, 17 und § 3, 23.
[48] *Groß*, ArchPR 1965, 491; neuerdings DVBl. 1966, 562 ff.
[49] *Ridder*, Meinungsfreiheit, S. 269; ebenso im Ergebnis *Rebmann-Ott-Storz*, § 4, 18.
[50] *Groß*, ArchPR 1965, 491; *Löffler*, NJW 1964, 2279.
[51] *Groß*, ArchPR 1965, 491; ebenso *Löffler*, NJW 1964, 2279.

Informationsrechts begründet werden, wie denn auch Helmut *Ridder*, der wohl als einziger „Institutionalist" bereit ist, mit der Auflösung des Grundrechts im Bereich der öffentlichen Meinungsfreiheit die Konsequenzen dieser Lehre anzuerkennen, auch auf der Tagung des Studienkreises im Jahre 1964[52] dabei geblieben ist, daß das Informationsrecht der Presse nicht unmittelbar aus Art. 5 Abs. 1 abgeleitet werden könne[53]. Die herrschende Lehre aber bedient sich der „menschenrechtlichen" Komponente, wenn es darum geht, die Berechtigung des Ausländers oder die Unmittelbarkeit der Schutzwirkung zu erklären, wenn also die „institutionelle" Seite der Pressefreiheit nicht zum Ziel führt. Umgekehrt argumentiert sie überall dort mit der „Institutionalisierung", wo sie im Hinblick auf die rechtliche „Sonderstellung" der Presse — ihre vermeintlichen Privilegien — mit den herkömmlichen Vorstellungen vom Wesen eines Freiheitsrechts auf dogmatische Schwierigkeiten zu stoßen glaubt.

(2) Überschwänglichkeit und nicht zuletzt Bedenkenlosigkeit haben in der presserechtlichen Diskussion dahin geführt, daß sich die Lehre mehr und mehr damit beschäftigt, die außerrechtlichen Probleme der Presse, ihre politische und soziologische Bedeutung und schließlich sogar ihre ethischen Belange[54] in das Verfassungsrecht hineinzutragen und ausgerechnet in der individualrechtlichen Konzeption des Grundgesetzes zu verankern. Daraus resultiert das fundamentale Mißverständnis, eine Verfassung, die den naturrechtlichen Menschenwürdegehalt ausdrücklich zum Leitgedanken alles staatlichen Handelns macht, könne der „Institution" Presse größere Beachtung schenken als dem Individuum, das darin wirkt.

Um die Presse geht es im Bereich des Art. 5 Abs. 1 nur insoweit, als es sich um das bedeutendste Mittel zur Entfaltung, zur Provozierung und zur Bewahrung geistiger Individualität handelt: die Achtung und der Schutz des Individuums stehen im Vordergrund der verfassungsmäßigen Verbürgung der „Pressefreiheit". Dem BGH ist in seiner „Call-Girl"-Entscheidung vom 15. 1. 1963 zumindest insofern zuzustimmen, als er „im übrigen" darauf hinweist, „daß nicht, wie es oft unscharf heißt, ‚die Presse', sondern nur eine durch ein bestimmtes Presseorgan zur Öffentlichkeit sprechende Person berechtigte Interessen wahrnehmen kann, indem sie für die Allgemeinheit wichtige Dinge mitteilt und erörtert"[55].

---

[52] Vgl. die Berichte von *Löffler* (NJW 1964, 2291 f.) und *Dagtoglou* (JZ 1965, 35 f.).

[53] Zustimmend *Schüle, Diller, Ott,* vgl. *Löffler,* a.a.O., *Dagtoglou,* a.a.O.; vgl. auch *Ridder,* Staatsgeheimnis, S. 37 f.

[54] Vgl. Adolf *Arndt* in der Auseinandersetzung mit Franz *Schneider,* NJW 1963, 194: „... statt einer verfassungsrechtlich-politischen Auslegung des Art. 5 GG eine Ethik für Zeitungsjournalisten."

[55] BGH (1 StR 478, 62) NJW 1963, 665 ff. (667); vgl. auch Richard *Schmid,* Deutsche Presse, S. 232. Dazu 2. Kapitel C FN 38.

Und darauf: „Diese Befugnis beruht auf dem Recht jedes Bürgers, an der politischen Willensbildung tätigen Anteil zu nehmen ..."

Wer diese Akzentuierung nicht zur Kenntnis nimmt, wer die Wahrnehmung berechtigter Interessen — wie das Wesen der Pressefreiheit — aus der Funktion der Presse und nicht aus der Stellung des Individuums in der modernen Massendemokratie zu begründen sucht, muß notwendig dem Irrtum erliegen, die Presse oder der Publizist führten einen „Auftrag" aus und stünden im Dienst der Allgemeinheit. In Wirklichkeit kann die „neuere höchstrichterliche Rechtsprechung zu § 193 StGB", aus der vielfach die Anerkennung der „Institutionalisierung" gefolgert wird[56], nur dahin interpretiert werden, daß die Gerichte nun endgültig klargestellt haben: die Wahrnehmung fundamentaler Interessen der Allgemeinheit liegt im ureigenen Interesse des zur Mitbestimmung und Mitverantwortung aufgerufenen Individuums. Oder wie *Rehbinder* formuliert: „Meinungsbildung, die auch die Information mit einschließt, und Meinungsäußerung als aktive Beteiligung am demokratischen Leben gehören zu denjenigen Aufgaben, zu denen in der Demokratie jeder einzelne Staatsbürger aufgerufen ist[57]."

(3) Die *Pressefreiheit* ist ein Ausschnitt aus der allgemeinen Äußerungsfreiheit und daher nichts weiter als ein Individualrecht; freilich ein „Freiheitsrecht", das im Hinblick darauf, daß sich der Zweck des Staates und die Stellung des Individuums unter den Bedingungen der modernen Massendemokratie verändert haben, den einzelnen am sozialen und politischen Geschehen unmittelbar beteiligt. Das *Informationsrecht* aber ist als Bestandteil der Pressefreiheit kein Privileg der Presse, keine Spezialberechtigung des Journalisten, sondern lediglich eine besondere Ausprägung dessen, was als Ausfluß der allgemeinen Äußerungsfreiheit allen Individuen zukommt, die sich in gesteigerter Intensität, also aktiv und öffentlich, am Kommunikationsgeschehen beteiligen und daher in erhöhtem Maße auf die Informationsleistungen des Staates angewiesen sind.

C. Das Informationsrecht in der Gesetzgebung

Mit dem Hinweis auf Art. 5 Abs. 1 GG ist den informationspflichtigen Behörden nicht geholfen. Da sie in der Praxis am konkreten Einzelfall und oft aus dem Augenblick entscheiden müssen, ob, wem und in welchem Umfang Informationen zu erteilen sind, ist für sie der Durchgriff

---

[56] Vgl. oben FN 40.

[57] *Rehbinder*, S. 125. Vgl. im übrigen oben 2. Kapitel C FN 38. Abwegig z. B. die Ansicht, der freie Journalist sei *nicht* (z. B. *Reh-Groß*, § 3, 2) oder nur dann berechtigt, wenn er „einen Auftrag eines Verlegers oder einer Redaktion" vorweise (*Rebmann-Ott-Storz*, § 4, 12).

auf die Verfassung in der Tat „ein Element der Unsicherheit“[1]. Der Gesetzgeber muß deshalb die Verfassungsnorm so interpretieren, daß sie im „Rechtsalltag“ möglichst risikolos realisiert werden kann.

I. Der Beurteilungsspielraum des Gesetzgebers

Seitdem sich im Bund und in den Ländern die gesetzgebenden Organe mit dem Informationsrecht der Presse und des Rundfunks befassen, beschäftigt sich die presserechtliche Literatur denn auch weniger mit dem Rechtsgrund als mit der Rechtsanwendung, mit dem Umfang und den Grenzen des Informationsrechts. Ihre Hauptwortführer haben sich „gleich mit solcher Entschiedenheit der Hegung dieser Neuheit“[2] gewidmet, daß — wie *Willms* sagt — der Beobachter „geradezu etwas von der Lust zu spüren“ glaubt, „die emsige Kommentatoren beseelen muß, wenn so ein ganz neugeborener Rechtsanspruch wie ein Geschenk des Himmels in ihren Schoß fällt“.

Mit Rücksicht auf die umfangreiche Literatur muß es genügen, den Beurteilungsspielraum des Gesetzgebers nach den Ergebnissen dieses und der vorangegangenen Kapitel folgendermaßen — schlagwortartig — abzugrenzen:

1. Die Aktivlegitimation

(1) Berechtigt ist grundsätzlich jeder, der sich *aktiv* und *öffentlich* am Kommunikationsgeschehen beteiligt, wobei es keinen Unterschied macht, welchen Motiven er folgt: sei es auch bloßer Sensationslust, rechts- oder linksradikalen Ideen. Nach der individualrechtlichen Natur der Äußerungsfreiheit ist insbesondere auch der *freie* Journalist und grundsätzlich auch der Ausländer legitimiert (vgl. im einzelnen oben B II 2).

(2) Wer Informationen begehrt, muß seine Legitimation zumindest glaubhaft machen; für den berufsmäßigen Publizisten genügt der abstrakte Beweis.

2. Die Passivlegitimation

(1) Verpflichtet ist grundsätzlich „alle staatliche Gewalt“: die Gesetzgebung, die Rechtsprechung, die Regierung, die unmittelbare und die mittelbare Staatsverwaltung[3] (vgl. oben 2. Kapitel A III 3).

---

[1] *Bachof*, JZ 1966, 12.

[2] *Willms*, ArchPR 1965, 512 (beim Empfang des BGH für den Deutschen Presserat).

[3] Vgl. im übrigen die Probleme der (unmittelbaren und mittelbaren) Drittwirkung.

(2) Verpflichtet ist die Behörde, nicht der einzelne Beamte. Ob der Vorstand, sein Stellvertreter, der Pressechef, der Abteilungsleiter, der Sachbearbeiter im einzelnen die Informationen erteilt, ist eine beamtenrechtliche, *keine presserechtliche* Frage[4]. Die Behörde verletzt das Informationsrecht, wenn sie zu den normalen Dienstzeiten nicht in der Lage ist, durch einen dazu ermächtigten Beamten Auskünfte zu erteilen.

3. Der Inhalt

(1) Das Informationsrecht bezieht sich nicht auf die Privatmeinungen der informierenden Beamten (oben A I 2 a).

(2) Das Informationsrecht erstreckt sich nicht auf Erscheinungen, die mit Rücksicht auf Interessen der Bundesrepublik, eines ihrer Länder oder einer Gebietskörperschaft geheimzuhalten sind. Maßgeblich ist allein der *materielle* Geheimnisbegriff. Die Vermutung spricht für die Informationserteilung (vgl. 2. Kapitel B I 2 c).

(3) Das Informationsrecht ist ferner insofern beschränkt, als durch die Informationserteilung die Funktionsfähigkeit der Behörde beeinträchtigt wird, insbesondere aber der Ablauf eines gerichtlichen Verfahrens gestört wird. Die Grenze muß auch hier *materiell* bestimmt werden, d. h. es muß für den Einzelfall konkret geprüft werden, in welchem Maß Informationen geleistet werden können, ohne daß das amtliche Geschehen davon — mehr als nach den Umständen unvermeidlich — berührt wird (vgl. 2. Kapitel B I 2 c).

(4) Das Informationsrecht umfaßt nicht Erscheinungen, deren Veröffentlichung schutzwürdige *private* Interessen in einer Weise verletzt, daß die Allgemeinheit daran kein berechtigtes Interesse haben kann. Die Vermutung spricht für die zu schützenden Individualinteressen (2. Kapitel B I 2 a).

(5) Soweit weder Interessen der Allgemeinheit noch die Funktionsfähigkeit der Behörde noch schutzwürdige Individualinteressen betroffen sind, ist die Information zu erteilen ohne Rücksicht darauf, ob es sich um „Angelegenheiten von öffentlichem Interesse" handelt oder ob die Information der Erfüllung eines reinen Unterhaltungsinteresses dient.

4. Die Form der Informationserteilung

Informationen sind grundsätzlich in der Form zu erteilen, in der sie gewünscht werden. In Betracht kommen z. B. unmittelbare Anwesen-

---

[4] Folgerichtig z. B. Art. 72 BayBG, falsch § 4 BayPG.

heit (vgl. § 175 Abs. 2 GVG), Akteneinsicht, Übermittlung eines Aktenauszugs, schriftliche oder mündliche Auskunft. Soweit Informationen in der gewünschten Form nicht erteilt werden können, ohne daß dadurch Interessen der bezeichneten Art beeinträchtigt werden, muß die Behörde prüfen, ob sie das Informationsbedürfnis des Publizisten nicht in einer anderen — weniger intensiven Form — befriedigen kann: z. B. Übermittlung eines Verhandlungsberichts statt persönlicher Anwesenheit (vgl. 2. Kapitel B II 3 b), Auskunft statt Einsicht (4. Kapitel, FN 97).

5. Die Art und Weise der Informationserteilung

Die Entscheidung über die Art und Weise der Informationserteilung steht im freien Ermessen der Behörden; es bedarf also keiner ausdrücklichen Formulierungen des Gesetzgebers, vielmehr sind die allgemeinen Grundsätze für das Verhalten des Staates maßgeblich; insbesondere aber sind zwei Gesichtspunkte zu beachten:

a) Der Gleichheitsgrundsatz

Was den Gleichheitsgrundsatz betrifft, so sind die Behörden nicht pauschal verpflichtet, allen Publizisten zur gleichen Zeit in der gleichen Form und im gleichen Umfang[5] Informationen zu erteilen[6].

(1) Soweit die Behörden *aus eigener Initiative* informieren, kann es nach den Umständen des Einzelfalles genügen, daß sie von sich aus nur die Nachrichtenagenturen und darüber hinaus nur diejenigen berufsmäßigen Publizisten versorgen, die darum ersucht haben[7]. Je nach dem lokalen Bezug der Informationen können ortsansässige Berichterstatter im einzelnen bevorzugt werden.

(2) Soweit die Initiative *von einem einzelnen Publizisten* ausgeht, besagt der Gleichheitsgrundsatz nur, daß die Behörde diesen einzelnen Publizisten im Rahmen seines konkreten Informationsbegehrens gleich behandeln muß. Es ist falsch, wenn aus dem Informationsrecht die „Gleichförmigkeit" der Informationserteilung und daraus wiederum „zwangsläufig eine Verarmung und Verkümmerung des Informationswesens"[8] abgeleitet wird. *Knappstein* ist daher beizupflichten, wenn er

---

[5] Ausnahme: Amtliche Bekanntmachungen, d. h. „formelle Willensäußerungen der Behörden", vgl. *Scheer*, S. 208.

[6] Unberechtigt die Befürchtungen *Sieburgs* (a.a.O., S. 70) und *Willms* (Arch PR 1965, 513); vgl. dazu auch *Knappstein*, S. 31.

[7] In der Regel werden amtliche Pressestellen alle Publizisten berücksichtigen, die sich bei ihr haben registrieren lassen; unzutreffend für die Pressekonferenz LVG Braunschweig, DVBl. 1951, 444, vgl. auch oben A FN 63.

[8] *Willms*, ArchPR 1965, 513.

in seinem häufig zitierten Referat feststellt: „Nach wie vor wird der bessere Journalist, der die bessere Sachkenntnis hat und dem Beamten geschicktere Fragen zu stellen vermag, eine bessere Berichterstattung liefern können als der, der von Tuten und Blasen keine Ahnung hat und dem Beamten törichte und von Sachkenntnis nicht getrübte Fragen stellt[9]."

(3) Wenn so viele Publizisten zur gleichen Zeit in gleicher Form und in gleichem Umfang Informationen begehren, daß die Behörden aus technischen[10] Gründen oder aus einem der oben bezeichneten Gründe[11] nicht alle Informationswünsche berücksichtigen kann, muß sie nach der kommunikativen Intensität des einzelnen differenzieren. Das bedeutet, daß der berufsmäßige Publizist dem Gelegenheitsschreiber, der Zeitungsreporter dem Vertreter einer Rätselzeitung vorzuziehen ist, so es die Umstände erfordern.

b) Sachgemäß und wahrheitsgemäß

Die Behörden müssen sachgemäß und wahrheitsgemäß informieren, wobei es nicht einmal darauf ankommt, ob die Information „als eine rechtspflichtige Auskunfterteilung oder freiwillig abgegeben wird"[12]. Die Verletzung dieser Amtspflicht löst Schadensersatzansprüche (§ 839 BGB, Art. 34 GG) desjenigen aus, in dessen Interesse die Information erteilt worden ist[13].

II. Empfehlungen für den Bundesgesetzgeber

Von den zahlreichen Entwürfen, Vorschlägen und Empfehlungen, die in nunmehr fast zwei Jahrzehnten — stets vergeblich — an den Bundesgesetzgeber herangetragen worden sind[14], seien drei Beispiele herausgegriffen: die Empfehlung der „Heidelberger Aktionsgruppe" als der wohl älteste, die Gesetzesinitiativen von SPD und FDP als der wohl jüngste Diskussionsbeitrag für die authentische Interpretation durch den Bundestag.

---

[9] *Knappstein*, S. 31.

[10] z. B. die beschränkte Aufnahmefähigkeit des Gerichtssaales.

[11] Es macht einen Unterschied, ob gemäß § 175 Abs. 2 GVG nur einige wenige Journalisten zugelassen werden oder der ganze Gerichtssaal angefüllt wird.

[12] BGH III ZR 252, 53 (5. 5. 1955), NJW 1955, 1835 (vgl. auch oben A FN 64.

[13] Vgl. die Entscheidung des BGH (III ZR 369, 52) vom 20. 9. 1954, wonach die Amtspflicht zur *wahrheitsgemäßen* Auskunft der Behörden nur im Interesse der Allgemeinheit auferlegt sei (NJW 1955, 97 ff.). Damit ist der BGH auf einhellige Ablehnung gestoßen, vgl. die Zitate bei *v. Mangoldt-Klein*, S. 243.

[14] Vgl. die Übersicht bei *Sänger*, S. 164.

1. Der „Heidelberger" Vorschlag[15]

I. Presse und Rundfunk haben das Recht, bei politischen Vertretungen, Behörden und allen sonstigen vom Volk bestellten Organen Auskünfte zu verlangen. Die Behörden und die anderen genannten öffentlichen Organe sind verpflichtet, der Presse und dem Rundfunk die gewünschten Auskünfte zu erteilen.

II. Sie können eine Auskunft nur verweigern,
1. soweit Amtsverschwiegenheit durch Gesetz vorgeschrieben ist,
2. soweit durch eine Auskunft die sachgemäße Durchführung eines Straf- oder Dienststrafverfahrens, insbesondere die Aufdeckung und Verfolgung einer strafbaren Handlung gefährdet würde,
3. soweit durch die Auskunft ein schutzwürdiges privates Interesse verletzt würde und kein berechtigtes öffentliches Interesse an einer Bekanntgabe besteht,
4. soweit Maßnahmen ihrem Wesen nach dauernd oder zeitweilig geheimgehalten werden müssen, weil ihre Bekanntgabe oder ihre vorzeitige Bekanntgabe die öffentlichen Interessen schädigen würde,
5. soweit Anordnungen übergeordneter Dienststellen die Erteilung von Auskünften unter Berufung auf einen oder mehrere der unter Punkt 1 bis 4 angegebenen Gründe verbieten.

III. Das Recht auf Auskunft kann nur gegenüber dem Behördenleiter in Anspruch genommen werden, in Ministerien, Ober- und Mittelbehörden auch gegenüber den Hauptabteilungs- und Abteilungsleitern und in kommunalen Verwaltungen auch gegenüber den Dezernenten. Alle nicht vom Behördenleiter selbst gegebenen Auskünfte beschränken sich auf die Mitteilung von Tatsachen aus dem eigenen Geschäftsbereich.

2. Der SPD-Entwurf[16]

(1) Behörden sind verpflichtet, der Presse die gewünschten Auskünfte zu erteilen. Sie können eine Auskunft nur verweigern, soweit

a) dadurch die sachgemäße Durchführung eines anhängigen Verfahrens vereitelt, erschwert, verzögert oder gefährdet werden könnte,

b) Vorschriften über die Geheimhaltung entgegenstehen,

c) durch die Auskunft ein schutzwürdiges privates Interesse verletzt würde und kein berechtigtes öffentliches Interesse an einer Bekanntgabe besteht,

d) Maßnahmen ihrem Wesen nach dauernd oder zeitweise geheimgehalten werden müssen, weil ihre Bekanntgabe oder ihre vorzeitige Bekanntgabe die öffentlichen Interessen schädigen würde.

(2) Allgemeine Anordnungen, die einer Behörde Auskünfte an die Presse, besonders an diejenige einer bestimmten Richtung oder an ein bestimmtes periodisches Druckwerk verbieten, sind unzulässig.

---

[15] Bei *Knappstein*, S. 85.

[16] 4. Deutscher Bundestag, Drucksache IV/1849; § 5 Abs. 1 und 2 des Entwurfs; vgl. auch den Stenografischen Bericht, 110. Sitzung, 5. 2. 1964, S. 5087 ff.

3. Der FDP-Entwurf[17]

(1) Die Vertreter der Presse haben Anspruch darauf, daß ihnen die der Erfüllung ihrer öffentlichen Aufgabe dienenden Auskünfte von den Behörden erteilt werden.

(2) Die Länder bestimmen, in welchen Fällen Auskünfte im Hinblick auf die Erfordernisse der Verwaltung oder auf schutzwürdige öffentliche und private Interessen unter Berücksichtigung der öffentlichen Aufgabe der Presse verweigert werden können. Darüber hinaus sind allgemeine Anordnungen, die einer Behörde Auskünfte an die Presse verbieten, unzulässig.

4. Kritische Anmerkungen

a) Zum „Heidelberger" Vorschlag

(1) Verfehlt sind Abs. 3 sowie Abs. 2 Nr. 5, da es sich um Fragen des Beamtenrechts und des Organisationsrechts handelt (oben C I 2). Falsch ist Abs. 2 Nr. 1, da die gesetzliche Verschwiegenheitspflicht lediglich den Beamten, nicht aber die Behörde bindet[18]; der *formelle* Geheimnisbegriff, der für die Amtsverschwiegenheit im Verhältnis der Behörden zu ihren Beamten maßgeblich ist, kann für die Beziehungen der Behörden zum Publikum keine Verwendung finden. Im übrigen ist Nr. 1 auch überflüssig, denn die Nr. 4, die sich zutreffend materieller Kriterien bedient, umfaßt alle im öffentlichen Interesse geheimzuhaltenden Erscheinungen.

(2) Vorbildlich ist in Abs. 1 Satz 2, daß darin von den „gewünschten Auskünften"[19] gesprochen wird und nicht von Auskünften, die der Erfüllung einer öffentlichen Aufgabe dienen oder Angelegenheiten von öffentlichem Interesse berühren. Empfehlenswert ist außerdem Abs. 2 Nr. 3, da die zu schützenden privaten Interessen ausdrücklich den Interessen der Allgemeinheit an der Veröffentlichung gegenübergestellt werden.

b) Zum SPD-Entwurf

Der SPD-Entwurf, der seine Verwandtschaft mit dem „Heidelberger" Diskussionsvorschlag nicht verbergen kann, bringt insofern Verbesserungen, als er die beamtenrechtlichen und organisationsrechtlichen Fragen ausklammert. Zu begrüßen ist darüber hinaus Abs. 2, der nicht nur die generelle, sondern auch die *gezielte* Informationsverweigerung ausdrücklich verbietet. Wenn der Entwurf in Abs. 1 unter b) lediglich auf

---

[17] 4. Deutscher Bundestag, Drucksache IV/1814, § 5.
[18] Vgl. auch *Groß*, ArchPR 1965, 491.
[19] Besser: die gewünschten *Informationen*.

die „Vorschriften über die Geheimhaltung" verweist, läßt er — offenbar ebenso wie der „Heidelberger" Vorschlag — auch den formellen Geheimnisbegriff im Bereich des Amtsgeheimnisses gelten. Sollte jedoch unter b) nur der materielle Geheimnisbegriff — auch für den Bereich des Amtsgeheimnisses — gemeint sein, so erscheint b) neben d) als überflüssig.

c) Zum FDP-Entwurf

Der Entwurf der FDP leidet darunter, daß er die juristisch unbrauchbare Formel der „öffentlichen Aufgabe" verwendet. Im übrigen aber zeichnet sich dieser Entwurf dadurch aus, daß er mit dem Hinweis auf „die Erfordernisse der Verwaltung" und auf die „schutzwürdigen öffentlichen und privaten Interessen" in Abs. 2 alle möglichen Verweigerungsgründe in einer Weise umschreibt, die allein der *Rahmengesetzgebungskompetenz* (Art. 75 Nr. 2 GG) des Bundes Rechnung trägt. Demgegenüber ist der SPD-Entwurf bereits so detailliert, daß er der Ausfüllung weder bedürftig noch fähig ist[20]. Aus diesem Grunde hätte der FDP-Entwurf wohl als einziger die Chance gehabt, Gesetz zu werden.

d) Zur Gesetzgebungskompetenz

Während der „Heidelberger" Vorschlag in seinem Abs. 1 „Presse und Rundfunk" berechtigt, handelt der FDP-Entwurf nur von der Presse. Die SPD aber stellt in einem eigenen Paragraphen[21] der Tätigkeit der Presse „die journalistische Tätigkeit bei Rundfunk, Fernsehen und Film" gleich. So erstrebenswert diese Regelung erscheint, so ist sie doch nicht unbedenklich, da die Rahmengesetzgebungskompetenz gemäß Art. 75 Nr. 2 GG sich nur auf „die allgemeinen Rechtsverhältnisse der Presse und des Films" erstreckt. Die Einbeziehung des Rundfunks in das Presserechtsrahmengesetz ist daher auch im Bundestag auf den Widerstand des CDU/CSU-Sprechers *Neumann* gestoßen, dessen Ausführungen in diesem Punkt besondere Beachtung verdienen: „Wir halten es ... für ein Ziel, dem man sich mit sehr viel Kraft verschreiben sollte, eine Synchronisierung der Gesetzgebung für alle publizistischen Media zu erreichen. Das ist ein Ziel, dem sich dieses Hohe Haus ... langfristig widmen sollte, weil es kurzfristig gewiß nicht zu erreichen ist[22]."

Diese wünschenswerte „Synchronisierung" wäre am einfachsten dadurch zu erreichen, daß die Rahmengesetzgebungskompetenz des Art. 75

---

[20] Vgl. BVerfG, 1. 12. 1954, NJW 1955, 57.

[21] § 4 des Entwurfs: Der Tätigkeit der Presse ist gleichgestellt die journalistische Tätigkeit bei Rundfunk, Fernsehen und Film.

[22] *Neumann* (Allensbach), Stenografischer Bericht, 110. Sitzung, 5. 2. 1964, S. 5092.

Nr. 2 auf „die allgemeinen Rechtsverhältnisse der *Publizistik*, insbesondere der Presse, des Ton- und Fernsehrundfunks und des Films" ausgedehnt wird. Dann wäre es nämlich möglich, nicht nur die „publizistischen Media" — soweit möglich — gleichzubehandeln, sondern im Gegensatz zu den heute noch herrschenden Auffassungen im Presserecht den Vorrang der publizistisch tätigen Person vor den ihm dienenden Medien und damit die individualrechtliche Natur der Äußerungsfreiheit unmißverständlich zu normieren. *Aus dieser Sicht erscheint die Zurückhaltung, die der Bundesgesetzgeber sich bisher auferlegt hat, als ein Gewinn.*

III. Die Landesgesetzgebung

1. Die erste Phase der Gesetzgebung

In der ersten Phase der Pressegesetzgebung in den Ländern haben Baden-Württemberg (§ 4 des Gesetzes vom 1. 4. 1949), Bayern (§ 4 des Gesetzes vom 3. 10. 1949), Bremen (§ 5 des Gesetzes vom 20. 12. 1948) und Hessen (§ 3 des Gesetzes vom 23. 6. 1949) das Informationsrecht des Journalisten ausdrücklich normiert. Im einzelnen lauten die Vorschriften:

a) Baden-Württemberg

(1) Die Presse und ihre Vertreter sind bei der Beschaffung und Veröffentlichung von Nachrichten von öffentlichem Interesse durch die staatlichen und kommunalen Organe, sowie die öffentlich-rechtlichen Körperschaften zu unterstützen.

(2) Anordnungen, die einer Behörde Auskünfte an die Tagespresse überhaupt, an diejenige einer bestimmten Richtung oder an ein bestimmtes periodisches Druckwerk allgemein verbieten, sind unzulässig.

b) Bayern

(1) Die Presse hat gegenüber Behörden ein Recht auf Auskunft. Sie kann es nur durch Redakteure oder andere von ihnen genügend ausgewiesene Mitarbeiter von Zeitungen oder Zeitschriften ausüben.

(2) Das Recht auf Auskunft kann nur gegenüber dem Behördenleiter und den von ihm Beauftragten geltend gemacht werden. Die Auskunft darf nur verweigert werden, soweit auf Grund beamtenrechtlicher oder sonstiger gesetzlicher Vorschriften eine Verschwiegenheitspflicht besteht.

c) Bremen

Die Presse und ihre Vertreter dürfen bei der Beschaffung und Veröffentlichung von Nachrichten von öffentlichem Interesse durch die staatlichen Organe nicht gehindert werden.

d) Hessen

(1) Die Behörden sind verpflichtet, der Presse die gewünschten Auskünfte zu erteilen. Sie können eine Auskunft nur verweigern,

1. soweit durch sie die sachgemäße Durchführung eines straf- oder dienststrafgerichtlichen Verfahrens vereitelt, erschwert, verzögert oder gefährdet werden könnte,

2. soweit Auskünfte über persönliche Angelegenheiten einzelner verlangt werden, an deren öffentlicher Bekanntgabe kein berechtigtes Interesse besteht, und

3. soweit Maßnahmen, die im öffentlichen Interesse liegen, durch ihre vorzeitige öffentliche Erörterung vereitelt, erschwert, verzögert oder gefährdet werden könnten.

(2) Wie Abs. 2 Baden-Württemberg.

e) Anmerkungen

(1) Baden-Württemberg und Bremen, deren Fassungen heute nicht mehr gültig sind, formulieren sehr vorsichtig und verwenden bereits den einschränkenden Begriff der „Nachrichten von öffentlichem Interesse". Immerhin verbleibt dem Interpreten ein weiter Spielraum. Beachtlich das Verbot gezielter Informationsverweigerung in Abs. 2 des baden-württembergischen Gesetzes[23].

(2) Bayern und Hessen, deren Fassungen heute noch wirksam sind[24], normieren erstmalig ausdrücklich die Rechtspflicht der Behörden[25]. Während aber die bayerische Vorschrift darunter leidet, daß sie die Aktivlegitimation zu sehr auf das Zeitungsunternehmen bezieht, die Passivlegitimation personell beschränkt[26] und darüber hinaus die formellen Kriterien der beamtenrechtlichen Verschwiegenheitspflicht übernimmt, zeichnet sich die hessische Regelung dadurch aus, daß sie — wie schon der „Heidelberger" Vorschlag und wie nunmehr auch der SPD-Entwurf — den Terminus der „gewünschten Auskünfte"[27] verwendet und, was am wesentlichsten ist, als einzige Norm für das, was geheimzuhalten oder nicht bekanntzugeben ist, *keine formellen* Kriterien anerkennt.

2. Die Modellentwürfe

Als bedeutender Einschnitt in die presserechtliche Entwicklung erscheinen die beiden Modellentwürfe für ein Landespressegesetz aus den

---

[23] Vgl. auch SPD-Entwurf; vgl. auch Hessen.

[24] Die Neufassung des hessischen Gesetzes (20. 11. 1958) hat den § 3 nicht verändert.

[25] Statt „Auskunft" sollte es besser „Information" heißen.

[26] Vgl. oben C I 2.

[27] Vgl. oben FN 19.

Jahren 1960 und 1963[28], wobei sich bemerkenswerte Differenzierungen ergeben.

a) Modellentwurf 1960

(1) Die Behörden sind verpflichtet, der Presse im Rahmen der Erfüllung ihrer öffentlichen Aufgabe die gewünschten Auskünfte zu erteilen. Sie dürfen die Auskünfte nur verweigern, soweit

1. durch sie die sachgemäße Durchführung eines Straf- oder Bußgeldverfahrens oder eines disziplinarischen Verfahrens vereitelt, erschwert, verzögert oder gefährdet werden könnte,

2. gesetzliche Vorschriften über die Geheimhaltung dies erfordern,

3. es sich um sonstige Angelegenheiten handelt, deren vorzeitige Erörterung durch die Presse überwiegende öffentliche Interessen entgegenstehen.

(2) Anordnungen, die einer Behörde Auskünfte an die Tagespresse überhaupt, an diejenige einer bestimmten Richtung oder an ein bestimmtes periodisches Druckwerk allgemein verbieten, sind unzulässig[29].

b) Modellentwurf 1963

(1) Die Vertreter der Presse erhalten von den Behörden alle Auskünfte, die dazu dienen, in Angelegenheiten von öffentlichem Interesse Nachrichten zu beschaffen und zu verbreiten, Stellung zu nehmen oder Kritik zu üben.

(2) Auskünfte können verweigert werden, soweit

1. hierdurch die sachgemäße Durchführung eines schwebenden Verfahrens vereitelt, erschwert, verzögert oder gefährdet werden könnte oder

2. Vorschriften über die Geheimhaltung entgegenstehen oder

3. ein überwiegendes öffentliches oder schutzwürdiges privates Interesse verletzt würde oder

4. ihr Umfang das zumutbare Maß überschreitet.

(3) Allgemeine Anordnungen, die einer Behörde Auskünfte an die Presse verbieten, sind unzulässig[30].

c) Anmerkungen

(1) Der Modellentwurf 1960 macht in Abs. 1 Nr. 2 den Fehler, daß er mit dem allgemeinen Hinweis auf die „gesetzlichen Vorschriften über die Geheimhaltung" auch formelle Kriterien zuläßt. Darüber hinaus bindet er die Auskunftspflicht an die „Erfüllung öffentlicher Aufgaben", bringt also — ähnlich wie der FDP-Entwurf — Einschränkungen, die zu manchem Mißverständnis Anlaß geben[31].

---

[28] Jeweils gebilligt von der Ständigen Konferenz der Innenminister, vgl. *Sänger*, S. 164.

[29] Abs. 3 betrifft „Amtliche Bekanntmachungen".

[30] Abs. 4 betrifft „Amtliche Bekanntmachungen".

[31] Vgl. oben B II 2.

(2) Zu diesen Mängeln kommen im Modellentwurf 1963 weitere Verschlechterungen. Der Abs. 1 ist so ungenau formuliert („erhalten"), daß nicht einmal gesagt werden kann, ob nach den Vorstellungen seines Schöpfers überhaupt ein subjektives öffentliches Recht des Publizisten bestehen soll. Der Abs. 2 handelt tautologisch in allen vier Nummern von den Geheimhaltungsinteressen der Behörden. Der Abs. 3 vermeidet es, auch die gezielte Informationsverweigerung in das Verbot miteinzubeziehen; er gibt damit jener Interpretation Auftrieb, die aus der ausdrücklichen Bindung an die freiheitliche demokratische Grundordnung in § 1 Abs. 1 Satz 2 des Modellentwurfs und aus der „öffentlichen Aufgabe" der Presse (vgl. § 3 und § 4 Abs. 1 des Modellentwurfs) entnehmen, daß die unseriöse und die rechts- oder linksradikale Presse ausgeschlossen sein soll.

3. Die zweite Phase der Gesetzgebung

Im Anschluß an diese beiden Modellentwürfe haben im Jahre 1964 Baden-Württemberg (14. 1. 1964) und Schleswig-Holstein (19. 6.), im Jahre 1965 Hamburg (29. 1.), Bremen (16. 3.), Niedersachsen (22. 3.), Saarland (12. 5.), Rheinland-Pfalz (14. 6.), Berlin (15. 6.) und schließlich am 24. 5. 1966 Nordrhein-Westfalen neue Pressegesetze verabschiedet.

Das Landespressegesetz *Baden-Württemberg* lautet in seinem § 4:

(1) Die Behörden sind verpflichtet, den Vertretern der Presse die der Erfüllung ihrer öffentlichen Aufgabe dienenden Auskünfte zu erteilen.

(2) Auskünfte können verweigert werden, soweit
1. hierdurch die sachgemäße Durchführung eines schwebenden Verfahrens vereitelt, erschwert, verzögert oder gefährdet werden könnte oder
2. Vorschriften über die Geheimhaltung entgegenstehen oder
3. ein überwiegendes öffentliches oder schutzwürdiges privates Interesse verletzt würde oder
4. ihr Umfang das zumutbare Maß überschreitet.

(3) Anordnungen, die einer Behörde Auskünfte an die Presse allgemein verbieten, sind unzulässig.

(4) betrifft amtliche Bekanntmachungen.

In Abs. 4 stimmen alle diese *neun* neuen Landespressegesetze überein, *in Abs. 3* weicht das *nordrhein-westfälische* Gesetz insofern ab, als es das Verbot der Informationsverweigerung ebenso konkret formuliert, wie es der Modellentwurf 1960 getan hat. *In Abs. 2* gleichen Schleswig-Holstein, Niedersachsen, Rheinland-Pfalz und Nordrhein-Westfalen der baden-württembergischen Fassung; *Hamburg* spricht in Nr. 1 konkret von der Durchführung eines „schwebenden Gerichtsverfahrens, Bußgeldverfahrens oder Disziplinarverfahrens", außerdem zählt es zu den Vorschriften der Geheimhaltung in Nr. 2 auch die der Amtsverschwiegenheit. Hamburg, Bremen, Saarland und Berlin verzichten auf Nr. 4 des Abs. 2. *Berlin* zerlegt den in Nr. 3 angesprochenen Verweigerungsgrund in zwei Bestandteile, die lauten:

— Maßnahmen ihrem Wesen nach dauernd oder zeitweise geheimgehalten werden müssen, weil ihre Bekanntgabe oder ihre vorzeitige Bekanntgabe die öffentlichen Interessen schädigen oder gefährden würde ...
— ein schutzwürdiges privates Interesse verletzt würde.

Was *Abs. 1* betrifft, so weichen Hamburg[32] und Berlin[33] geringfügig von der baden-württembergischen Fassung ab. Im übrigen bringt nur *Bremen* eine selbständige Formulierung; sie lautet:

(1) Die Behörden des Landes und der Gemeinden sowie die der Aufsicht des Landes unterliegenden Körperschaften des öffentlichen Rechts sind verpflichtet, den Vertretern der Presse in Angelegenheiten von öffentlichem Interesse Auskünfte zu erteilen, die dazu dienen, Nachrichten zu beschaffen und zu verbreiten, Stellung zu nehmen, Kritik zu üben oder in anderer Weise an der Meinungsbildung mitzuwirken.

Damit steht fest, daß auch die zweite Phase der Landesgesetzgebung keine Lösung gebracht hat. Die in Abs. 1 des Landesgesetzes *Bremen* normierte Passivlegitimation und das in Abs. 3 des *nordrhein-westfälischen* Gesetzes formulierte konkrete Verbot der Informationsverweigerung sind die einzigen Vorteile; im übrigen übernehmen die Landesgesetzgeber die Mängel der Modellentwürfe: insbesondere binden sie den Auskunftsanspruch an die Erfüllung öffentlicher Aufgaben, was um so schwerer wiegt, als alle neun Gesetze in § 1 Abs. 1 S. 2 die *Presse* — nicht etwa die Pressefreiheit — dem Dienst an der „freiheitlichen demokratischen Grundordnung" verpflichten. Darüber hinaus lassen alle neuen Landespressgesetze mit dem pauschalen Hinweis auf die „Vorschriften über die Geheimhaltung"[34] formelle Kriterien für die Informationsverweigerung zu. Alles in allem kommt man zu dem Ergebnis, daß die *hessische* Regelung (oben III 1 d) immer noch allen anderen Normierungen vorgezogen werden muß. Wer aber berücksichtigt, daß das hessische Pressegesetz vom 23. 6. 1949 das *älteste* gültige Landespressegesetz darstellt, kann sich des Eindrucks nicht erwehren, daß die herrschenden Anschauungen in der presserechtlichen Literatur die Gesetzgebung nicht günstig beinflußt haben. Die Zeit war nicht berufen, die presserechtliche Gesetzgebung zu reformieren.

---

[32] „... den Vertretern der Presse *und des Rundfunks* ..."
[33] „... den Vertretern der Presse, die sich als solche ausweisen ..."
[34] Extrem Hamburg mit dem zusätzlichen Hinweis auf die „Vorschriften über die Amtsverschwiegenheit".

Die Ergebnisse der Untersuchung

(1) In seinem Denken und *in seinem geistigen Wirken* ist der Mensch nur frei, wenn er frei über alle Informationen verfügen kann. Die egalitäre Massendemokratie steht und fällt mit der freien geistigen Entfaltung der sie tragenden Individuen.

(2) Das GG verbindet die Interessen, die der einzelne *(Menschenwürde)* und die Allgemeinheit *(Demokratieprinzip)* an der Entfaltung geistiger Individualität haben, zu einem Verfassungsgrundsatz, aus dem sich das Informationsverhalten des Staates bestimmt. Die Verfassungsentscheidung für die Information des Individuums ist die Interpretationsgrundlage für die subjektiven öffentlichen Rechte des Art. 5 Abs. 1.

(3) Das Grundrecht des Art. 5 Abs. 1 besteht aus dem Recht des freien Gebens *(Äußerungsfreiheit)* und dem Recht des freien Nehmens *(Informationsfreiheit)*. Es erstreckt sich auf alle denkbaren und artikulierbaren geistigen Inhalte *(„Meinungen")* und garantiert ihre Kommunikation in jeder beliebigen Intensität. Dem Maß der Freiheitsausübung entspricht das Maß der Freiheitsverbürgung *(„Presse")*. Die *Presse* ist nicht privilegiert, ihre vermeintlichen „Privilegien" sind Folgen ihrer *Gleichbehandlung* mit anderen Formen der Kommunikationsbeteiligung. Die *„öffentliche Aufgabe"* und die *„institutionelle Garantie"* der Presse sind verfassungsrechtlich nicht relevant.

Der individualrechtlichen Konzeption des Art. 5 Abs. 1 entspricht es, die Beschränkbarkeit des Grundrechts nach dem Maß zu beurteilen, in dem ein staatlicher Eingriff die individuelle geistige Selbstbestimmung berührt. Danach sind Eingriffe nur möglich, so weit sie sich *aus dem Übergreifen des Individuums auf den sozialen Raum* rechtfertigen.

Präventive Maßnahmen wirken regelmäßig stärker als *repressive*. Der Schutz vor präventiven Maßnahmen ist identisch mit dem Begriff der „formellen" Pressefreiheit; die besondere Bedeutung des Begriffes liegt aber darin, daß auch repressive Maßnahmen gegen eine periodische und organisierte Kommunikationsbeteiligung *(Presseunternehmen)* regelmäßig präventive Nebenwirkungen auslösen.

(4) Die *Informationsfreiheit* bezieht sich auf alle geistigen Wirkungen, die von der Außenwelt an das Individuum abgegeben werden. In Ausübung der Informationsfreiheit greift das Individuum nicht durch seine geistige Wirksamkeit, sondern nur gelegentlich durch die Art und Weise des Informationsempfangs auf den sozialen Raum über. Deshalb sind Einschränkungen der Informationsfreiheit in aller Regel jedenfalls dann unzulässig, wenn sie sich am *Inhalt* einer Information orientieren. Man spricht von der *formellen* Schutzwirkung der Informationsfreiheit.

„Allgemein zugänglich" sind alle Informationen, zu denen ein einzelner im Allgemeinen Zugang hat, die also entweder der Öffentlichkeit oder dem einzelnen persönlich zugänglich sind, ohne daß er, wenn er sich Zugang verschafft, dabei andere Rechtsgüter verletzt. Man unterscheidet die individuellen von den öffentlichen, diese unterteilt man in die staatsfreien und die staatlichen Informationsquellen.

(5) Nicht die Informationsfreiheit aber die Äußerungsfreiheit gibt jederman ein *subjektives öffentliches Recht auf Information,* wenn er sich in erhöhter Intensität — aktiv und öffentlich — am Kommunikationsprozeß beteiligt. Dieses Recht ist mit der Natur des Freiheitsrechts vereinbar, weil das Grundrecht des Art. 5 Abs. 1 der Freiheit des Denkens und des geistigen Wirkens zugeordnet ist.

Das subjektive öffentliche Recht auf Information ist kein Privileg der Presse. Es ist in den neuen Landespressegesetzen und in den Entwürfen zu einem Bundesrahmengesetz unzureichend formuliert. Das älteste noch gültige Landespressegesetz (Hessen) bietet die einzige brauchbare Lösung.

Literaturverzeichnis*

Abel, Gunther, Die Bedeutung der Lehre von den Einrichtungsgarantien für die Auslegung des Bonner Grundgesetzes, Schriften zum Öffentlichen Recht, Band 15, Berlin 1964.

Altenhain, Gustav, Die strafgerichtliche Rechtsprechung zum Rechtsschutz gegen Justizverwaltungsakte, JZ 1966, 16 ff.

Amann, Max, Kundgebung des Präsidenten der Reichspressekammer, Zeitungs-Verlag, 16. 2. 1933.

Arndt, Adolf, Umwelt und Recht: Gerichtsöffentlichkeit — Die Verbände im Bereich des Öffentlichen, NJW 1960, 423 ff.

— Umwelt und Recht: Das Geheimnis im Recht, NJW 1960, 2040 ff.

— Der Rechtsstaat und sein polizeilicher Verfassungsschutz, NJW 1961, 897 ff.

— Umwelt und Recht: Demokratische Rechtsauslegung am Beispiel des Begriffes „Staatsgeheimnis", NJW 1963, 25 ff.

— Buchbesprechung (Franz Schneider), NJW 1963, 193 ff.

— Das Staatsgeheimnis als Rechtsbegriff und als Beweisfrage, NJW 1963, 465 ff.

— Umwelt und Recht: Der BGH und das Selbstverständliche, Anmerkungen zum Pätsch-Urteil (NJW 1966, 1227 ff.), NJW 1966, 25 ff.

Arndt, Herbert, Die landesverräterische Geheimnisverletzung, in: ZStW 66 (1954), 41 ff.

Bachof, Otto, Über einige *Entwicklungstendenzen* im gegenwärtigen deutschen Verwaltungsrecht, in: Staatsbürger und Staatsgewalt, Band 2, S. 3 ff., Karlsruhe 1963.

— Reflexwirkungen und subjektive Rechte im öffentlichen Recht, in: Forschungen und Berichte aus dem öffentlichen Recht, *Gedächtnisschrift* für Walter Jellinek, S. 287 ff., München 1955.

— Freiheit des Berufes, in: Die *Grundrechte* (Bettermann-Nipperdey-Scheuner), Band 3, Halbband 1, 165 ff., Berlin 1958.

— Die Rechtsprechung des Bundesverwaltungsgerichts, JZ 1966, 11 ff.

— Die Vereinheitlichung der Bundesverwaltungsgerichtsbarkeit durch eine Verwaltungsgerichtsordnung des Bundes, DRZ 1950, 341 ff.

Bauer, Fritz, Diskussionsbeitrag, bei *Ruge,* S. 139.

Becker, Hellmut, Sollen die Professoren regieren? — Wissenschaftler — nicht frei von Verantwortung, Die Zeit, 9. 4. 1965, Nr. 15, S. 5; ebenso in: Süddeutsche Zeitung, 11. 4. 1965, Nr. 86, S. 4.

Beinhardt, Gerd, Die Verpflichtung der Behörde zur Erteilung von Auskünften, DÖV 1965, 480 ff.

---

* Der Kursivsatz bezeichnet das Stichwort, das jeweils in den Anmerkungen zum Textteil verwendet wird.

Berner, Albert Friedrich, Lehrbuch des Deutschen Presserechts, Leipzig 1876.

Bettermann, Karl August, Rundfunkfreiheit und Rundfunkorganisation — Kritische Bemerkungen zum Fernsehurteil des Bundesverfassungsgerichts, DVBl. 1963, 41 ff.

— Die allgemeinen Gesetze als Schranken der Pressefreiheit, JZ 1964, 601 ff.

Bockelmann, Paul, Öffentlichkeit und Strafrechtspflege, NJW 1960, 217 ff.

Borchardt, Wilhelm und Gustav *Wustmann*, Die sprichwörtlichen Redensarten im deutschen Volksmund, 6. Auflage, Leipzig 1925.

Bosl, Karl, Tradition und historische Funktion der Presse seit Jakob Fugger, in: ZV + ZV, 1965, 2464.

Bourdet, Claude, Diskussionsbeitrag, vgl. *Ruge*, S. 50 f.

Brockhaus, Der Große Brockhaus, Bände 1—14, Wiesbaden 1952 ff.

Bühler, Ottmar, Altes und Neues über Begriff und Bedeutung des subjektiven öffentlichen Rechts, in: Forschungen und Berichte aus dem öffentlichen Recht, *Gedächtnisschrift* für Walter Jellinek, S. 269 ff., München 1955.

— Die subjektiven öffentlichen Rechte und ihr Schutz in der deutschen Verwaltungsrechtsprechung, Berlin 1914.

Buschlinger, Gerold, Das Verhältnis des Auskunftsanspruchs zum subjektiv-öffentlichen Recht, DÖV 1964, 797 ff.

Dagtoglou, Prodromos, Wesen und Grenzen der Pressefreiheit, res publica, Band 11, Stuttgart 1963.

— Die Tagung der Vereinigung der Deutschen Staatsrechtslehrer vom 9. bis 12. 10. 1963 in Saarbrücken (Bericht), DVBl. 1964, 17 ff.

— Der Informationsanspruch der Presse, die 16. Arbeitstagung des Studienkreises für Presserecht und Pressefreiheit (Bericht), JZ 1965, 35 f.

— Anmerkungen zur Entscheidung des Hessischen VGH vom 23. 7. 1964, JZ 1965, 320 ff.

Dahs, Hans, Unzulässigkeit von Bild- und Rundfunk im Gerichtssaal, NJW 1961, 1755 ff.

Dennewitz, Bodo, Die institutionelle Garantie, juristische Dissertation, Jena 1932.

Die deutsche Presse 1961, Handbuch, herausgegeben vom Institut für Publizistik an der Freien Universität Berlin, Berlin 1961.

Dovifat, Emil, Zeitungslehre, Band 1, 3. Auflage, Berlin 1955.

Duden, Der Große Duden, Band 7, Etymologie, Mannheim 1963.

Dürig, Günter, in: Maunz-Dürig, Grundgesetz, Kommentar, München und Berlin 1964.

Dux, Günter, Meinungsfreiheit als innere Ordnung der politischen Parteien, DVBl. 1966, 553 ff.

Erbe, Walter, Liberalismus in heutiger Zeit, in: Die geistige und politische Freiheit in der Massendemokratie, Schriftenreihe der Friedrich Naumann-Stiftung zur Politik und Zeitgeschichte, Nr. 1, Stuttgart 1960.

Erdsiek, Gerhard, Umwelt und Recht: Persönlichkeitsrecht und behördliche Auskunftspflicht, NJW 1960, 616 ff.

Erdsiek, Gerhard, Umwelt und Recht: Gerichtsöffentlichkeit — Rundfunk- und Fernsehübertragungen aus dem Gerichtssaal, NJW 1960, 1048 f.

— Umwelt und Recht: Unterhaltung als öffentliche Aufgabe der Presse?, NJW 1963, 1390 ff.

Ermacora, Felix, Die Freiheit der Meinungsäußerung, in: Handbuch der Grundfreiheiten und der Menschenrechte, S. 320 ff., Wien 1963.

Eschenburg, Theodor, bei einem Podiumsgespräch, veranstaltet vom „Kongreß für die Freiheit der Kultur", März 1964 in München, Bericht (Stankiewitz) in: Hannoversche Presse, 4. 3. 1964, Nr. 54, S. 3.

D'Ester, Karl, Zeitungswesen, Breslau 1928.

Eyermann, Erich und Ludwig *Fröhler*, Verwaltungsgerichtsordnung, Kommentar, 3. Auflage, München und Berlin 1962.

Fichte, Johann Gottlieb, Zurückforderung der Denkfreiheit von den Fürsten Europas, Erstdruck (anonym) 1793, Ausgabe Strecker, Leipzig 1919.

Freyer, Hans, Die Idee der Freiheit im technischen Zeitalter, in: Festschrift für Carl Schmitt, Berlin 1959, 63 ff.

Friedrich, Carl Joachim, Der *Verfassungsstaat* der Neuzeit, Berlin 1953.

— *Freiheit und Verantwortung* — Zum Problem des demokratischen Totalitarismus, in: Festausgabe für Eduard Heimann, Tübingen 1959.

— *Demokratie*, in: Handwörterbuch der Sozialwissenschaften, Band 2, Göttingen 1959, S. 560 ff.

Forsthoff, Ernst, *Strukturwandlungen* der modernen Demokratie, Schriftenreihe der Juristischen Gesellschaft e. V. Berlin, Heft 15, Berlin 1964.

— *Lehrbuch* des Verwaltungsrechts, 1. Band, Allgemeiner Teil, 9. Auflage, München und Berlin 1966.

— Die Umbildung des Verfassungsgesetzes, in: *Festschrift* für Carl Schmitt, S. 35 ff., Berlin 1959.

— Tagespresse und Grundgesetz, DÖV 1963, 633 ff.

Fuß, Dieter, Ein Volk, ein Reich, ein Rundfunk, Sendung des Bayerischen Rundfunks vom 16. 3. 1965 mit Originalbändern des Lautarchiv Frankfurt, zitiert nach dem Sendemanuskript.

Gehlen, Arnold, Parkinson einmal anders, in: „Merkur", 1959, Heft 142, S. 1202 ff.

Geiger, Wilhelm, Das Grundrecht der Pressefreiheit, in: Die Funktion der Presse im Demokratischen Staat, München 1958.

Gerstenmaier, Eugen, vor dem Deutschen Bundestag, 19. 2. 1965, 166. Sitzung, Stenographischer Bericht, S. 8297 ff.

Giacometti, Zaccaria, Schweizerisches Bundesstaatsrecht, Zürich 1949.

Goebbels, Joseph, Richtlinien für die Gestaltung des nationalsozialistischen Rundfunks, in: „Mitteilungen der RRG", Sonderbeilage zu Nr. 354, 30. 3. 1933.

— Über die Aufgaben der Presse, in: „Zeitungs-Verlag", 18. 3. 1933.

Groß, Rolf, Öffentliche Aufgabe der Presse und Pressefreiheit, NJW 1963, 893 f.

— Zum Auskunftsanspruch der Presse, ArchPR Nr. 62, 1965, 489 ff.

Groß, Rolf, Der Informationsanspruch der Presse und die Gerichtsbarkeit, ArchPR Nr. 63, 1965, S. 515.

— Verschwiegenheitspflicht der Bediensteten und Informationsrecht der Presse, Göttingen 1964.

— Zur institutionellen Sicherung der Pressefreiheit und zu den Schranken der allgemeinen Gesetze, DVBl. 1966, 562 ff.

— Vgl. *Reh*.

Habermas, Jürgen, Strukturwandel der Öffentlichkeit, Neuwied 1962.

Haegert, Wilhelm, Buchbesprechung: (Leisner, Öffentlichkeitsarbeit der Regierung im Rechtsstaat) NJW 1967, 26 f.

Hämmerlein, Hans, Public relations and Civil Services, Bericht über die Journées D'Information Européennes vom 26. bis 29. 11. 1962 in Brüssel, DVBl. 1963, 176 f.

Häntzschel, Kurt, Das deutsche *Preßrecht*, Band 1 der Reihe „Die Preßgesetze des Erdballs", Berlin 1928.

— Das Recht der freien Meinungsäußerung, in: *Handbuch* des Deutschen Staatsrechts, Band 2, herausgegeben von Gerhard Anschütz und Richard Thoma, Tübingen 1930, S. 671 ff.

— Reichspreßgesetz, Kommentar, Berlin 1927.

Hamann, Andreas, Das Grundgesetz, Ein Kommentar für Wissenschaft und Praxis, Berlin 1960, 2. Auflage.

Hartung, Fritz, Die Entwicklung der Menschen- und Bürgerrechte von 1776—1946, Quellensammlung zur Kulturgeschichte, Berlin 1948.

Hatschek, Julius, Deutsches und Preußisches Staatsrecht, Band 1, 2. Auflage 1930.

Havemann, Robert, Dialektik ohne Dogma?, Hamburg 1964.

Hellwig zu Art. 118 in: Die Grundrechte und Grundpflichten der Reichsverfassung, herausgegeben von Hans Carl Nipperdey, Berlin-Mannheim 1930, Band 2.

Heinichen, Friedrich Adolph, Lateinisch-deutsches Schulwörterbuch, Leipzig 1887.

Heinemann, Gustav, Der publizistische Landesverrat, NJW 1963, 4 f.

Heinitz, Ernst, Staatsgeheimnis und Pressefreiheit, Vortrag, gehalten auf der 3. Bundestagung der Arbeitsgemeinschaft Sozialdemokratischer Juristen, Berlin, 25. 5. 1963; Druckausgabe, Bonn 1963.

Hennis, Wilhelm, Haben wir ein faules Parlament?, Die Zeit, 22. 10. 1965, Nr. 43, S. 7.

Hitler, Adolf, Mein Kampf, 696.—700. Auflage, München 1942.

Hübner, Paul (Herausgeber), Information oder Herrschen die Souffleure, 17 Untersuchungen, Hamburg 1964.

Hugo, Viktor, Notre Dame de Paris, Paris 1831.

Ipsen, Hans Peter, Die Rundfunkgebühr, 2. Auflage, Hamburg 1958.

Jagusch, Heinrich, Leipziger Kommentar (LK), Band 1, 8. Auflage 1957, Berlin.

Jank, Klaus Peter, Die Verfassung der deutschen Rundfunkanstalten, DVBl. 1963, 44 ff.

Jellinek, Georg, System der subjektiven öffentlichen Rechte, fotomechanischer Nachdruck der 2. durchgesehenen und vermehrten Auflage (Tübingen 1905), Darmstadt 1963, Aalen 1964.

Jescheck, Hans Heinrich, Pressefreiheit und militärisches Staatsgeheimnis, Schriftenreihe der Juristischen Gesellschaft e. V. Berlin, Berlin 1964.

— Die Bedeutung der Öffentlichkeit für die moderne Kriminalpolitik, in: ZStW 71 (1959), 1 ff.

Kant, Immanuel, „Immanuel Kants Werke", herausgegeben von Ernst Cassirer, Berlin 1922, Band VII: *Logik*.

— „Was heißt: Sich im Denken orientieren?", bei *Wenke*, S. 31.

Kaufmann, Erich, Gesammelte *Schriften*, Band 1, herausgegeben von A. H. van Scherpenberg, W. Strauss (u. a.), Göttingen 1960.

— Diskussionsbeitrag, VVDStRL 4, 77 ff.

Kern, Eduard, Der Strafschutz des Staates und seine Problematik, Tübingen 1963.

Kimminich, Otto, Bericht über die Tagung der Vereinigung der deutschen Staatsrechtslehrer vom 9.—12. 10. 1963 in Saarbrücken, JZ 1963, 769 ff.

Klein, Hans H., Verfassungsimmanente Bestandssicherungsklauseln?, DÖV 1962, 41 ff.

Klein, Friedrich, vgl. *Mangoldt-Klein*.

Kluge, Friedrich, Etymologisches Wörterbuch der deutschen Sprache, 18. Auflage, Berlin 1960.

Knappstein, Sänger, Eschenburg, Bericht über eine Arbeitstagung des Instituts zur Förderung öffentlicher Angelegenheiten zum Thema: Die Beziehungen zwischen Presse und Behörden, Frankfurt a. M. 1950.

Koch, Peter, Wie die Bundesregierung den Fachverband mobilisiert, Süddeutsche Zeitung, 10. 4. 1965, Nr. 86, S. 4.

Koellreutter, Otto, Deutsches Staatsrecht, Stuttgart und Köln 1953.

— Besprechung: Carl Schmitt, Freiheitsrechte und institutionelle Garantien der Reichsverfassung, in AöR 22, 110 ff.

v. Köhler, Karl-Heinz, Einsicht in Behördenakten, NJW 1956, 1460 ff.

Kötterheinrich, Manfred, Die Konzentration in der deutschen Presse, in: Deutsche Presse seit 1945, herausgegeben von Harry Pross, Bern-München-Wien 1965, S. 76 ff.

Konow, Karl Otto, Der Adressat einer Postsendung als Beteiligter im Sinne des § 431 StPO, NJW 1961, 379 f.

Kratzer, Jakob, Nochmals zum Musterentwurf eines Verwaltungsverfahrensgesetzes, BayVBl. 1965, 15 f.

Krüger, Herbert, Allgemeine Staatslehre, Stuttgart 1964.

Larenz, Karl, Methodenlehre der Rechtswissenschaft, Berlin-Göttingen-Heidelberg 1960.

v. La Roche, Walther, Justiz und Öffentlichkeit (S. 63 ff.), herausgegeben von Heinrich Reynold, Köln 1966.

— Lex Lallinger, Anmerkungen zur Entscheidung des Bayerischen VfGH vom 26. 7. 1965, Bayerische Staatszeitung, 30. 7. 1965, Nr. 31, S. 2.

v. La Roche, Walther, Was macht der Rundfunk im Gerichtssaal, in: Praktischer Journalismus, 1. 1. 1965, Nr. 80/81.

— Gelockerte Quarantäne, in: Praktischer Journalismus, 1967, Nr. 95.

Lehmann, Lutz, Legal & Opportun, Politische Justiz in der Bundesrepublik, Berlin 1966.

— Rechtsprechung in Staatsschutzsachen, in: „Panorama", Nr. 113, 9. 11. 1964, Norddeutscher Rundfunk, Fernsehen, zitiert nach dem Sendemanuskript.

Lehner, Gunthar, Werden wir richtig informiert?, Massenmedien und Publikum (Herausgeber), München 1964.

Leibholz, Gerhard, *Strukturprobleme* der modernen Demokratie, Karlsruhe 1958.

— Die *Gleichheit* vor dem Gesetz, München 1959.

Leisner, Walter, Öffentlichkeitsarbeit der Regierung im Rechtsstaat, Berlin 1966.

Lepper, Manfred, Die staatlichen Archive und ihre Benutzung, DVBl. 1963, 315 ff.

Lewald, Walter, Staatsrechtslehrertagung 1963 (Bericht), NJW 1964, 25 f.

Löffler, Martin, Presserecht, Kommentar, München 1955.

— Der Verfassungsauftrag der Presse, *Modellfall* Spiegel, Karlsruhe 1963.

— Anmerkung zu BVerfG, 6. 10. 1959 (Nordrhein-Westfalen), NJW 1960, 29 f.

— Die 7. Arbeitstagung des Studienkreises für Presserecht und Pressefreiheit (Bericht), NJW 1960, 903 f.

— Um die akademische Freiheit, NJW 1961, 529 ff.

— Der Informationsanspruch der Presse und des Rundfunks, NJW 1964, 2277 ff.

— Die 16. Arbeitstagung des Studienkreises für Presserecht und Pressefreiheit (Bericht), NJW 1964, 2291 f.

— Die 6. Arbeitstagung der Deutschen Studiengesellschaft für Publizistik, NJW 1965, 1368 f.

Lohmar, Ulrich, Informiert statt formiert, Die Zeit, 27. 5. 1966, Nr. 22, S. 31 (Besprechung von: Karl Steinbuch, Die informierte Gesellschaft).

Ludwig, Carl, Schweizerisches Presserecht, Basel-Stuttgart 1964.

Lüddecke, Theodor, Die Tageszeitung als Mittel der Staatsführung, Hamburg 1933.

Maihofer, Werner, Diskussionsbeitrag, in: „Panorama", Nr. 117, 4. 1. 1965, Norddeutscher Rundfunk, Fernsehen; abgedruckt bei *Lehmann*, Lutz, S. 108.

Mallmann, Walter, Pressefreiheit und Journalistenrecht, in: „Publizistik", 1959, Heft 6, S. 323 ff.

— Literatur zum Presserecht (Besprechung von Löffler, Kommentar; Ridder, Meinungsfreiheit), JZ 1956, 348 ff.

v. Mangoldt, Hermann und Friedrich *Klein*, Das Bonner Grundgesetz, Berlin und Frankfurt 1957 (2. Auflage).

Masson, Christoph, Bayerische Kommunalgesetze, Kommentar, München 1961 (2. Auflage).

Maunz, Theodor und Günter *Dürig*, Grundgesetz, Kommentar, München und Berlin, 2. Auflage 1964 *(MD)*.

— Deutsches *Staatsrecht*, München und Berlin, 15. Auflage 1966.

Maurer, Josef, Sensationen — Informationen — Meinungen, in: Der Staatsbürger, herausgegeben von der Bayerischen Staatszeitung, April 1966, Nr. 4.

Menzel, Eberhard, Das Ende der institutionellen Garantien, AöR N. F. 28, 32 ff.

Morgenstern, Oskar, Strategie — heute, Frankfurt 1962.

Müller-Meiningen, Ernst, Pressefreiheit und Landesverrat, Süddeutsche Zeitung, 7. 1. 1963, S. 5.

Nawiasky, Hans, Die *Grundgedanken* des Grundgesetzes für die Bundesrepubik Deutschland, 1950.

— Diskussionsbeitrag, VVDStRL 4, S. 90 f.

Neumann (Allensbach), vor dem Deutschen Bundestag, 110. Sitzung, 5. 1. 1964, Stenographischer Bericht, S. 5092 ff.

Noltenius, Johanne, Die freiwillige Selbstkontrolle der Filmwirtschaft und das Zensurverbot des Grundgesetzes,, Göttinger rechtswissenschaftliche Studien, Band 23, Göttingen 1958.

Obermayer, Klaus, Allgemeines Verwaltungsrecht, in: Mang, Maunz, Mayer, Obermayer, Staats- und Verwaltungsrecht in Bayern, München 1962.

— Die Pressefreiheit in der Verfassungsordnung des Bonner Grundgesetzes, BayVBl. 1965, 397 ff.

— Der Verwaltungsakt als Gegenstand von Zusagen und Rechtsauskünften, NJW 1962, 1465 ff.

Ott vgl. *Rebmann*.

Palandt, Bürgerliches Gesetzbuch, 25. Auflage, München und Berlin 1966.

Perschel, Wolfgang, Der geheime Behördeninformant, JuS 1966, 231 ff.

Peters, Hans, Die freie Entfaltung der Persönlichkeit als Verfassungsziel, in: Festschrift für Laun, 1953, 669 ff.

Platon, Euthyphron, Sämtliche Werke, Band 1, Rowohlts Klassiker, 1963: Paginierung nach Henricus Stephanus, Paris 1578.

Pohle, Heinz, Der Rundfunk als Instrument der Politik, Hamburg 1955.

Potrykus, Gerhard, Jugendgerichtsgesetz, Darmstadt 1954.

Putzo vgl. *Thomas-Putzo*.

v. Randow, Thomas, Was ist Informationstheorie?, Die Zeit, 12. 11. 1965, Nr. 40, S. 47 (Besprechung von: John R. Pierce, Phänomene der Kommunikation, Düsseldorf und Wien 1965).

Ramm, Thilo, Die Freiheit der Willensbildung, Stuttgart 1961.

Rebmann, Kurt, Martin *Ott* und Werner *Storz*, Das badenwürttembergische Gesetz über die Presse, Stuttgart 1964.

Reh, Hans Joachim und Rolf *Groß* (Reh-Groß), Hessisches Pressegesetz, Kommentar, Wiesbaden-Dotzheim 1963.

Rehbinder, Manfred, Die öffentliche Aufgabe und rechtliche Verantwortlichkeit der Presse, Berlin 1962.

Rehbinder, Manfred, Grenzen der Meinungs- und Pressefreiheit, NJW 1962, 2140 ff.

— Öffentliche Aufgabe der Presse: Was ist das?, NJW 1963, 1387 ff.

— Filmeinfuhrkontrolle und Grundgesetz, DVBl. 1965, 550 ff.

— Zur Problematik der inneren Pressefreiheit, DVBl. 1966, 559 ff.

Reschke, Hans, Die Beziehungen zwischen Presse und Behörden, DÖV 1950, 365 ff.

— Anmerkungen zum Urteil des LVG Braunschweig vom 25. 1. 1950, DVBl. 1951, 443 f.

Reisnecker, Helmut, Das Grundrecht der Meinungsfreiheit und die Schranken der allgemeinen Gesetze im Sinne des Art. 5 Abs. 2 GG, juristische Dissertation, München 1960.

Reissmüller, Johann Georg, Das Monopol des BVerfG aus Art. 18 des Grundgesetzes, Bemerkungen im Anschluß an BVerfGE 10, 118, JZ 1960, 529.

Ridder, Helmut, *Meinungsfreiheit*, in: Neumann-Nipperdey-Scheuner, Die Grundrechte, Band II, 1954, S. 243 ff.

— und Ernst *Heinitz*, *Staatsgeheimnis* und Pressefreiheit, Vorträge, gehalten am 25. 5. 1963 auf der 3. Bundestagung der Arbeitsgemeinschaft Sozialdemokratischer Juristen in Berlin, herausgegeben vom Vorstand der SPD, Bonn 1963.

— Die Pressefreiheit im Rahmen der öffentlichen Meinungsfreiheit, 7. Arbeitstagung des Studienkreises für Presserecht und Pressefreiheit, Bericht, JZ 1960, 451 f.

— und Ekkehard *Stein*, Die Freiheit der Wissenschaft und der Schutz vor Staatsgeheimnissen, DÖV 1962, 361 ff.

— Besprechung von Dagtoglou (Wesen und Grenzen), DVBl. 1963, 740 f.

Roesch, Hans Eberhard, Die öffentliche Rechenschaftspflicht der politischen Parteien über die Herkunft ihrer Mittel — Ein Beitrag zu den Problemen eines Parteiengesetzes, DVBl. 1958, 599.

Rothenbücher, Karl, Das Recht der freien Meinungsäußerung, VVDStRL 4 (1928), 6 ff.

Ruge, Gerd, Landesverrat und Pressefreiheit, Ein Protokoll, Köln, Berlin 1963.

Rupp, Hans Heinrich, Das Urteil des Bundesverfassungsgerichts zum Sammlungsgesetz — eine Wende in der Grundrechtsinterpretation des Art. 2 Abs. 1 GG, NJW 1966, 2037 ff.

Sänger, Gisela, Die Funktion amtlicher Pressestellen in der demokratischen Staatsordnung, dargestellt am Beispiel der Bundesrepublik Deutschland, Frankfurt, Berlin 1966.

Sarstedt, Werner, Diskussionsbeitrag, bei Löffler NJW 1966, 903 f.

— Rundfunkaufnahmen im Gerichtssaal, JR 1956, 121 ff.

Scheer, Bernhard, Deutsches Presserecht, Kommentar, Hamburg 1966.

Schelsky, Helmut, Die Problematik der Publizistik in der heutigen Gesellschaft, in: Universitas, 11/1963, S. 1174.

Scheuner, Ulrich, Die institutionellen Garantien des Grundgesetzes, in: „Recht, Staat, Wirtschaft", Band IV, Düsseldorf 1953, S. 88—119.

— Grundrechtsinterpretation und Wirtschaftsordnung, DÖV 1956, 65 ff.

Scheuner, Ulrich, Pressefreiheit, Bericht auf der Tagung der Deutschen Staatsrechtslehrer zu Saarbrücken, 9. bis 12. Oktober 1963, VVDStRL 22, 1 ff.

Schmid, Richard, Wie frei sind Meinung und Meldung?, in: *Deutsche Presse* seit 1945, S. 230 ff., Bern-München 1965.
— *Einwände*, Stuttgart 1965.

Schmidt, Eberhard, *Lehrkommentar* zur Strafprozeßordnung und zum Gerichtsverfassungsgesetz, Teil 1, Göttingen 1952 und 1964 (2. Auflage).
— Die Verwendbarkeit von Tonbandaufnahmen im Strafprozeß — Ein Beitrag zum Verhältnis von Rechtsstaat und Technik, in: *Gedächtnisschrift* für Walter Jellinek, München 1955, S. 625 ff.
— Die Sache der Justiz, Göttingen 1961.
— Zulässigkeit und Verwendbarkeit von Tonbandaufnahmen im Strafverfahren, JZ 1956, 206 ff.

Schmidt, Heinrich und Georgi *Schischkoff*, Philosophisches Wörterbuch, 16. Auflage, Stuttgart 1961.

Schmitt, Carl, *Verfassungslehre*, Berlin, München 1928.
— Inhalt und Bedeutung des 2. Hauptteils der Reichsverfassung, *Handbuch* des deutschen Staatsrechts, herausgegeben von Gerhard Anschütz und Richard Thoma, Band 2, 1932, S. 572 ff.
— *Freiheitsrechte* und institutionelle Garantien der Reichsverfassung (1931), in: Verfassungsrechtliche Aufsätze, 1958, Berlin.

Schneider, Ernst, Presserecht und Schutz bei Presseverstößen, Düsseldorf 1963.

Schneider, Franz, Presse- und Meinungsfreiheit nach dem Grundgesetz, München 1962.
— Anmerkung zu BGH, 15. 1. 1963, NJW 1963, 665 f.

Schneider, Hans, Informationsfreiheit und Rundfunkgenehmigung, NJW 1961, 53 ff.

Schnur, Roman, Mitbericht auf der Staatsrechtslehrertagung 1963 (Saarbrücken), VVDStRL 22, 101 ff. Vgl. auch Dagtoglou DVBl. 1964, 17 ff. (19 ff.).

Schönfelder, Heinrich, Deutsche Gesetze, Textsammlung.

Schönke-Schröder, Strafgesetzbuch, Kommentar, 11. Auflage, München und Berlin 1963.

Scholtissek, Herbert, Innere Grenzen der Freiheitsrechte, NJW 1952, 561 ff.

Schwarz, Otto und Eduard *Dreher*, Strafgesetzbuch, Kurzkommentar, München und Berlin, 23. Auflage 1961 und 27. Auflage 1964.

Schwarz, Otto und Theodor *Kleinknecht*, Strafprozeßordnung, München und Berlin, 25. Auflage 1965.

Schüle, Adolf und Hans *Huber*, Persönlichkeitsschutz und Pressefreiheit, Tübinger Rechtswissenschaftliche Abhandlungen, Band 3, 1961.

Schwenk, Edmund, Umfang und Wirkung von Meinungs- und Pressefreiheit, NJW 1962, 1321.
— Grenzen der Meinungs- und Pressefreiheit, NJW 1962, 1321.

Sethe, Paul, Ein Parlament im Geheimen. Die Zeit, 29. 10. 1965, Nr. 44, S. 5.

Sieburg, Friedrich, Schwarz-weiße Magie, Über die Freiheit der Presse, Tübingen und Stuttgart 1949.

Smend, Rudolf, Zum Problem des Öffentlichen und der *Öffentlichkeit,* in: Forschungen und Berichte aus dem öffentlichen Recht, Gedächtnisschrift für Walter Jellinek, München 1955.

— Das Recht der freien Meinungsäußerung, Mitbericht, VVDStRL 4, 44 ff.

Stein-Ridder vgl. *Ridder.*

Steinbuch, Karl, Über *Kybernetik,* Köln 1963.

— Die informierte *Gesellschaft,* Stuttgart 1966.

Storz vgl. *Rebmann.*

Stratenwerth, Günter, Publizistischer Landesverrat, Göttingen 1965.

Stree, Walter, Zur Problematik des publizistischen Landesverrats, JZ 1963, 527 ff.

The British Press, herausgegeben vom Central Office of Information, London 1961.

Thiele, Willi, Pressefreiheit — Theorie und Wirklichkeit, Abhandlungen und Materialien zur Publizistik, Berlin 1964.

— Der Regierungsentwurf eines Niedersächsischen Pressegesetzes, DVBl. 1963, 905 ff.

Thoma, Richard, Diskussionsbeitrag, VVDStRL 4, 85.

Thomas, Heinz und Hans *Putzo* (Thomas-Putzo), Zivilprozeßordnung, München und Berlin 1963.

de Tocqueville, Alexis, Die Demokratie in Amerika, Regensburg 1955.

Thorelli, Sarah V., The Constitution of Sweden, in: Documents Published by The Royal Ministry For Foreign Affairs, New Series II: 4, Stockholm 1954, translated by Sarah V. Thorelli.

Ule, Carl Hermann, Parkinsons Gesetz und die deutsche Verwaltung, Schriftenreihe der Juristischen Gesellschaft Berlin, Heft 5, Berlin 1960.

— Filmeinfuhrkontrolle und Grundgesetz, DVBl. 1965, 550 ff. (552 ff.).

Wagner, W., Beschlagnahme und Einziehung staatsgefährdender Massenschriften, MDR 1961, 93 ff.

Wenke, Hans, Erziehung zur Freiheit der Persönlichkeit, in: Die geistige und politische Freiheit in der Massendemokratie, Schriftenreihe der Friedrich Naumann-Stiftung zur Politik und Zeitgeschchte, Nr. 1, Stuttgart 1960.

Wenkebach, Heinz, Die vorbeugende Einziehung verfassungsfeindlicher Schriften, NJW 1962, 2094 f.

Wernicke, Kurt Georg, Kommentar zum Bonner Grundgesetz (BK), Anmerkungen zu Art. 5.

Wiener, Norbert, Cybernetics, New York 1948.

— Mensch und Menschenmaschine, Frankfurt und Berlin 1952.

Willms, Günther, Referat beim Empfang des BGH für den Deutschen Presserat: Informationsanspruch der Presse und die Gerichtsbarkeit, ArchPR 1965, 511 ff.

Willms, Günther, Zum Verbot der Einfuhr verfassungsfeindlicher Schriften, NJW 1965, 2177 ff.

— Ist § 93 StGB zu entbehren, NJW 1965, 1457 ff.

Wustmann vgl. *Borchardt*.

Zillmer, Wolfgang, Verwertbarkeit widerrechtlich erlangter Fernsprechgeheimnisse, NJW 1965, 2094 f.

Zoozmann, Richard, Zitatenschatz der Weltliteratur, Hamburg-Berlin 1954 (8. Auflage).

Kolibri 360 GmbH
Ferdinand-Jühlke-Straße 7
99095 Erfurt, Deutschland
produktsicherheit@kolibri360.de

Druck:
CPI Druckdienstleistungen GmbH
im Auftrag der
Kolibri 360 GmbH
Ferdinand-Jühlke-Str. 7
99095 Erfurt